PUBLICATIONS

DE

L'ÉCOLE FRANÇAISE D'EXTRÊME-ORIENT

VOLUME X

RÉPERTOIRE
D'ÉPIGRAPHIE JAINA

PRÉCÉDÉ D'UNE

ESQUISSE DE L'HISTOIRE DU JAINISME

D'APRÈS LES INSCRIPTIONS

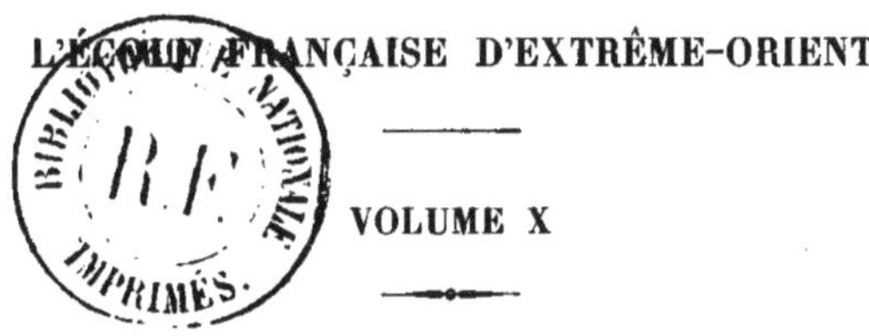

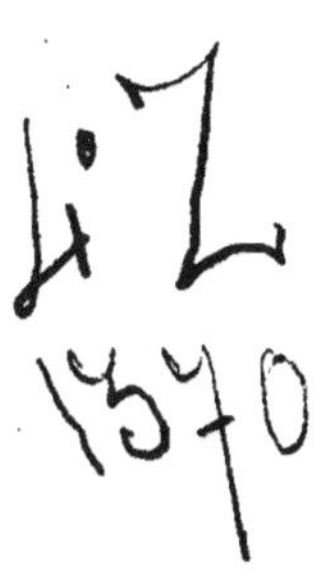

RÉPERTOIRE
D'ÉPIGRAPHIE JAINA

PRÉCÉDÉ D'UNE

ESQUISSE DE L'HISTOIRE DU JAINISME

D'APRÈS LES INSCRIPTIONS

PAR

A. GUÉRINOT

PARIS

IMPRIMERIE NATIONALE

———

ERNEST LEROUX, ÉDITEUR, RUE BONAPARTE, 28

———

MDCCCCVIII

AVANT-PROPOS.

Les sources pour l'histoire du jainisme sont de trois sortes :
d'abord les documents de la tradition jaina, d'autre part les
indications contenues dans les livres bouddhiques et brâhmaniques, et enfin les inscriptions.

C'est par le contrôle et la correction réciproque de ces trois
espèces de données qu'il sera possible un jour d'écrire l'histoire
de la religion jaina. Mais ce jour est encore lointain. Le dé-
pouillement de la littérature canonique et surtout de la littérature profane des Jainas est en effet à peine commencé et
demandera une application longtemps soutenue. En ce qui
concerne les notices éparses dans les écritures bouddhiques et
les livres brâhmaniques, quelques-unes ont déjà été mises en
évidence, mais il serait désirable qu'elles fussent toutes réunies
en un volume facilement accessible.

Restent les inscriptions. Ici la tâche à remplir m'a paru
mieux délimitée, mieux définie et peut-être plus aisée. Aussi
ai-je jugé à propos de l'entreprendre sans retard. Je me suis
proposé dans ce répertoire de rassembler les inscriptions où il
est question des Jainas, de les classer chronologiquement et
d'en dégager, par une analyse succincte, les éléments historiques fondamentaux.

Je pense avoir recueilli toutes les inscriptions qui m'ont été
accessibles jusqu'à la fin de l'année 1907, et sans doute les
lacunes et omissions ne sont-elles ni graves ni nombreuses.

J'ai classé ces inscriptions selon leur ordre chronologique.
Mais dans plus d'un cas j'ai dû me contenter d'une chronologie
relative. En particulier j'ai rangé les inscriptions datées selon

l'ère dite *indo-scythe* à la place qui leur *serait attribuée* si cette ère, comme le voulait Bühler, était identique à l'ère Çaka. Pareillement, avec M. Fleet, j'ai considéré les anciens Kadambas comme appartenant à la fin du ve siècle après Jésus-Christ. Je n'ai pas ainsi la prétention d'affirmer que ces princes ont en fait régné à cette époque, pas plus que je ne défends l'identification de l'ère indo-scythe avec l'ère Çaka. Sans faire œuvre de chronologiste, il me fallait cependant, dans des cas comme ceux que je signale, admettre une hypothèse qui me rendît possible un classement systématique. Autrement j'eusse été obligé de rejeter en appendice une grande quantité d'inscriptions non datées ou datées selon des ères encore indéterminées. Un tel appendice existe, mais il est réduit à de minimes proportions et ne contient qu'une quarantaine de numéros.

A propos de chaque inscription j'ai mis en évidence les éléments qui intéressent l'histoire du jainisme. Ce sont ces éléments enfin que j'ai essayé de comparer entre eux dans l'introduction. Celle-ci est donc à la fois le résumé et la synthèse de tout l'ouvrage. J'ai mis un soin spécial à dresser la liste des maîtres de chaque secte. Mais l'œuvre était délicate et, si je n'y ai pas toujours réussi, surtout pour les écoles digambaras, j'espère que le lecteur ne me refusera pas son indulgence.

M. Barth, membre de l'Institut, et M. Finot, ancien Directeur de l'École française d'Extrême-Orient, ont examiné ce travail à l'état manuscrit et ont bien voulu le recommander au Directeur actuel de l'École qui en a autorisé l'impression. Je les prie de recevoir l'expression de ma vive gratitude pour les conseils et les remarques dont ils m'ont honoré.

Je dois d'autre part à l'obligeance de M. A. F. Rudolf Hoernle la communication d'un tableau généalogique des

écoles jainas, en hindi, jadis établi par Âtmàràmajï Ananda-
vijayajî, pontife de la secte Tapâ. Ce document m'a été d'une
grande utilité en plus d'une circonstance, surtout pour l'identification des écoles anciennes. Aussi ce m'est un agréable
devoir d'adresser à M. Rudolf Hoernle mes respectueux remer-
ciements.

A. Guérinot.

ABRÉVIATIONS.

a. analyse.

ap. J.-C. après Jésus-Christ.

ASI Archæological Survey of India.

ASSI Archæological Survey of Southern India.

ASWI Archæological Survey of Western India.

av. J.-C. avant Jésus-Christ.

C. Canara.

c. commentaire (notes, remarques, etc.).

Ç. ère Çaka.

EC Epigraphia Carnatica.

EI Epigraphia Indica.

f.-s. fac-similé.

IA Indian Antiquary.

INI F. Kielhorn, *A List of the Inscriptions of Northern India* (Appendice au vol. V, et Appendice I au vol. VIII, de l'*Epigraphia Indica*).

I.-Sc. ère dite Indo-Scythe.

ISI F. Kielhorn, *A List of Inscriptions of Southern India* (Appendice au vol. VII, et Appendice II au vol. VIII, de l'*Epigraphia Indica*).

JASB Journal of the Asiatic Society of Bengal.

JB Journal of the Bombay Branch of the Royal Asiatic Society.

JRAS Journal of the Royal Asiatic Society of Great Britain and Ireland.

n. note.

p. page.

Pk. Prâkrit.

pl. planche.

PrASB Proceedings of the Asiatic Society of Bengal.

PSCI J. F. Fleet, *Pâli, Sanskrit and Old Canarese Inscriptions*, London, 1878.

S. ère Samvat (de Vikrama).

s. siècle.

Sk. Sanskrit.

t. texte.

tl. taluq (subdivision d'un district).

tr. traduction.

WZKM Wiener Zeitschrift für die Kunde des Morgenlandes.

Remarque. Dans la bibliographie relative à chaque inscription, les sources principales sont indiquées en premier lieu; le second alinéa est consacré à la bibliographie historique.

Les éléments restitués sont placés entre crochets [ ].

RÉPERTOIRE
D'ÉPIGRAPHIE JAINA.

INTRODUCTION.

ESQUISSE D'UNE HISTOIRE DU JAINISME
D'APRÈS LES INSCRIPTIONS.

Le présent *Répertoire d'épigraphie jaina* contient 850 inscriptions, parmi lesquelles 809 sont datées ou contiennent des éléments qui permettent d'en déterminer la date d'une façon approximative. Ces inscriptions ont rapport à une période de 22 siècles, depuis l'an 242 environ avant l'ère chrétienne jusqu'en 1886, c'est-à-dire presque jusqu'à nos jours. Elles ne sont pas toutes d'un égal intérêt, mais dans leur ensemble elles fournissent une série de renseignements que l'historien futur du jainisme ne jugera sans doute pas superflus. Je me bornerai ici à classer en quelque sorte ces matériaux, en les examinant à un triple point de vue.

J'énumérerai d'abord les souverains qui firent preuve de bienveillance envers le jainisme et en favorisèrent l'extension. En second lieu je grouperai les inscriptions relatives à une même localité, afin de donner un aperçu de l'histoire des principaux sanctuaires. Enfin, pour chaque secte mentionnée, j'essayerai d'établir la série chronologique des maîtres dont les inscriptions rappellent les noms. Ces tableaux constitueront des *paṭṭâvalis* plus ou moins étendues qu'il sera facile de mettre en parallèle avec les documents traditionnels du même genre.

I. DYNASTIES ROYALES.

Les différentes dynasties sont classées d'après la date du premier de leurs représentants signalés dans les inscriptions.

DYNASTIE MAURYA.

L'empereur Açoka se montra libéral envers toutes les religions. Dans son huitième édit sur pilier (vers l'an 242 av. J.-C.), il mentionne les Nirgranthas parmi les ascètes auxquels doivent s'intéresser les «surveillants de la religion» qu'il avait institués (n° 1).

ROYAUME DE KALIṄGA (ORISSA).

Khâravela, dont une inscription de l'an 155 environ av. J.-C. raconte les exploits (n° 2), fut un prince tolérant. Mais ses faveurs devaient être en particulier acquises aux Jainas. L'inscription débute en effet par la formule d'hommage jaina, et le roi rappelle diverses œuvres pieuses dont bénéficièrent le *Triratna* et les Arhantas. De plus, sa première reine fit creuser une grotte à l'usage de ces mêmes moines Arhantas (n° 3).

PRINCES DE RÂMNAGAR.

Si les inscriptions n°ˢ 6 et 7 sont jainas, il en résulte qu'un prince d'Adhichatrâ (Râmnagar dans le Rohilkhand), nommé Âṣâḍhasena et qui vécut sans doute avant l'ère chrétienne, fut dévoué aux Jainas, car il fit creuser pour eux une grotte à Pabhosa, près d'Allahabad.

GAṄGAS DE L'OUEST.

Les Gaṅgas de l'Ouest étaient adeptes du jainisme. A toutes les époques de leur souveraineté, ils se montrèrent les dévoués protecteurs de cette religion. Selon la tradition, un maître nommé Siṃhanandin, appartenant au Nandi gaṇa et dont une inscription non datée de Çravana-Belgola (n° 112) serait l'épitaphe suivant M. Fleet, aida le roi Çivamâra Ier à monter sur le trône; aussi est-il dit dans d'autres inscriptions qu'il «fit» le royaume des Gaṅgas (n°s 213 et 214). Voici la liste des princes de cette dynastie dont il est fait mention :

Mâdhava II (Mâdhavavarman) : la 13e année de son règne, donation à la requête de Vîradeva (n° 90).

Avinîta (Koṅgaṇivarman) : la 1re année de son règne, donation sur l'avis de son précepteur Vijayakîrti (n° 94); — [Ç.] 388 = 466 ap. J.-C., donation à Vandananandin du Deçi gaṇa (n° 95, apocryphe).

Çrîpuruṣa : donation à Govapayya (n° 119); — Ç. 698 = 776 ap. J.-C., donation en faveur d'un temple de Çrîpura (n° 121, apocryphe).

Çivamâra [II] : donation rappelée en Ç. 261 [? *sic*] (n° 182, apocryphe).

Mârasiṃha [Ier] : en Ç. 719 = 797 ap. J.-C., son feudataire Çrîvijaya fonde un temple (n° 122).

Satyavâkya Koṅgaṇivarman (Râjamalla Ier?) : Ç. 809 = 887 ap. J.-C., donation à Sarvanandin (n° 131).

Râjamalla [II?] fait creuser une grotte à Vallimalai (n° 133).

Ereyappa (Ereganga II?) : donations (n° 138).

Bûtuga II : Ç. 860 = 938 ap. J.-C., donation en faveur d'un temple fondé par son épouse Dîvaḷâmbâ (n° 142).

Mârasiṃha II : Ç. 890 = 968 ap. J.-C., donation à Jayadeva du Deva gaṇa (n° 149, apocryphe); — bâtit des temples jainas dans plusieurs cités; sa mort (n° 152).

Le ministre Câmuṇḍarâja fait élever la statue colossale de Gomaṭeçvara à Çravana-Belgola (n° 156); — son éloge (n° 165); — probablement un de ses descendants, Timmarâja, de la famille Câmuṇḍa, fait élever en Ç. 1525 = 1604 ap. J.-C. une statue analogue à Veṇûr (n° 689).

Râcamalla II eut pour guru Kanakasena (cf. n°s 213, 214 et

326); – son frère(?) Rakkasa fait en Ç. 899 = 977 ap. J.-C. une donation à Anantavîrya de Çravaṇa-Belgola (n° 154).

Kambharasa ou Kañcarasa (Gaṅgarasa?), en Ç. 261 (? *sic*), remet en vigueur les clauses d'une donation faite par Çivamâra [II] (n° 182, apocryphe).

Caṭṭaladevî, princesse Gaṅga, belle-sœur du roi Vîra-Çantâra, fonde et dote en Ç. 999 = 1077 ap. J.-C. à Humcha un grand temple appelé *Urvî-tilaka* (n°s 213-216).

Permâḍideva [Ier] (Udayâditya?) : Ç. 976 = 1054 ap. J.-C., restauration et dotation du «Temple de la Couronne» à Kallur-gudda [Shimoga] (n° 277); – Ç. 1001 = 1079 ap. J.-C., donation (n° 219); – autre donation en compagnie de son épouse et de ses fils (n° 222); – an 37 de Vikrama Câlukya = 1112 ap. J.-C., fondation d'un temple également en compagnie de son épouse et de ses fils (n° 253).

Le tableau qui suit, établi d'après les inscriptions n°s 267 et 277, rappelle la descendance de ce prince. Les gurus de la famille appartenaient au Krâṇûr gaṇa.

Permâḍideva [Ier],
adepte de Prabhâcandra [Ier];
son épouse Gaṅgamahâdevî ou Bâcaladevi.

| Mârasiṃha, adepte de Mâghanandin, disciple de Prabhâcandra [Ier]; Ç. 987 = 1065 ap. J.-C., donations (n° 277). | Satya-Gaṅga ou Nanniya-Gaṅga [Ier], adepte de Prabhâcandra [II], disciple de Mâghanandin; Ç. 992 = 1070 ap. J.-C., donation (n° 277). | Rakkasa, adepte d'Anantavîrya, collègue de Prabhâ-candra [II]. | Bhujabâla, adepte de Municandra, autre collègue de Prabhâcandra [II]; Ç. 1027 = 1105 ap. J.-C., donation (n° 277). |

Nanniya-Gaṅga [II],
adepte de Prabhâcandra [II];
son épouse Kañcaladevi;
an 42 de Vikrama-Câlukya = 1117
ap. J.-C., donation (n° 267);
Ç. 1043 = 1121 ap. J.-C.,
reconstruction du
«Temple de la Couronne» (n° 277);
Ç. 1054 (?) = 1132 ap. J.-C.,
fondation d'un temple (n° 300).

Permâḍideva [II],
adepte de Buddhacandra,
disciple de Prabhâcandra [II].

Le dernier Gaṅga mentionné est Ekkala [II], dont le ministre
Mahâdeva construisit un temple en Ç. 1119 = 1197 ap. J.-C.
(n° 431).

KADAMBAS DE BANAVÂSÎ.

Il n'est pas invraisemblable d'admettre avec M. Fleet (*Journ.
Bombay Br.*, vol. IX, p. 229-249) que les Kadambas de Vaijayantî
ou Banavâsî étaient adeptes du jainisme. Ils firent en effet de nombreuses donations aux différentes sectes jainas. Mais les inscriptions
relatives à ces donations, quand elles sont datées, ne le sont
que selon les années de règne de chaque prince, et n'apportent
ainsi aucun élément nouveau pour la chronologie générale de
l'Inde.

Parmi les plus anciens représentants de cette dynastie, que
M. Fleet place dans la seconde moitié du vᵉ siècle ap. J.-C. (*Ind.
Ant.*, vol. VI, p. 22-23), nous trouvons :

Kâkusthavarman : la 80ᵉ année (de son règne?), donation à
Çrutakîrti (n° 96).

Mṛgeçavarman, fils de Çântivarman et petit-fils de Kâkusthavarman : la 3ᵉ année de son règne, donation (n° 97); — la 4ᵉ année,
autre donation aux Çvetapaṭas et aux Nirgranthas (n° 98); — la
8ᵉ année, fondation d'un temple à Palâçikâ et nouvelles donations
aux Nirgranthas ainsi qu'aux Kûrcakas et aux Yâpanîyas (n° 99).

Ravivarman, fils de Mṛgeçavarman : donations et promulgation
d'un édit en faveur des Yâpanîyas (n° 100); — autre donation
(n° 101); — pendant la 11ᵉ année de son règne, son frère Bhânuvarman fait une nouvelle donation (n° 102).

Harivarman, fils de Ravivarman : la 4ᵉ année de son règne,
donation en faveur des Kûrcakas et du temple construit à Palâçikâ
par Mṛgeçavarman (n° 103); — la 5ᵉ année, donation à la secte
Aharisṭi (n° 104).

Devavarman, fils de Kṛṣṇavarman [Iᵉʳ] : donation aux Yâpanîyas (n° 105).

Enfin, et sans doute bien des siècles plus tard, en Ç. 977 =
1055 ap. J.-C., un autre Kadamba de Banavâsî, Harikesarin, feudataire des Câlukyas de Kalyâṇi, fit une donation de terrain à
Baṅkâpura (n° 187).

CALUKYAS OCCIDENTAUX DE BÂDÂMI.

Les rois de l'ancienne dynastie Calukya favorisèrent d'une façon
constante le jainisme (cf. R. G. Bhandarkar, *Early History of the
Dekkan*, seconde édition, Bombay, 1895, p. 59). Des inscriptions,
malheureusement apocryphes ou non datées, citent entre autres :

Pulikeçin Ier : Ç. 411 (*sic*), donation en faveur d'un temple
construit par son feudataire Sâmiyâra (n° 106, apocryphe).

Kîrtivarman [Ier] : donation à Prabhâcandra (n° 107).

Vinayâditya : Ç. 608 = 687 ap. J.-C., donation (n° 111, apocryphe).

Vijayâditya : Ç. 651 = 729 ap. J.-C., donation (n° 113, apocryphe); — sa sœur Kuṅkumamahâdevî fonde un temple à Guḍi-
gere (n° 210).

Vikramâditya II : Ç. 656 = 734 ap. J.-C., restauration des
temples de Pulikeṛe et donations (n° 114, apocryphe).

SENDRAS.

L'inscription n° 109 (apocryphe) mentionne un prince du nom
de Durgaçakti, appartenant à la famille des Sendras, qui fit une
donation de terrain en faveur des Jainas au temps de l'ancien
Calukya de l'Ouest Satyâçraya (Pulikeçin II ?).

PRATIHÂRAS DE KANAUJ.

Peut-être le fondateur de cette dynastie fut-il Âmarâja, que
convertit Bappabhattisùri, et qu'une inscription du Çatruñjaya
donne comme l'ancêtre de la tribu des Osvâls (n° 665).

PALLAVAS.

Selon l'inscription n° 305, un roi Pallava non désigné eut Vimalacandra pour précepteur.

DYNASTIE CÂVADÂ D'ANHILVÂD.

Le premier représentant de cette dynastie, Vanarâja, fit consacrer une statue en S. 802 = 745-746 ap. J.-C. (n° 116).

RÂSTRAKÛTAS DE MÂLKHED.

Ces rois contribuèrent dans une large mesure au développement
du jainisme, et l'on sait que l'un d'entre eux, Amoghavarṣa Iᵉʳ, est
considéré par les Digambaras comme l'auteur de la *Praçnottara-
ratna-mâlikâ* (cf. R. G. Bhandarkar, *Early History of the Dekkan*,
seconde édition, p. 68-69). Les inscriptions le mentionnent, ainsi
que d'autres princes, savoir :

Govindarâja III (Prabhûtavarṣa) : Ç. 724 = 802 ap. J.-C., donation (n° 123); – Ç. 735 = 812 ap. J.-C., donation à Arkakîrti
de la secte Yâpanîya (n° 124).

Amoghavarṣa Iᵉʳ : Ç. 782 = 860 ap. J.-C., donation d'un village
(n° 127, apocryphe).

Krṣnarâja [II?] : Ç. 797 = 875 ap. J.-C., fondation et dotation
d'un temple à Saundatti (n° 130, authenticité douteuse).

Indrarâja IV : Ç. 904 = 982 ap. J.-C., sa mort par inanition à
Çravaṇa-Belgoḷa (n° 163).

RÂSTRAKÛTAS DE GUZERATE.

L'inscription n° 125 rappelle une donation de terrain faite en
Ç. 743 = 821 ap. J.-C. par Karkarâja, fils d'Indrarâja.

RATTAS DE SAUNDATTI.

Les Raṭṭas professaient la foi jaina. Aussi les inscriptions au nom
de ces princes sont-elles relativement nombreuses.

Dans la première branche, nous trouvons :

Pṛthvîrâma : Ç. 797 = 875 ap. J.-C., donation; son guru était Indrakîrti du Kâreya gaṇa (n° 130).

Çântivarman : Ç. 902 = 980 ap. J.-C., fondation d'un temple (n° 160).

Et dans la seconde branche :

Kannakaira [II] : an 12 de Vikrama Câlukya = 1087 ap. J.-C., donation (n° 227).

Kârtavîrya [II] : une inscription datée Ç. 1045 = 1123 ap. J.-C. rappelle qu'à la requête de ce prince un temple fut fondé à Terḍâl par Goṅka, feudataire de Vikramâditya [VI] (n° 280).

Sena [II] : an 21 de Vikrama Câlukya = 1096 ap. J.-C., donation; son précepteur était Kanakaprabha (n° 237).

Kârtavîrya IV fit, en compagnie de son frère cadet Mallikârjuna, trois donations en Ç. 1124 = 1201 ap. J.-C. (n° 446), et en Ç. 1127 = 1204-1205 ap. J.-C. (n°ˢ 449 et 454).

Lakṣmîdeva II : Ç. 1151 = 1229 ap. J.-C., donations; son guru était Municandra (n° 470).

ÇÂNTARAS.

Comme les Raṭṭas, les princes Çântaras étaient adeptes du jainisme (cf. R. Sewell, *Lists of inscriptions and Sketch of the Dynasties of Southern India*, Madras, 1884, p. 234-235; voir une liste généalogique de ces princes dans L. Rice, *Epigraphia carnatica*, vol. VIII, introd., p. 6-7). Sont cités :

Tolâpuruṣa-Vikramâditya : Ç. 819 = 897 ap. J.-C., fondation d'un temple à Humcha (n° 132).

Vîra-Çântara : Ç. 984 = 1062 ap. J.-C., donation (n° 197), et fondation d'un temple à Humcha avec son épouse Câgaladevî (n° 198).

Bhujabâla-Çântara, fils de Vîra-Çântara : Ç. 987 = 1065 ap. J.-C., donation à son guru Kanakanandin (n° 203); — autre donation en faveur d'un temple à Humcha (n° 212).

Nanni-Çântara, second fils de Vîra-Çântara : Ç. 999 = 1077 ap. J.-C., donations au temple dit *Urvî-tilaka* fondé à Humcha par la princesse Gaṅga Caṭṭaladevî (nᵒˢ 213 et 214).

Vikrama-Çântara, troisième fils de Vîra-Çântara : Ç. 1009 = 1087 ap. J.-C., donation au temple *Urvî-tilaka* (nᵒ 226); – Ç. 1069 = 1147 ap. J.-C., autre donation au même temple avec sa sœur Pampâdevî; ils étaient tous deux adeptes d'Ajitasena du Nandi gaṇa (nᵒ 326).

Mâra-Çântara : son guru était Ajitasena (nᵒ 231).

CÂLUKYAS DE L'EST.

Un seul roi de cette dynastie est mentionné dans nos inscriptions : Ammarâja II ou Vijayâditya VI, qui fit plusieurs donations, dont l'une en Ç. 867 = 945 ap. J.-C. (nᵒˢ 143 et 144).

ROIS DE GWALIOR.

Mahendracandra, fils de Mâdhava, qui fit consacrer une statue à Suhaniya (près Gwalior) en S. 1013 = 956 ap. J.-C., était sans doute un roi de Gwalior (nᵒ 148).

KACCHAPAGHÂTAS.

En S. 1145 = 1088 ap. J.-C., un prince de cette dynastie, Vikramasiṃha, fit des donations de terrain et d'argent en faveur d'un temple récemment fondé à Dubkund (nᵒ 228).

COLAS.

Les Coḷas furent le plus souvent les ennemis des Jainas qu'ils persécutèrent et dont ils détruisirent les temples à plusieurs reprises. Pourtant, en Ç. 1154 = 1232 ap. J.-C., Iruṅgoḷadeva (Râjarâja III?) fit une donation en faveur d'un temple de Pârçvanâtha (nᵒ 478).

CÀLUKYAS OCCIDENTAUX DE KALYÂNI.

Cette seconde dynastie des Câlukyas occidentaux ne fut pas moins dévouée au jaïnisme que l'ancienne, en particulier les rois suivants :

Someçvara Ier : Ç. 970 = 1048 ap. J.-C., donation par son feudataire Câvuṇḍarâya (n° 181); – Ç. 976 = 1054 ap. J.-C., fondation de temples par Câṅkirâja, officier aux ordres de Ketaladevî, épouse de Someçvara Ier (n° 186).

Someçvara II (Bhuvanaikamalla) : Ç. 990 = 1068 ap. J.-C., restauration d'un temple par son feudataire Lakṣmaṇa (n° 204); – Ç. 996 = 1074 ap. J.-C., donation (n° 207); – Ç. 998 = 1076 ap. J.-C., rappel de la fondation d'un temple (n° 210).

Vikramâditya VI (Tribhuvanamalla, Permâḍideva) : an 2 = 1077 ap. J.-C., donation à Râmasena du Sena gaṇa (n° 217); – an 21 = 1096 ap. J.-C., donation (n° 237); – an 33 = 1108 ap. J.-C., donation par son feudataire Bammarasa (n° 249); – an 46 = 1121 ap. J.-C., donation par son fils Jayakarṇa (n° 276); – Ç. 1045 = 1123 ap. J.-C., fondation d'un temple à Terḍâl par son feudataire Goṅka (n° 280); – fondation d'un temple par Kâḷiyakkâ, épouse de son ministre Sûrya (n° 288).

Jagadekamalla II : la 2e année de son règne, donation par ses ministres Mahâdeva et Pâladeva, d'une part (n° 312), et Dâsimarasu, d'autre part (n° 314).

KOṄGÂḶVAS.

Sur ces princes, qui selon toute vraisemblance devaient être jainas, voir L. Rice, *Epigraphia carnatica*, vol. V, introd., p. vii. Les inscriptions donnent les noms de deux seulement d'entre eux :

Râjendra-Koṅgâḷva : fondation d'un temple par sa mère Pocabbarasi (n° 188); – Ç. 980 = 1058 ap. J.-C., donation à ce temple (n° 189); – enfin donation par son fils au guru de la famille, Guṇasena (n° 190).

Adaṭarâditya : Ç. 1001 = 1079 ap. J.-C., donation (n° 220).

En outre une princesse Koṅgâḷva non désignée fit en Ç. 1313 = 1391 ap. J.-C. une donation à un temple (n° 590).

HOYSAḶAS.

Le jainisme fut la religion des plus anciens Hoysaḷas (voir L. Rice, *Coorg inscriptions*, Bangalore, 1886, p. 12). Biṭṭideva se convertit au vichnouisme et prit le nom de Viṣṇuvardhana. Mais ses successeurs revinrent sans doute à la foi de leurs ancêtres. Nous avons des inscriptions au nom de presque tous les représentants de la dynastie.

Vinayâditya eut pour précepteur Çântideva d'après l'inscription n° 289.

Eṛeyaṅga : le guru de ce prince et de son épouse Ecaladevî fut Guṇasena du Nandi gaṇa (n°ˢ 192 et 201); – Ç. 1015 = 1093 ap. J.-C., donation à Gopanandin du Deçi gaṇa (n° 233).

Viṣṇuvardhana (Biṭṭideva, Biṭṭiga) : son éloge (n° 266); – Ç. 1039 = 1117 ap. J.-C., donation à Meghacandra du Krâṇûr gaṇa (n° 263); – Ç. 1046 pour 1040 = 1118 ap. J.-C., donation à Çubhacandra du Deçi gaṇa (n° 269); – donation à Prabhâcandra du Deçi gaṇa (n° 275); – Ç. 1047 = 1125 ap. J.-C., donation à Çrîpâla le logicien (n° 287); – autre donation (n° 301); – Ç. 1060 = 1138 ap. J.-C., fondation d'un temple à Sindigere et donation à Madhucandra du Deçi gaṇa (n° 307); – fondation de temples (n° 315); – donation (n° 319).

Son épouse Çântaladevî fonda en Ç. 1045 = 1123 ap. J.-C., à Çravaṇa-Belgoḷa, un temple en l'honneur de Çântinâtha (n°ˢ 281-283); – son guru était Prabhâcandra du Deçi gaṇa (n°ˢ 282 et 323); – elle mourut en Ç. 1053 = 1131 ap. J.-C. (n° 298). [Voir plus loin, à propos du ministre Bâladeva.]

Ses ministres et vassaux. –– Le plus célèbre des ministres de Viṣṇuvardhana fut Gaṅgarâja, dont le dévouement à l'égard de la religion jaina ne se démentit pas un instant. Sa généalogie est

donnée dans le tableau ci-dessous, d'après les inscriptions n°s 254,
260, 261, 268, 271 et 304.

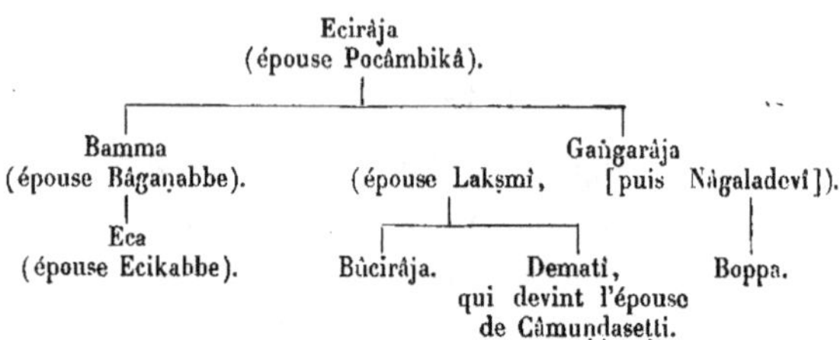

Voici maintenant les détails relatifs à chacun des membres de
cette famille :

Eciråja (n° 268), ou Eca (n° 278), ou encore Buddhamitra
(n°s 261 et 268), s'était converti du bråhmanisme au jainisme
(n°s 268 et 278); il eut pour guru Kanakanandin (n° 278).

Pocåmbikå (n°s 261 et 268), ou Pocaladevî (n°s 260, 261 et
278), ou encore Pocikabbe (n°s 268 et 278) et Pocave (n° 268),
édifia des temples jainas dans plusieurs localités et mourut en
Ç. 1043 = 1121 ap. J.-C. (n° 278).

Bamma, frère aîné de Gaṅgaråja, avait épousé Bågaṇabbe,
adepte de Bhånukîrti. Leur fils, Eca ou Eciråja, fit construire plusieurs temples; son épouse Ecikabbe était adepte de Çubhacandra
(n° 304).

Gaṅgaråja : son éloge (n° 266); – adepte de Çubhacandra du
Deçi gaṇa (n°s 260, 261 et 268); – fait construire les cloîtres qui
environnent la statue colossale de Gomaṭeçvara à Çravaṇa-Belgoḷa
(n° 257); – fonde dans la même localité des sanctuaires en l'honneur d'Adîçvara (n°s 260 et 261); – donations en Ç. 1039 = 1117
ap. J.-C. (n° 268); – sa mort (n° 301).

Lakṣmî, ou Lakkalå (n° 271), première épouse de Gaṅgaråja;
adepte de Prabhåcandra (n° 255), de Çubhacandra (n° 279) et de
Siddhanandin, disciple de Çubhacandra (n° 259), tous trois du
Deçi gaṇa; – élève un pilier à la mémoire de Meghacandra,

guru de Prabhâcandra (n° 255); – fonde à Çravaṇa-Belgoḷa un temple d'Âdîçvara (n° 259); – meurt en Ç. 1044 = 1122 ap. J.-C. (n° 279).

Bûcirâja, ou Bûcaṇa, fils de Gaṅgarâja et de Lakṣmî, adepte laïque de Çubhacandra, mourut en Ç. 1037 pour 1035 = 1113 ap. J.-C. (n° 254).

Demâti, ou Demîyakkâ, fille de Gaṅgarâja et de Lakṣmî, épouse de Câmuṇḍasetti et adepte laïque de Çubhacandra, mourut en Ç. 1042 = 1120 ap. J.-C. (n° 271).

Boppa, ou Ecaṇa (n° 303), autre fils de Gaṅgarâja, adepte de Çubhacandra et de Prabhâcandra, fonde à Haḷebîḍ un magnifique temple à la mémoire de son père (n° 301) et un autre temple à Çravaṇa-Belgoḷa (n° 303); – fait en outre une donation en l'honneur de son cousin Eca (n° 304).

Les autres ministres de Viṣṇuvardhana, dont nos inscriptions font mention, sont :

Puṇiṣarâja, adepte d'Ajitamuni; il édifia plusieurs temples en Ç. 1039 = 1117 ap. J.-C. (n° 264).

Noḷabisetti, adepte de Çubhacandra du Deçi gaṇa (n° 284).

Bittiyaṇa, adepte de Çrîpâla; il fonda un temple en Ç. 1059 = 1137 ap. J.-C. (n° 305).

Maṛiyâne et Bharata. – La généalogie de ces deux frères est fournie par les inscriptions n°ˢ 307 et 308, savoir :

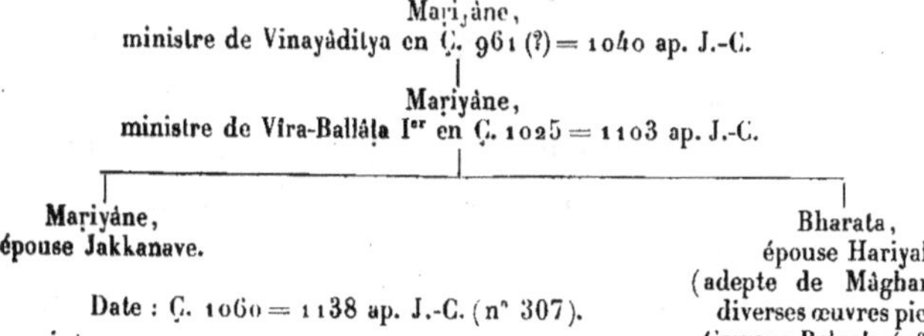

Bâladeva. — Les descendants de ce ministre étaient jainas, et leur généalogie est contenue dans les inscriptions n°ˢ 298, 310 et 311 :

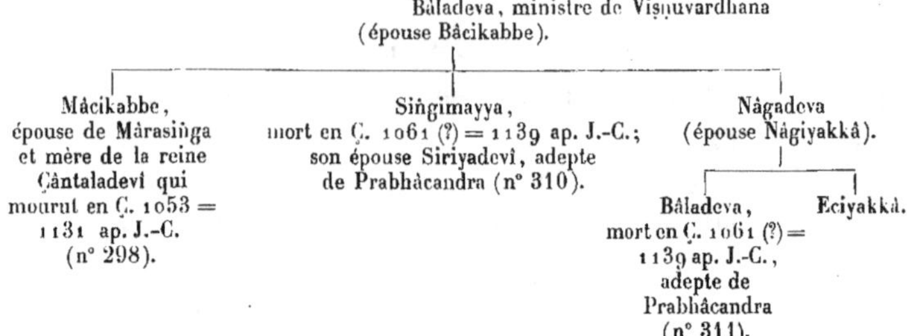

Enfin un vassal de Vishṇuvardhana, nommé Sâmanta-Soma, fit construire un temple en Ç. 1064 = 1142 ap. J.-C.; il était adepte de Bhânukîrti du Shûrastha gaṇa (n° 318).

Le successeur de Vishṇuvardhana fut Narasiṃha Iᵉʳ. Les inscriptions suivantes sont en son nom personnel : donation à Vâsupûjya (n° 327); – Ç. 1081 = 1159 ap. J.-C., donation au temple construit à Çravaṇa-Belgoḷa par son ministre Huḷḷa (n° 348); – Ç. 1082 = 1160 ap. J.-C., fondation d'un temple (n° 351);– donation à Bhânukîrti (n° 355); – autre donation (n° 367).

Le principal de ses ministres fut Huḷḷa. Celui-ci fut adepte de Maladhârideva (n° 348), de Rûpanârâyaṇa (n° 363), et de Nayakîrti (n° 405); – en Ç. 1081 = 1159 ap. J.-C., il construisit à Çravaṇa-Belgoḷa le temple dit *Bhaṇḍâra* (n° 348), en faveur duquel il fit une donation (n° 354); enfin il fonda ou restaura un grand nombre de temples dans diverses cités (n°ˢ 355 et 363).

D'autres ministres ou vassaux de Narasiṃha Iᵉʳ sont mentionnés. Devarâja, adepte de Municandra du Deçî gaṇa, construisit un temple (n° 324), ainsi que le feudataire Gûḷibâchi en Ç. 1072 = 1150 ap. J.-C. (n° 333); de même, en Ç. 1077 = 1155 ap. J.-C., Jakkave, épouse du ministre Câvimayya et adepte de Nayakîrti du Deçî gaṇa (n° 339); enfin en Ç. 1080 = 1158 ap. J.-C., le fils du ministre Pârisayya, lequel avait été adepte de Vâsupûjya (n° 347).

Au nom de Vîra-Ballâla II sont les inscriptions suivantes :
Ç. 1095 = 1173 ap. J.-C., donation à Bhânukîrti du Deçi gaṇa
(n° 381); – autre donatiou (n° 385); – Ç. 1104 = 1181 ap. J.-C.,
donation (n° 403); – nouvelle donation (n° 404); – confirmation
de donations faites par Viṣṇuvardhana et Narasiṃha Ier (n° 405);
– Ç. 1104 = 1182 ap. J.-C., donation à Bâlacandra du Deçi gaṇa
(n° 409); – Ç. 1105 = 1183 ap. J.-C., donation à Devacandra du
Deçi gaṇa (n° 411); – donation à Nemicandra (n° 450); – Ç. 1141
= 1219 ap. J.-C., fondation d'un temple à Arsikere (n° 465).

Quelques-uns de ses ministres sont également cités : Bûcimayya,
en Ç. 1095 = 1173 ap. J.-C., fonde un temple et fait une donation à Vâsupûjya du Nandi gaṇa (n° 379). Âcaladevî, épouse du
ministre Candramauli, construit en Ç. 1104 = 1181 ap. J.-C. un
temple à Çravaṇa-Belgoḷa (n°s 403 et 404). Bharatimayya et Bâhubali en fondent un autre en Ç. 1105 = 1183 ap. J.-C. (n° 411).
Kammaṭa-Mâcayya fait deux donations, dont l'une en Ç. 1125 =
1203 ap. J.-C. (n°s 437 et 448). Enfin Amitaya en fait une autre
en Ç. 1127 = 1205 ap. J.-C. (n° 452).

Sous le règne de Vîra-Someçvara, le ministre Çânta fit une
donation en Ç. 1170 = 1248 ap. J.-C. (n° 495).

Narasiṃha III, en Ç. 1177 = 1255 ap. J.-C., dota le temple
que Boppa, fils de Gaṅgarâja, avait fondé à Haḷebîḍ (n° 499); –
son guru était peut-être Mâghanandin du Balâtkâra gaṇa (n° 528).

Enfin, d'après les inscriptions n°s 596 et 625, un maître jaina
du Deçi gaṇa, soit Abhayasûri, soit Cârukîrti, guérit d'une grave
maladie le Hoysaḷa Vîra-Ballâḷa, sans doute le troisième du nom et
le dernier représentant de la dynastie.

PARAMÂRAS DE MÂLAVA.

D'après l'inscription n° 256, un Prabhâcandra du Deçi gaṇa fut
révéré par Bhoja de Dhârâ, et c'est probablement devant le même
prince que Çântiṣeṇa du Lâṭavâgaṭa gaṇa soutint une controverse
relatée par l'inscription n° 228.

CAṄGÂLVAS.

Selon M. L. Rice (*Epigraphia carnatica*, vol. IV, introd., p. 16-18), les Caṅgâlvas, au moins les plus anciens, étaient adeptes du jainisme. Des inscriptions non datées de Hanasoge rappellent en effet qu'ils restaurèrent et dotèrent dans cette cité des temples du Deçi gaṇa (nᵒˢ 240 et 241). Quelques-uns de ces princes sont nommés :

Vîrarâjendra ou Nanni-Caṅgâlva-Deva édifia un temple et en restaura un autre à Hanasoge (nᵒˢ 195 et 196).

De longs siècles plus tard, en Ç. 1432 = 1510 ap. J.-C., le fils de Keçavanâtha, ministre de Kulottuṅga-Caṅgâlva-Mahâdeva, fit réparer les constructions annexes à la statue colossale de Gomaṭa à Çravaṇa-Beḷgoḷa (nᵒ 661).

Vers la même époque, le maître Vidyânanda du Nandi gaṇa fréquentait la cour du Caṅgâlva Nañjadeva (nᵒ 667).

KÂDAMBAS DE HÂṄGAL.

Kîrtivarman II (Kîrtideva) est seul mentionné : en Ç. 997 = 1075 ap. J.-C., son épouse Mâḷaladevî fit construire un temple (nᵒ 209).

YÂDAVAS DE SEUṆADEÇA.

En Ç. 1063 = 1142 ap. J.-C., une donation fut faite par Seuṇadeva, dernier prince de cette dynastie (nᵒ 317).

ÇILÂHÂRAS DE KOLHÂPUR.

Deux donations sont rappelées au nom de Vijayâditya, l'avant-dernier Çilâhâra : l'une en Ç. 1065 = 1143 ap. J.-C. (nᵒ 320) et l'autre en Ç. 1073 = 1150 ap. J.-C. (nᵒ 334).

CAULUKYAS-VÀGHELÀS.

Parmi les inscriptions qui nous occupent, il n'en est aucune au nom de quelque prince de la dynastie Vàghelà. Mais Lavaṇapra-sâda et son fils Vîradhavala eurent pour ministres deux célèbres adeptes du jainisme : Tejaḥpàla et Vastupàla.

Ces deux frères appartenaient à la tribu des Poravàls, et leur généalogie est contenue dans deux inscriptions du mont Abû (n°ˢ 471 et 472) et une du mont Girnâr (n° 476). Nous la repro-duirons ici :

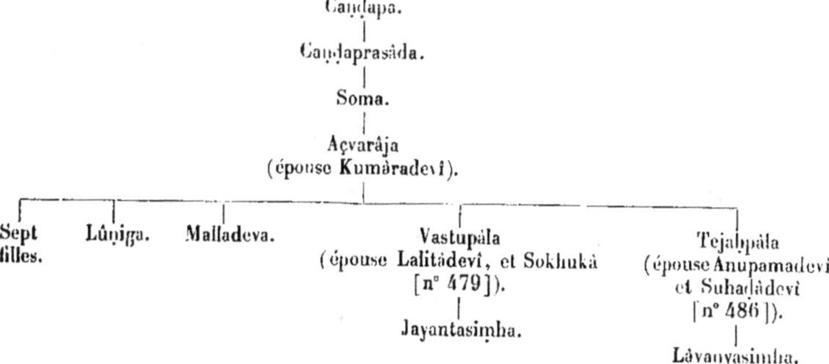

Les gurus de leur famille appartenaient au Nâgendra gaccha, et les mêmes inscriptions en donnent la succession, savoir : Mahen-drasûri, Çântisûri, Ânandasûri, Amara- (ou Amaracandra-) sûri, Haribhadrasûri, Vijayasenasûri et Udayaprabhasûri. Le précepteur des deux ministres était Vijayasenasûri.

Vastupâla et Tejaḥpâla construisirent un grand nombre de sanctuaires jainas dans les localités les plus diverses (cf. n° 476). Toutefois leurs plus beaux titres de gloire leur sont acquis par la fondation du temple de Neminâtha sur le mont Abû et par celle du temple qui porte leur nom au mont Girnâr. Le premier fut con-sacré en S. 1287 = 1230 ap. J.-C. (n°ˢ 471 et 472), et pendant les années qui suivirent, de S. 1288 = 1231 ap. J.-C. à S. 1297 = 1241 ap. J.-C., Tejaḥpâla ne négligea rien pour en assurer la plus riche ornementation (n°ˢ 473, 474, 480, 482 et 486). Le temple dit de Vastupâla et Tejaḥpâla au mont Girnâr fut consacré en S. 1288 = 1232 ap. J.-C. (n° 476), et l'année suivante Vastupâla en fit construire quatre autres (n° 479).

CÂHAMÂNAS DE NAḌOLE.

En S. 1218 = 1161 ap. J.-C., le roi Âlhaṇadeva fit une donation en faveur du temple de Mahâvîra à Naḍole (n° 357), ainsi que son fils Kìrtipâla (n° 358).

Cent ans plus tard, en S. 1319 = 1262 ap. J.-C., une inscription commémore diverses œuvres pieuses du prince Câcigadeva (n° 507).

CÂHAMÂNAS D'AJMER.

Someçvara, père de Pṛthvîrâja [II], fit une donation en S. 1226 = 1170 ap. J.-C. (n° 374).

KALACURYAS DE KALYÂṆI.

Recarasa, ministre d'Âhavamalladeva, avant-dernier roi de cette dynastie, fit une donation à Bhânukîrti du Krâṇûr gaṇa, en Ç. [1]104 = 1182 ap. J.-C. (n° 408).

ROIS DE CERA.

L'inscription n° 434 mentionne les rois suivants : Eḷiṇi, puis, longtemps après, Râjarâja et son fils Vyâmuktaçravaṇojjvala ou Viḍugâḍalagiya-Perumâl, qui fit restaurer des statues élevées par Eḷiṇi.

SINDAS.

En Ç. 1130 = 1208 ap. J.-C., Ecaṇa, ministre du Sinda Mallidevarasa, et son épouse Sovaladevî construisirent à Gogga un temple en l'honneur de Çântinâtha (n° 456; cf. n°ˢ 451 et 455).

DYNASTIE CÛDÂSAMÀ.

Une inscription non datée et très mutilée du mont Girnàr donne la liste généalogique des rois Cûḍâsamàs, depuis Maṇḍalika [III] jusqu'à Maṇḍalika [IV]. A Maṇḍalika III est attribuée la fondation d'un temple de Neminâtha (n° 576).

YÂDAVAS DE DEVAGIRI.

Râmacandra, le dernier représentant de cette dynastie, eut pour feudataire Kûcirâja qui bâtit à Betûr un temple à l'usage du Sena gaṇa (n° 511).

ROIS DE VIJAYANAGARA.

Dans la première dynastie sont cités les rois suivants :

Bukkarâya [Ier] : régla un différend en Ç. 1284 = 1362 ap. J.-C. (n° 561); – réconcilia les Jainas et les Vichnouites en Ç. 1290 = 1368 ap. J.-C. (n°s 565 et 566).

Harihararâya (probablement Harihara II) : mourut à Çravaṇa-Belgola en [Ç. 1326 =] 1404 ap. J.-C. (n° 602).

Il eut pour ministres Baicapa et son fils Irugapa, qui furent adeptes du jainisme et dont une inscription de Çravaṇa-Belgola de [Ç. 1344 =] 1422 ap. J.-C. (n° 616) retrace ainsi qu'il suit la généalogie :

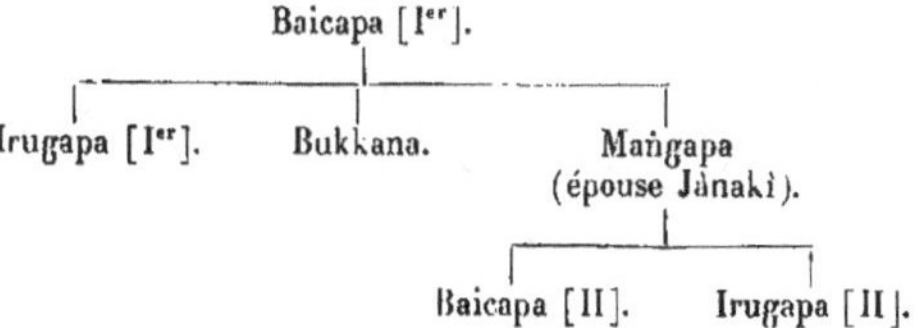

Le ministre Baicapa [Ier] mourut en Ç. 1302 = 1380 ap. J.-C. (n° 579). Son fils Irugapa [Ier] fit en 1382 ap. J.-C. (Hultzsch) une donation en faveur d'un temple de Vardhamâna construit près de Conjeeveram (n° 581) et qu'il compléta d'ailleurs en 1387

20   INTRODUCTION.

[Hultzsch et Kielhorn] (n° 587). Il édifia en outre à Vijayanagara un temple en l'honneur de Kunthunâtha en Ç. 1307 = 1386 ap. J.-C. (n° 585). Irugapa [II] fit une donation à Çrutamuni en [Ç. 1344 =] 1422 ap. J.-C. (n° 616).

Devarâya [Ier] : son éloge dans une inscription mutilée (n° 609).

Harihararâya (Vîravijaya ?), fils de Devarâya [Ier] : donation du village de Maleyûr en Ç. 1344 = 1422 ap. J.-C. (n° 615).

Devarâya [II] : Ç. 1346 = 1424 ap. J.-C., donation (n° 619); — Ç. 1348 = 1426 ap. J.-C., fondation d'un temple à Vijayanagara (n° 620); — [Ç. 1368 =] 1446 ap. J.-C., mort de son frère cadet Pratâpa-Devarâya (n° 635).

Virûpâksa [II?] : Viçâlakîrti du Balâtkâra gana soutint avec succès une controverse à sa cour (n° 667).

De la seconde dynastie de Vijayanagara, un seul roi est mentionné : Krsnarâya, dont Vidyânanda du Nandi gana fréquenta la cour (n° 667).

PRINCES DE KÂRKALA.

• Vîrapândya, fils de Bhairavendra, élève à Kârkala la statue colossale de Gomata en Ç. 1353 = 1432 ap. J.-C. (n° 624), et un pilier ornemental en Ç. 1358 = 1436 ap. J.-C. (n° 627).

Vîra-Bhairava [Ier] : sa sœur Kâlaladevî fait une donation en Ç. 1452 = 1529 ap. J.-C. (n° 664); — Vidyânanda du Nandi gana fréquentait sa cour (n° 667).

[Vîra-]Bhairava [II] : Ç. 1508 = 1586 ap. J.-C., fondation à Kârkala du temple dit *Caturmukha-basti* (n° 680), — Ç. 1521 = 1599 ap. J.-C., donation (n° 688).

SÂLUVAS.

Sur ces rois du Canara méridional, voir L. Rice, *Epigraphia carnatica*, vol. VIII, introd., p. 13-14; ils professaient la foi jaina.

Sâluvendra : Ç. 1409 = 1487 ap. J.-C., fondation d'un temple et donation (n° 654); – son ministre Padma, adepte de Paṇḍitàcàrya, fonde un temple en Ç. 1420 = 1498 ap. J.-C. (n° 658).

Indagarasa, frère de Sàḷuvendra : Ç. 1413 = 1491 ap. J.-C., donation (n° 656); – son feudataire, le gouverneur de Hogekeṛe, fonde un temple en cette ville en Ç. 1412 = 1490 ap. J.-C. (n° 655).

Malliràya honora un maître nommé Vidyànandamuni (n° 667).

Kṛṣṇadeva reçut à sa cour Vidyànandasvàmin du Nandi gaṇa (n° 667).

Enfin Devaràya avait pour guru Paṇḍitaràya (n° 674).

PRINCES DE CITRAKÛṬA.

D'après l'inscription n° 665, Karmasiṃha ou Karmaràja, ministre de Ratnasiṃha de Citrakûṭa, fit restaurer le temple de Puṇḍarîka sur le Çatruñjaya en S. 1587 = 1530 ap. J.-C.

DYNASTIE MOGOLE.

L'empereur Akbar honora de son amitié Hîravijaya, pontife du Tapà gaccha. A l'instigation de ce maître, il promulgua en S. 1639 = 1582 ap. J.-C. un édit interdisant de mettre à mort des animaux et de confisquer les biens des personnes décédées; il abolit en outre différentes taxes, mit en liberté des prisonniers, fonda une bibliothèque pour les Jainas et leur donna le mont Çatruñjaya (n° 682). – Akbar fut également en relations avec Vijayasena, successeur de Hîravijaya, qui lui suggéra de nouveaux édits conformes aux doctrines jainas (n° 682). – Enfin Jinacandra [VI], pontife de la secte Kharatara, fréquentait également la cour du grand empereur (n° 684).

Le sultan Jahàngîr, successeur d'Akbar, accorda le titre de *yugapradhàna* à Jinasiṃha, successeur de Jinacandra [VI] comme pontife de la secte Kharatara (n° 692).

ROIS DE MYSORE.

Câmarâja, en Ç. 1556 = 1634 ap. J.-C., provoqua l'abandon d'hypothèques dont les temples de Çravana-Belgola étaient grevés (n° 709).

Devarâja : Ç. 1596 = 1674 ap. J.-C., donation (n° 719); – autre donation (n° 723).

Kṛṣṇarâja [Ier] : Ç. 1621 pour 1645 = 1723 ap. J.-C., donations (n° 726).

Kṛṣṇarâja [II] : restauration de statues (n° 758); – Ç. 1752 = 1830 ap. J.-C., donation (n° 766).

II. GÉOGRAPHIE DES INSCRIPTIONS.

LES PRINCIPAUX SANCTUAIRES JAINAS.

Les inscriptions ne nous apprennent rien sur l'origine et les débuts du jainisme. Mais dès le IIIe siècle avant l'ère chrétienne les Jainas jouaient un rôle historique, puisque l'empereur Açoka les distingue de la foule anonyme des sectes contemporaines et les signale, sous l'appellation de Nirgranthas, au zèle de ses «inspecteurs de la religion» (n° 1).

Cent ans plus tard, ils occupent les collines d'Udayagiri en Orissa (n° 2), et c'est pour eux, désignés sous le nom d'Arhantas, que la première reine de Khâravela fait creuser des grottes dans la même région (n° 3), comme peut-être aussi le prince Âsâḍhasena, aux alentours de la ville actuelle d'Allahabad (n°s 6 et 7).

Vers la même époque, c'est-à-dire vers le milieu du IIe siècle avant l'ère chrétienne, Mathurâ devait être un centre jaina considérable, car la plus ancienne inscription provenant de cette localité remonte à l'an 150 environ av. J.-C. (n° 4). Trois siècles plus tard, une autre inscription (n° 59), datée de l'an 79 [indo-scythe] (milieu du IIe siècle de l'ère chrétienne?), mentionne le *Vodva* stûpa et en attribue la fondation aux dieux, ce qui prouve, comme l'a montré Bühler (*Sitzb. d. Akad. d. Wiss. zu Wien, Phil.-hist. Cl.*, 1898, ou *IA*, XXVII, p. 49-54), qu'à cette époque l'origine du monument se perdait dans la légende. On sait d'ailleurs combien la moisson épigraphique a été riche à Mathurâ et quels précieux documents elle a fournis pour l'histoire du jainisme. La plus récente inscription est datée S. 1134, soit 1077 ap. J.-C. (n° 211).

Au début de l'ère chrétienne (Saṃ 58, *sic*, peut-être l'an 1 ap. J.-C.), mention est faite pour la première fois du mont Girnâr (n° 11). Les Jainas s'étaient donc déjà répandus dans l'Ouest de l'Inde. Ils avaient aussi gagné les régions méridionales, et la plus ancienne inscription à leur sujet provenant de ces contrées (n° 90), si elle n'est apocryphe, rappelle une donation faite par le Ganga Mâdhava II dans la 13ᵉ année de son règne (fin du ivᵉ siècle ap. J.-C. ?).

Dès lors la géographie du jainisme, pour ainsi parler, est constituée. Les districts dravidiens du Sud, principalement le Canara, comme les provinces de l'Ouest et du Nord-Ouest, en particulier le Guzerate et le Rajputana, resteront à travers les siècles et jusqu'à nos jours les pays de prédilection des Jainas. C'est dans ces contrées qu'ils ont créé leurs sanctuaires les plus célèbres : Çravaṇa-Belgoḷa, Humcha, Maleyûr, Hanasoge et Haḷebîḍ en Mysore; Kârkaḷa et Veṇûr dans le Canara méridional; Mathurâ dans les Provinces du Nord-Ouest; mont Abû dans le Rajputana; mont Girnâr et mont Çatruñjaya dans le Guzerate.

Les données historiques fournies par les inscriptions sur chacun de ces sanctuaires sont groupées dans les tableaux suivants, qui se succèdent selon l'ordre alphabétique.

MONT ABÛ.

SAMVAT = ap. J.-C.

1088	1031	Construction du temple d'Âdinâtha par Vimalaçah (n° 554).
1245	1188	Dédicace de statues dans le temple d'Âdinâtha (n°ˢ 415-416).
1287	1230	Consécration du temple de Neminâtha construit par Tejaḥpâla (n°ˢ 471-472).
1288	1231	Ornementation du temple de Neminâtha (statues, chapelles) par Tejaḥpâla (n°ˢ 473-474).
1290	1233	Construction de nouvelles chapelles dans le temple de Neminâtha par Tejaḥpâla (n° 480).
1293	1236	Tejaḥpâla fait consacrer des statues dans le même temple (n° 482).
1297	1241	Dédicace d'une autre statue par Tejaḥpâla dans le même temple (n° 486).
1350	1293	Fixation de certaines redevances à payer aux temples jainas (n° 536).

136o	13o3	Donation au temple de Neminâtha (n° 550).
137g	13a2	Restauration du temple d'Àdinàtha (n° 554).
14g4	1437	Construction d'un temple çvetâmbara aujourd'hui en ruine (n° 629).
1497	144o	Donation au temple d'Àdinàtha (n° 634).
15og	145a	Donations aux temples d'Adinàtha et de Neminàtha (n° 638).
151a	1461	Dédicace de statues (n° 644).
15a5	1468	— — (n° 647).
15ag	147a	— (n° 648).
1566	15og	— (n° 660).

MONT ÇATRUÑJAYA.

SAMVAT = ap. J.-C.

Vers 1290	1233	Construction de temples par Vastupâla et Tejahpâla (n° 476).
1587	153o	Restauration du temple de Puṇḍarîka par Karmarâja de Citrakûṭa (n° 665). — Dédicace de statues par des Osvâls (n° 666).
1588	1531	Restauration du temple d'Âdîçvara (n° 682).
16ao	1563	Dédicace de statues (n° 675).
"	"	L'empereur Akbar donne le Çatruñjaya aux Jainas (n° 682).
164o	1583	Dédicace d'une statue par un adepte nommé Tejahpâla (n° 678).
1646	158g	Pèlerinage d'un adepte également nommé Tejahpâla (n° 682).
165o	15g3	Nouvelle restauration du temple d'Âdîçvara par le Tejahpâla précédent (n° 682). — Pèlerinage de Vimalaharṣa de la secte Tapâ (n° 683).
165a	15g5	Consécration par Vijayasena, de la secte Tapâ, des empreintes des pieds de son prédécesseur Hîravijaya (n° 685).
1675	161g	Dédicace de quatre statues d'Âdinâtha dans le temple dit *Caturmukha* par un adepte nommé Savâ-Somajî (n° 692). — Autre dédicace de statues (n° 693). — Construction d'un temple à l'usage de la secte Añcala par Padmasika, adepte laïque (n° 694). — Construction d'une chapelle (n° 695).
1676	16ao	Dédicace d'une statue (n° 696).
168a	16a5	Consécration d'empreintes des pieds de Puṇḍarîka (n° 697).
1683	16a6	Fondation d'un temple de Candraprabha (n° 698).
"	"	Consécration d'une statue (n° 699).
1[6]84	16a7	Dédicace d'une statue (n° 701).
1686	16ag	Dédicace de statues (n°⁹ 702-703).
16g6	163g	Dédicace d'une statue (n° 711).

1921	1864	Consécration de statues (n° 794).
1922	1865	Dédicace d'une statue (n° 795).
1924	1867	— (n° 796).
1928	1871	— (n° 797).
1930	1873	— (n° 798).
1939	1882	— (n° 800).
1943	1886	— (n° 803).

ÇRAVANA-BELGOLA.

ÇAKA = ap. J.-C.

//	//	Donation de terrain sous le règne de Çrîvallabha (Gaṅga de l'Ouest?) [n° 110].
//	//	Mort de Prabhâcandra (première moitié du viii° siècle, FLEET) [n° 117].
//	//	Mort de Siṃhanandin (vers 755 ap. J.-C., FLEET) [n° 112].
//	//	Rappel de la sainteté du mont Kaṭavapra ou Kaḷbappu, à cause des empreintes des pieds de Bhadrabâhu (n° 138).
//	//	Mort de Gunti, une adepte laïque (n° 151).
//	//	Mort du Gaṅga de l'Ouest Mârasiṃha II (975 ap. J.-C., FLEET) [n° 152].
//	//	Mort de Bâyiga, suivant du prince(?) Gaṅga Rakkasa (n° 155).
//	//	Câmuṇḍarâja fait élever la statue colossale de Gomaṭeçvara (n°⁵ 156, 157 et 258).
//	//	Mort d'un certain Piḷḷa (n° 162).
904	982	Mort du dernier Râṣṭrakûṭa Indrarâja IV (n° 163).
//	//	Panégyrique de Câmuṇḍarâja (n° 165).
//	//	Le fils de Câmuṇḍarâja fait élever un temple à la mémoire de son père (n° 168).
//	//	Hommage à Bhadrabâhu par Jinacandra (n° 229).
1037 pour 1035	1113	Mort de Bûcirâja, fils de Gaṅgarâja (n° 254).
1037	1115	Mort de Meghacandra Traividyadeva, du Deçi gaṇa (n° 255).
//	//	Paṭṭâvalî du Deçi gaṇa (n° 256).
//	//	Gaṅgarâja fait construire les cloîtres environnant la statue colossale de Gomaṭeçvara (n° 257).
//	//	Fondation d'un temple par Lakṣmî, épouse de Gaṅgarâja (n° 259).
//	//	Construction de temples par Gaṅgarâja (n°⁵ 260-261).
1039	1117	Donations par Gaṅgarâja; son éloge (n° 268).
1041	1119	Mort de la nonne Mâṅkabbe, du Deçi gaṇa (n° 270).
1042	1120	Mort de Dematî, fille de Gaṅgarâja (n° 271).
1043	1121	Mort de Pocaladevî, mère de Gaṅgarâja (n° 278).

1044	1122	Mort de Lakṣmî. épouse de Gaṅgarâja (n° 279).
1045	1123	Fondation d'un temple en l'honneur de Çântinâtha par Çântaladevî. épouse de Viṣṇuvardhana, et donations (n°s 281-283). — Mort de Çubhacandra. du Deçi gaṇa (n° 285).
1050	1129	Mort de Malliṣeṇa-Maladhâri (n° 289).
1059 pour 1051	1129	Mort de Hoysaḷaseṭṭi, adepte laïque (n° 290).
"	"	Donations en l'honneur de Gomaṭa (n° 296).
1053	1131	Mort de la reine Çântaladevî (n° 298).
"	"	Fondation d'un temple par Boppa, fils de Gaṅgarâja (n° 303).
"	"	Donation par Boppa, à la mémoire de son cousin Ecirâja (n° 304).
"	"	OEuvres pieuses du ministre Bharata (n° 309).
1061(?)	1139	Mort de Siṅgimayya, fils du ministre Bâladeva (n° 310). — Mort de Bâladeva. petit-fils du ministre Bâladeva (n° 311).
1068	1145	Mort de Prabhâcandra-Siddhântadeva, du Deçi gaṇa (n° 323).
1081	1159	Fondation du temple dit *Bhaṇḍâra* par le ministre Huḷḷa (n° 348).
"	"	Donation d'un village par le ministre Huḷḷa (n° 354).
"	"	OEuvres pieuses du ministre Huḷḷa; donation par Narasiṃha [Ier] (n° 355).
1085	1163	Mort de Devakîrtîmuni, du Deçi gaṇa (n°s 362-363).
1099	1176	Mort de Nayakìrti, du Nandi gaṇa (n° 388).
"	"	Pèlerinage à la statue de Gomaṭa (n° 393).
"	"	Donations en faveur de Gomaṭa (n°s 395. 398 et 400).
"	"	Panégyrique de Gomaṭa par le poète Boppa (n° 396).
"	"	Dédicace de statues de Yakṣa et de Yakṣiṇî (n°s 397 et 399).
1104	1181	Fondation d'un temple par Àcaladevî, épouse d'un ministre de Vîra-Ballâḷa II. et donations par ce roi (n°s 403, 404 et 409).
"	"	Confirmation par Vîra-Ballâḷa II de donations faites par Viṣṇuvardhana et Narasiṃha Ier (n° 405).
1118	1196	Achèvement du temple fondé par Àcaladevî, et construction d'un autre temple (n° 428).
"	"	Fondation d'un temple par un marchand du village de Mosaḷe et donation collective par ses compatriotes (n°s 429-430).
"	"	Pèlerinages à la statue de Gomaṭa (n°s 461 et 463).
[1153	1231]	Donations en l'honneur de Gomaṭa (n° 475).
"	"	Pèlerinage à la statue de Gomaṭa (n° 492).
"	"	Conventions entre les àcâryas et les marchands de Çravaṇa-Belgoḷa (n° 498).
"	"	Donations en l'honneur de Gomaṭa (n°s 501 et 505).

1191 pour 1195	1273	Autre donation en l'honneur de Gomaṭa (n° 512).
"	*"*	Nouvelles donations en l'honneur de Gomaṭa (n°ˢ 515-517).
1200	1278	Donation en faveur du temple dit *Bhaṇḍâra* (n° 520).
1203	1281	Convention entre les prêtres du Nagara Jinâlaya et les habi- tants de Çravaṇa-Belgoḷa au sujet de donations de terrain en faveur du temple d'Âdinâtha (n° 527).
1205	1282	Donation au temple d'Âdinâtha du Nagara Jinâlaya (n° 528).
1210	1288	Autres donations au même temple (n° 533).
"	*"*	Réglementation de festivals (n° 543).
1235	1313	Mort de Çubhacandramuni, du Deçi gaṇa (n° 552).
1290	1368	Bukkarâya Iᵉʳ de Vijayanagara réconcilie les Jainas et les Vichnouites (n° 565).
1295	1372	Mort de Samayamalladeva, du Deçi gaṇa (n° 572).
"	*"*	Mort de Hemacandrakîrti (n° 573).
"	*"*	Mort de Padmanandideva, du Deçi gaṇa (n° 575).
"	*"*	Fondation du temple dit *Mangâyi* (n° 591).
1320	1398	Mort de Purupaṇḍita, du Deçi gaṇa (n° 596).
[1326	1404]	Mort de Harihararâya (Harihara II) de Vijayanagara (n° 602).
1331	1409	Donation en l'honneur de Gomaṭa (n° 607).
[1344	1422]	Donation en l'honneur de Gomaṭa par le neveu du ministre Irugapa (n° 616).
1346	1424	Donation en l'honneur de Gomaṭa (n° 618).
1355	1432	Mort de Çrutamuni, disciple de Purupaṇḍita (n° 625).
[1368	1446]	Mort de Pratâpa-Devarâya (frère cadet de Devarâya II de Vijayanagara?) [n° 635].
1432	1510	Réparation des constructions annexes à la statue colossale de Gomaṭeçvara (n° 661).
"	*"*	Fondation d'une chapelle et restauration de temples (n° 669).
1459 pour 1460	1538	Donations (n° 670).
"	*"*	Pèlerinage à la statue de Gomaṭa (n° 671).
1556	1634	Abandon d'hypothèques dont étaient grevés des terrains dé- pendant des temples (n° 709).
1565	1643	Mort de Cârukîrti-paṇḍitadeva (n° 712).
1570	1648	Fondation d'un petit temple (n° 713).
"	*"*	Pèlerinage à la statue de Gomaṭa (n° 718).
1596	1674	Donation par Devarâja, roi de Mysore (n° 719).
1602	1680	Pèlerinage à la statue de Gomaṭa (n° 722).
1621 pour 1645	1723	Donations par Kṛṣṇarâja, roi de Mysore (n° 726).
"	*"*	Construction d'une chapelle (n° 732).
1731	1809	Mort d'Aditakîrtideva, du Deçi gaṇa (n° 750).
"	*"*	Construction d'une chapelle (n° 752).

1748 1827 Donation en l'honneur de Gomaṭa (nᵒ 757).
1752 1830 Donation de villages par Kṛṣṇarâja, roi de Mysore (n° 766).

Voir aussi les inscriptions nᵒˢ 804-830, de date indéterminée.

Une liste chronologique analogue à celle qui précède a été insérée par M. L. Rice à la fin de son introduction aux *Inscriptions at Śravaṇa Belgoḷa* [*Epigraphia carnatica*, vol. II], Bangalore, 1889.

MONT GIRNÂR.

SAMVAT = ap. J.-C.

58	1(?)	Dédicace d'une statue (n° 11).
"	"	Fondation d'un temple de Neminâtha (n° 141).
1215	1158	Restauration d'anciens temples et construction de nouveaux (n° 345). – Dédicace de statues (n° 346).
1222	1165	Consécration d'empreintes des pieds d'un Tîrthakara (n° 368).
1223	1166	— — (n° 369).
"	"	Fondation d'un temple de Neminâtha (n° 445).
1288	1232	Consécration du temple dit de Vastupâla et Tejaḥpâla (n° 476).
"	"	Dédicace de statues (n° 477).
1288-1289	1233	Fondation de quatre temples par Vastupâla (n° 479).
1305	1248	Dédicace d'une statue (n° 493).
1333	1276	Donation au temple de Neminâtha (n° 518).
1335	1278	— — (n° 523).
1339	1282	Donation analogue aux précédentes (n° 529). – Restauration d'anciens temples et construction de nouveaux (n° 530).
1350	1293	Dédicace de statues (n° 537).
1356	1299	— (n° 546).
1370	1313	— (n° 553).
"	"	Rappel de la fondation d'un temple de Neminâtha (n° 576).
1485	1428	Hommage à Neminâtha (n° 622).
1496	1439	Pèlerinage au temple de Neminâtha (n° 631).
1683	1626	Pèlerinage (n° 700).

Voir aussi trois inscriptions de date indéterminée, nᵒˢ 839-841.

HALEBÎḌ.

ÇAKA = ap. J.-C.

"	"	Fondation d'un temple de Pârçvanâtha par Boppa, fils de Gaṅgarâja (n° 301).
[1118	1196]	Donations au temple de Çàntinâtha (n° 426).

1177	1255	Donation par Narasiṃha III au temple de Pàrçvanàtha construit par Boppa (n° 499).
1197	1274	Mort de Bàlacandra-paṇḍitadeva, du Deçi gaṇa (n° 514).
1201	1279	Mort d'Abhayacandra, disciple de Bàlacandra (n° 524).
1222	1300	Mort de Ràmacandra, autre disciple de Bàlacandra (n° 548).
1560	1638	Ordonnance relative à l'exercice du culte dans le temple de Pàrçvanàtha (n° 710).

HANASOGE.

Cette localité fut le siège d'une subdivision du Deçi gaṇa et, à ce titre, la résidence d'un grand prêtre (cf. n°ˢ 223, 239, 449, 526, 551, 624 et 680). D'après l'inscription n° 240, le Deçi gaṇa y comptait 64 temples. Les autres faits mentionnés sont les suivants :

ÇAKA = ap. J.-C.

"	"	Fondation d'un temple à l'usage du Pustaka gaccha par le Caṅgàḷva Vîraràjendra (n° 195). — Reconstruction d'un autre temple par le même prince (n° 196).
1021	1099	Donation (n° 239).
"	"	Autre donation par un prince Caṅgàḷva (n° 241).

HUMCHA.

ÇAKA = ap. J.-C.

819	897	Fondation d'un temple (n° 132).
"	"	Donations (n° 145).
984	1062	Construction de temples et donations par Vîra-Çàntara (n°ˢ 197-198).
987	1065	Donations par Bhujabâla-Çàntara (n°ˢ 203 et 212).
999	1077	Construction du temple dit *Urvi-tiḷaka* par la princesse Caṭṭaladevî, et donations (n°ˢ 213-216).
1009	1087	Donations en faveur du même temple par Vikrama-Çàntara (n° 226).
"	"	Mort de Lakṣmîsena et de Pàrçvasena, du Pustaka gaccha (n° 238).
1069	1147	Donations au temple dit *Urvi-tiḷaka* (n° 326).
1178	1256	Mort de Puṣpasena, du Nandi gaṇa (n° 503).
"	"	Construction d'un temple (n° 509).
"	"	Mort de Vidyânandasvàmin, du Nandi gaṇa (n° 667).

KÀRKALA.

ÇAKA = ap. J.-C.

1353	1432	Vìrapàṇḍya fait élever la statue colossale de Gomateçvara (n° 624).
1358	1436	Le même Vìrapàṇḍya fait élever un pilier ornemental (n° 627).
1508	1586	Fondation du temple dit *Caturmukha-basti* par Bhairava II (n° 680).

MALEYÙR.

Le village de Maleyùr et particulièrement le mont Kanaka furent jadis célèbres dans l'histoire du jainisme. Aujourd'hui, selon M. L. Rice (*Mysore, a Gazetteer*, Revised edition, Westminster, 1897), le monastère de cette localité est fermé. Voici les quelques événements commémorés par les inscriptions :

ÇAKA = ap. J.-C.

831	909	Rappel de la construction d'un temple sur le mont Kanaka (n° 139).
1103	1181	Rappel d'une donation (n° 401).
1277	1355	Une statue de Jina est élevée sur le mont Kanaka (n° 560).
"	"	Mort de Bâhubali-paṇḍita, du Deçi gaṇa (n° 580).
"	"	Dédicace d'une statue de Candraprabha (n° 600).
1344	1422	Donation du village de Maleyùr par Harihararâya de Vijayanagara (n° 615).
1414	1492	Donation de terrain (n° 657).
1440	1518	Mort de Municandra, du Kàlogra gaṇa (n° 663).
"	"	Dédicace de statues (n° 705).
1596	1674	Consécration de Lakṣmìsenamuni (n° 720).
1735	1813	Mort de Bhaṭṭàkalaṅkamuni sur le mont Kanaka (n° 753).
1760	1838	Devacandra fait écrire la généalogie de ses ancêtres (n° 778).

MATHURÂ.

"	Construction d'une arche monumentale (n° 4).
An 72 (ère?).	Dédicace d'une image d'Àryavatì (n° 5).
"	OEuvres pieuses de la courtisane Nandà (n° 8).
"	Dédicace d'une tablette d'hommage (n° 9).
"	Dédicace d'une image (n° 10).
"	Fondation d'un temple (n° 12).
"	Construction d'un portique (n° 14).
"	Dédicace de tablettes d'hommage (n°s 15 et 16).

4	Dédicace de statues (n° 17).
5	— (n°° 19 et 22).
ʺ	— (n° 23).
9	— (n° 25).
15	— (n° 26).
18	— (n°° 27-28).
19	— (n° 29).
20	— (n°° 30-31).
22	— (n°° 33-34).
25	— (n° 35).
ʺ	— (n° 36).
29	— (n° 37).
31	— (n° 40).
32	— (n° 41).
35	— (n° 42).

38   Dédicace d'une sculpture représentant l'éléphant Nandiviçàla (n° 43).

40   Dédicace d'un pilier (n° 44).

45   Dédicace d'une statue (n° 46).

47   — (n° 47). – Donation (n° 49).

50 (?)   Dédicace de statues (n° 52).

52	— (n° 54).
54 (?)	— (n° 55).
60	— (n° 56).
62	— (n°° 57-58).

79   Une image est élevée sur le Vodva stûpa «bâti par les dieux» (n° 59).

80   Dédicace de statues (n° 60).

81	— (n° 61).
83	— (n° 62).
86	— (n° 63).
87 (?)	— (n° 64).
93	— (n° 67).

95 (?)   Dédicace d'un panneau sculpté (n° 68).

98   Dédicace d'une statue (n° 69).

ʺ   Dédicace de tablettes d'hommage (n°° 71-73).

ʺ   Dédicace de statues (n°° 75, 78, 79).

ʺ   Dédicace d'une tablette d'hommage (n° 81).

ʺ   Dédicace de statues (n°° 82-84).

299 (?)   Dédicace d'une statue (n° 88).

IMPRIMERIE NATIONALE.

Ère Gupta, an 113 = 433 ap. J.-C. Dédicace d'une statue (n° 92).
S. 1038 = 981 ap. J.-C. Dédicace d'une statue (n° 161).
S. 1080 = 1023 ap. J.-C.   —   (n° 173).
S. 1134 = 1077 ap. J.-C.   —   (n° 211).

Enfin une inscription de S. 1516 = 1459 ap. J.-C. fait allusion à un pèlerinage à Mathurâ (n° 643), et une autre de S. 1881 = 1824 ap. J.-C. mentionne un Mathurâ gaccha (n° 756). Jusqu'à nos jours, et malgré les événements historiques, cette localité est donc restée un centre jaina de quelque importance.

VENÛR.

C. 1525 = 1604 ap. J.-C., Timmarâja fait élever la statue colossale de Gomateçvara (n° 689), en face de laquelle Ajilaru construit deux sanctuaires (n° 690).

III. LES ÉCOLES JAINAS.

Les listes de maîtres jainas contenues dans les inscriptions ne
sont ni aussi simples ni aussi méthodiques que les listes traditionnelles dites *paṭṭâvalîs* ou *gurvâvalîs*. Le plus souvent, en effet, une
inscription rappelle non seulement le pontife, *sûri*, ou le chef,
gaṇin, d'une école, mais encore d'autres maîtres contemporains,
tels que les *âcâryas* et les *upâdhyâyas*, c'est-à-dire, suivant nos dési-
gnations modernes, les professeurs de morale ou pasteurs, et les
professeurs de dogmatique. Par exemple, dans une inscription du
mont Çatruñjaya (n° 715), datée S. 1710 = 1653 ap. J.-C., d'une
part quatre pontifes sont mentionnés, et parallèlement deux autres
maîtres :

PONTIFES.

Hiravijaya.

Vijayasena.

Vijayadeva.

Vijayaprabha.

Kîrtivijaya, *mahopâdhyâya.*

Vinayavijaya, *upâdhyâya.*

Dans la plupart des cas cependant, les inscriptions enregistrent
les noms des maîtres sans indiquer les titres respectifs de chacun
d'eux. Il n'est donc pas étonnant que pour une même école et une
même époque les paṭṭâvalîs épigraphiques contiennent plus de
noms que les paṭṭâvalîs traditionnelles. C'est un fait qu'il convient
de ne pas oublier quand on compare les unes avec les autres.

ÉCOLES ANCIENNES.

Deux inscriptions de Çravaṇa-Belgoḷa, les nᵒˢ 117 et 596, donnent la liste des maîtres jainas les plus anciens. Le tableau ci-dessous montre leurs rapports :

Nᵒ 596.

Nᵒ 117.

Mahâvîra.

Mahâvîra.

Nᵒ 596 — *gaṇdharas* / *kevalins* :

1. Indrabhûti — Gautama
2. Agnibhûti
3. Vâyubhûti
4. Akampana
5. Maurya
6. Sudharman — Sudharman
7. Putra
8. Maitreya
9. Maṇḍya
10. Andhavala
11. Prabhâsaka — Jambû

crutakevalins :

1. Viṣṇu
2. Aparâjita
3. Nandimitra
4. Govardhana
5. Bhadrabâhu

daçapûrvins :

1. Kṣatriya
2. Proṣṭhila
3. Raṅgadeva
4. Jayasena
5. Sudharman
6. Vijaya
7. Viçâkha
8. Buddhila
9. Dhṛtiṣeṇa
10. Nâgasena
11. Siddhârtha

ekadaçâṅgins :

1. Nakṣatra
2. Pâṇḍu
3. Jayapâla
4. Kaṁsâcârya
5. Dhṛtiṣeṇa

Nᵒ 117 :

1. Gautama.
2. Lohà[cà]rya.
3. Jambû.

1. Viṣṇudeva.
2. Aparâjita.
3. Govardhana.
4. Bhadrabâhu [Iᵉʳ].

1. Viçâkha.
2. Proṣṭhila.
3. Kṛttikârya (Kṣatriyâcârya).
4. Jayanâman (Jayasenâcârya).
5. Siddhârtha.
6. Dhṛtiṣeṇa.
7. Buddhila.

Bhadrabâhu [II].

1. Loha . . . . }
2. Subhadra . . . . }
3. Jayabhadra . . . . } *âcârâṅgas* (sic).
4. Yaçobâhu . . . . }

———

1. Kumbha.
2. Vinita (*ou* Avinita).
3. Haladhara.
4. Vâsudeva.
5. Acala.
6. Merudhira.
7. Sarvajña.
8. Sarvagupta.
9. Mahidhara.
10. Dhanapâla.
11. Mahâvîra.
12. Vîra.
13. Kundakunda.

Ces deux listes sont des paṭṭâvalîs digambaras. La première
(n° 596) paraît ne présenter aucune lacune, mais elle manque
d'exactitude. Des noms identiques se retrouvent dans des catégories
différentes. Ainsi Sudharman est à la fois un kevalin et un daçapûrvin; de même Dhṛtiṣeṇa est considéré comme un ekadaçâṅgin
en même temps qu'un daçapûrvin.

La liste 117 ne prétend pas donner la série complète des maîtres
anciens, puisqu'elle compte seulement quatre çrutakevalins et sept
daçapûrvins. Mais, à part ses lacunes, elle est plus conforme que
la précédente aux documents traditionnels des Digambaras. Voir en
particulier R. Hoernle, *IA*, XX, p. 358, et XXI, p. 57-58.

La sthavirâvalî qui constitue un des appendices du *Kalpasûtra*
énumère un certain nombre d'écoles anciennes ou *gaṇas*. Un gaṇa
se partageait en *kulas*, en *çâkhâs* et en *sambhogas*. On n'est pas
exactement fixé sur la signification de ces termes (cf. H. Jacobi,
Jaina Sûtras translated, Part I [Sacred Books of the East, vol. XXII],
p. 288, n. 2). Il semble cependant que le kula représentait la
lignée spirituelle d'un maître; la çâkhâ était une branche issue de
cette lignée, et le sambhoga une subdivision régionale (cf. G. Bühler,
WZKM, IV, p. 315-316).

Parmi les écoles mentionnées dans le *Kalpasûtra*, il en est quatre sur lesquelles les inscriptions de Mathurâ fournissent des renseignements : l'Uddehikîya, le Veçavâṭika, le Vârana et le Koṭika gaṇa.

UDDEHIKÎYA GAṆA.
(Udehikiya, Dehikiya; – Uddeha dans le *Kalpasûtra*.)

I. PARIHÂSAKA KULA. — PÛRṆAPATRIKÂ (POṆAPATRIKA) ÇÂKHÂ.

Devadatta.
|
Kṣema,
[I.-Sc.?] an 98 (n° 69).

II. NÂGABHÛTIKÎYA KULA.
(Nâgabhutikiya; – Nâgabhûta du *Kalpasûtra*.)

Buddhaçrî (Buddhaçiri).
|
[Sandh]ika.   Jayâ (nonne).
Goṣṭha,
[I.-Sc.?] an 7 (n° 24).

VEÇAVÂṬIKA GAṆA.

MEHIKA KULA.
(Maighika dans le *Kalpasûtra*.)

Jayabhûti.
|
Saṅgamikâ (nonne).
|
Vasulâ (nonne),
[I.-Sc.?] an 15 et an 86 (nᵒˢ 26 et 63).

VÂRAṆA GAṆA.
(Dans le *Kalpasûtra* on lit Câraṇa gaṇa.)

I. HÂṬIKÎYA KULA.   —   VAJRANÂGARÎ ÇÂKHÂ.
(Hâṭṭakiya, Haṭikiya, Hâṭṭiya;   (Vajanagari.)
– probablement le Hâridraka kula
du *Kalpasûtra*.)

1. Puçyamitra.
|
Saṣṭisimhâ
(Sathisihâ, nonne?),
[I.-Sc.?] an 4 (n° 17).

2. Dantin (Dati).

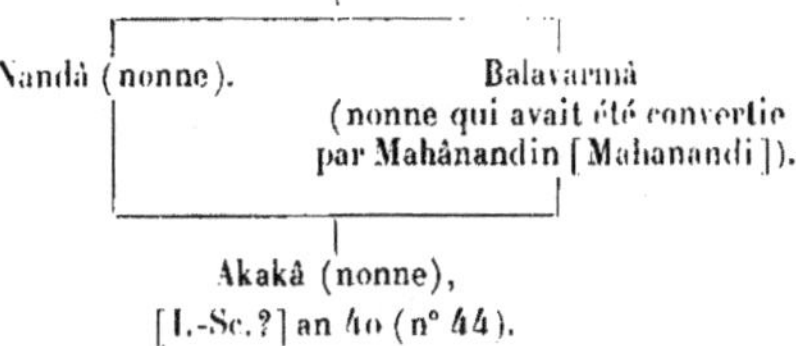

Cette seconde inscription mentionne une subdivision, le Çiriya sambhoga, qui est également signalée dans l'inscription n° 80.

II. Ayyabhyista (?) kula. — Samkâçikâ (Samkâsiyà) çâkhâ.
Çrigrha (Çirigriha) sambhoga.

Samadi ...va Dinara.

Jinadàsi
(Jinadasi, nonne).

...ghakarabà (nonne),
[I.-Sc.?] an 5o [?] (n° 52).

III. Cetika kula. — Harîtamàlâkârî çâkhâ.
(Celiya; — Cetaka du *Kalpasútra*.) (Harîtamàlakadhi.)

Bhaganandin (? Haginamdi).

Nâgasena,
[I.-Sc.?] an 44 (n° 45).

IV. Petivâmika kula.
(Correspond sans doute au Pritidharmika kula du *Kalpasûtra*.)

Oghanandin (Ohanadi, Ohanandi).

Sena.
[I.-Sc.?] an 47 (n° 47, cf. n° 48; voir aussi n° 34).

V. Pusyamitrîya kula.
(Puçyamitriya; — Pusyamitrika dans le *Kalpasûtra*.)

Datta (Data).

Gahaprakiva (?),
[I.-Sc.?] an 39 (n° 37).

VI. Kaniyasika kula.

Cette école est mentionnée dans l'inscription n° 76. Le *Kalpa-sûtra* donne Kṛṣṇasakha kula.

VII. Nâḍika kula.

D'après l'inscription n° 82, une nonne du nom de Sâditâ appartenait à cette école.

VIII. Les deux maîtres suivants faisaient également partie du Vâraṇa gaṇa, mais ni le kula ni la çâkhâ ne sont indiqués :

Karkaçagharṣita
(Kakasaghasta, Karkuhasta).
|
Grahabala,
[I.-Sc.?] an 6·· (n°^s 57 et 58).

KOTIKA GANA.
(Koṭiya, Koṭṭiya; – Kauṭika dans le *Kalpasûtra*.)

Cette école fut fondée par Susthita et Supratibuddha (n° 682).

I. Sthânîya kula.	Vajrî çâkhâ.
(Sthânikiya, Thâṇiya;	(Vairi, Verî, Veriya; Vajrâ, Vaira, Vairâ, Verâ.
– Vâṇiya dans le *Kalpasûtra*.)	– Cette branche est ainsi appelée du nom de son fondateur, Vajra; cf. n° 682.)

Une subdivision est quelquefois signalée, le Çrîgṛha sambhoga (Çirika. Çirigṛiha).

1. Nâganandin, [I.-Sc.?] an 9 (n° 25).

2. Baladatta (°dina).

Mâtṛdatta (°dina),	Kumâramitrâ (nonne),
[I.-Sc.?] an 19 (n° 29).	[I.-Sc.?] an 35 (n° 42).

3. Saṃghasiṃha (°siha), [I.-Sc.?] an 20 (n° 30).

4. Godâsa. [I.-Sc.?] an 31 (n° 40).

5. Hastahastin
(Ghastuhasti, Hastahasti).
|
Mâghahastin
(Mâguhasti, Mâghahasti).
|
Divita
(Devota?, Deva),
[I.-Sc.?] an 52 (n° 54) et an 54 [?] (n° 55).

6. Vrddhahastin, [I.-Sc.?] an 79 (n° 59).
|
Kharuṇa, [I.-Sc.?] an 60 (n° 56).

7. Arhaddatta (Arahadinna).
|
Dhâmathâ (nonne?),
[I.-Sc.?] an 95 [?] (n° 68).

8. Uggahini (?).
|
Ghoṣaka (n° 83).

II. Brahmadâsika kula. — Uccanâgarî çâkhâ.
(Brahmadâsiya, Bamhadâsika, °dâsia; —   (Ucanagari, Ucenâgarî, Ucenakari,
Brahmaliptaka du *Kalpasûtra*.)   Uccenâgarî, Uccenagara.)

Une subdivision, dite Çrîgṛha sambhoga, est parfois indiquée.

1. Jyeṣṭhahastin (Jeṭṭahasti).
|
Mahila (Mahala, Mihila).   Gâḍhaka.
| |
Kṣeraka,   Çâmâ (nonne),
[I.-Sc.?] an 5 (n°ˢ 21 et 22).   (n° 23).

2. Ja...mitra.
|
Ogha (?).
|
Pâla.
|
Datta.
|
Simha (Siha),
[I.-Sc.?] an 20 [?] (n° 31).

3. Balatrata (Balattrata).
|
Sandhi (Sadhi), [n° 36].   Brahma... (Bahma...) [nonne],
| (n° 36).
Graha ...i... (nonne?),
[I.-Sc.?] an 25 (n° 35).

4. Kumâranandin, [I.-Sc.?] an 87 [?] (n° 64).

III. Praçnavâhanaka kula. —— Madhyamâ çâkhâ.
(Pa...vaha...ka.)   (Majhamâ.)

[I.-Sc.?] an 90 (n° 66).

IV. Vâtsalîya (Vacchaliya) kula.

[I.-Sc.?] an 18 (n° 27).

V. Vidyâdharî çâkhâ.

Datilâcârya, [Gupta] an 113 = 433 ap. J.-C. (n° 92).

Les tableaux précédents, qui systématisent les renseignements fournis par les inscriptions de Mathurâ sur les anciennes écoles jainas, sont imités de ceux jadis dressés par Bühler, *WZKM*, IV, p. 316-319.

ÉCOLES DIGAMBARAS.

Ce qui constitue en majeure partie l'intérêt des nombreuses inscriptions en langue canara recueillies dans le Sud de l'Inde, c'est qu'elles contiennent des listes parfois étendues de maîtres digambaras.

La communauté digambara portait le nom de Mûla saṅgha. Un synonyme de ce terme paraît être Draviḷa saṅgha, qui ne signifie sans doute rien de plus que « communauté des pays dravidiens ». Le Mûla saṅgha comptait plusieurs sectes, dont la plus importante était le Kundakunda anvaya.

KUNDAKUNDA ANVAYA PRIMITIF.

Selon les paṭṭâvalîs traditionnelles, le Kundakunda anvaya, encore appelé Sarasvatî gaccha, ne serait autre que le Nandi gaṇa (cf. R. Hoernle, *IA*, XX, p. 342). Il aurait été fondé, non par Kundakunda, mais antérieurement à ce maître par Mâghanandin. Le tableau qui suit résume cette tradition :

Bhadrabâhu [II].

Guptigupta
(*ou* Arhadbalin, *ou* Viçâkhâcârya).

Mâghanandin,	Jinasena,	Simha,	Deva,
fondateur	fondateur	fondateur	fondateur
du Nandi gaṇa.	du Sena gaṇa.	du Simha gaṇa.	du Deva gaṇa.

Jinacandra.

Kundakunda.

Ces quatre écoles, Nandi, Sena, Simha et Deva gaṇa, seraient les quatre divisions du Mûla saṅgha (cf. R. Hœrnle, *IA*, XX, p. 350, § 11; XXI, p. 71, § 10).

Les données épigraphiques ne sont pas d'accord avec ces documents. Selon les inscriptions il y aurait eu d'abord un Kundakunda anvaya primitif qui se serait développé sans divisions, pour ne se partager que plus tard en quatre sectes. Les nᵒˢ 596 et 625 énumèrent les représentants de cette école initiale :

N° 596.	N° 625.
	Vardhamâna.
	Gautama.
	Bhadrabâhu.
	Candragupta (Guptigupta?).
Kundakunda.	Kundakunda.
Umâsvâti (*ou* Gṛdhrapiccha), auteur du *Tattvârtha-sûtra*.	Umâsvâti.
Balâkapiccha.	Balâkapiccha.
Samantabhadra.	Samantabhadra.
Çivakotisûri, auteur d'un commentaire sur le *Tattvârtha-sûtra*.	
Devanandin (*ou* Pûjyapâda).	Pûjyapâda.
Akalaṅka.	Akalaṅka.
Jinasena.	. . . .
Guṇabhadra.	. . . .
. . . .	. . . .

Puṣpadanta.   Bhûtabali.

A cette époque
Arhadbalin divisa l'école
en quatre gaṇas :
Sena, Nandi, Deva, Simha.

Division de l'école
en quatre gaṇas :
Deva, Nandi, Simha, Sena.

D'autre part, selon la tradition, chacune des quatre grandes sectes digambaras aurait eu une existence indépendante. Mais, à la vérité, il n'est pas toujours facile d'en suivre et d'en retracer l'histoire avec une exactitude rigoureuse. Car ces écoles étaient désignées par un assez grand nombre de dénominations synonymes, et ce fait n'est pas sans entraîner parfois une certaine obscurité. Ainsi le Nandi gaṇa s'appelait encore Balâtkâra gaṇa, Sarasvatî gaccha et Pârijâta gaccha (cf. R. Hoernle, *IA*, XX, p. 350, § 12; XXI, p. 71, § 11). Le Sena gaṇa portait aussi les noms de Puskara gaccha et de Sûrastha gaṇa; de même le Siṃha gaṇa ceux de Krâṇûr gaṇa et de Candrakapâṭa gaccha; et enfin le Deva gaṇa se nommait également Deçi gaṇa et Pustaka gaccha (cf. *IA*, XXI, p. 73, § 25).

Les inscriptions connaissent toutes ces appellations, mais les confondent à plus d'une reprise d'une façon fâcheuse. Il est inutile de relever ici l'ensemble des cas où une école emprunte les noms d'une école voisine et semble ne faire qu'une avec elle. Quelques exemples suffiront. Ainsi l'inscription n° 280 considère comme identiques les termes Deçi gaṇa, Pustaka gaccha et Sarasvatî gaccha. D'après les n⁰ˢ 285, 388, 596 et 625, le Deçi gaṇa et le Nandi gaṇa ne seraient qu'une seule et même secte. Ailleurs, au contraire, le Nandi gaṇa est donné comme une subdivision du Deçi gaṇa (n° 363).

Il est donc assez difficile de mettre de l'harmonie dans des documents dont, trop souvent, le caractère principal paraît être la discordance. Pourtant il semble possible de s'en référer à la tradition et de conserver la division en quatre gaṇas. Pour chacun d'eux nous essayerons donc d'établir une liste chronologique particulière. Nous n'y ferons pas entrer tous les matériaux qui sont à notre disposition, car il faut se résigner à laisser de côté ceux qui sont inutilisables, mais nous nous bornerons à ceux-là seulement qui offrent de solides garanties quant à la date et l'enchaînement historique. Nous commencerons par les deux sectes les plus importantes, le Nandi gaṇa et le Deçi gaṇa.

NANDI GAŅA.

Quelques inscriptions énumèrent en matière d'introduction les noms des plus anciens représentants du Nandi gaṇa. Mais d'une part ces listes ne sont pas complètes; en outre elles diffèrent l'une de l'autre et enfin l'ordre chronologique leur fait toujours défaut. En comparant entre eux les nᵒˢ 213, 289, 305, 363, 410, 585 et 667, on peut dresser une liste générale qui rappelle les noms le plus souvent cités, et attribue approximativement à chacun d'eux la place historique qui lui convient.

Cette liste est la suivante :

Mahâvira.
Gautama.
Bhadrabâhu.
Kundakunda, encore appelé Padmanandin, Mahâmati, Gṛdhrapiccha, Vakragrîva et Elâcârya (cf. n° 585).
Umâsvâti, *ou* Gṛdhrapiccha, *ou* Âryadeva (n° 213), auteur du *Tattvârtha-sûtra*.
Samantabhadra.
Simhanandin (cf. n° 112).
Vajranandin, auteur du *Nava-stotra*.
Sumatideva, auteur du *Sumati-saptaka*.
Cintâmaṇi, auteur du *Cintâmaṇi*.
Çrîvarddhadeva, auteur du *Cûḍâmaṇi*.
Vidyânanda, auteur du *Çloka-vârtikâlaṃkâra* et d'un commentaire sur l'*Âptamîmâṃsâ*.
Mâṇikyanandin.
Prabhâcandra, auteur du *Prameya-kamala-mârtaṇḍa* (cf. n° 117).
Pûjyapâda, encore appelé Devanandin *ou* Jinendrabuddhi. Il naquit à Alaktapura (n° 113). Ses principaux ouvrages sont : *Jainendra-vyâkaraṇa*, *Çabdâvatâra-nyâsa*, *Nyâya-kumuda-candrodaya*, *Sarvârtha-siddhi*, *Samâdhi-çataka*, *Vaidya-sûtra*, et des commentaires sur Çâkaṭâyana et sur le *Tattvârtha-sûtra*.
Akalaṅka, auteur d'un commentaire sur le *Devâgama-stotra* de Samantabhadra.
Indranandin, auteur du *Pratiṣṭhâ-kalpa* et du *Jvâlinî-kalpa*.

Nous allons maintenant entrer dans le domaine de l'histoire proprement dite, et des inscriptions datées vont nous permettre d'établir dans les pages qui suivent une succession chronologique (abstraction faite des lacunes) des maîtres du Nandi gaṇa.

Candranandin.
|
Kumâranandin.
|
Kîrtinandin.
|
Vimalacandra,
Ç. 698 = 776 ap. J.-C. (n° 121, apocryphe).

Meghananandin.
|
Keçavanandin,
Ç. 970 = 1048 ap. J.-C. (n° 181).

Kanakasena-Vâdirâja,
guru de Râcamalla [II?].

Dayâpâla, auteur de la *Rûpa-siddhi*. Cf. n°° 213-214.

Çrivijaya, ou Panditapârijâta, guru de la princesse Cattaladevi.
|
Ajitasena, surnommé Vâdibhasimha; son éloge en Ç. 1025 = 1103 ap. J.-C. (n° 248).
|
Mallisena-Maladhâri, † Ç. 1050 = 1129 ap. J.-C. (n° 289).
|
Çripâla, le logicien, Ç. 1047 = 1125 ap. J.-C. (n° 287).

Puspasena.
|
Gunasena, guru du Hoysala Ereyanga (?) et de Râjendra-Kongâlva; † Ç. 986 = 1064 ap. J.-C. (n° 202).

Vâsupûjya, Ç. 1082, 1090, 1095 = 1160, 1168, 1173 ap. J.-C. (n°° 351, 373, 379).
|
Mallisena-pandita, Ç. 1080 = 1158 ap. J.-C. (n° 347).

Vâdirâja.
|
Puspasena, † Ç. 1178 = 1256 ap. J.-C. (n° 503).

Ganacandra.
|
Nayanandin.
|
Çridharârya.
|
Candrakirti.
|
Çridharadeva.

Nemicandra.

Vâsupûjya; son frère Malayâla.
|
Padmaprabha.

Cités en l'an 12 de Vikrama Câlukya, c.-à-d. 1087 ap. J.-C. (n° 227).

A partir du milieu du xii° siècle jusqu'au début du xv°, les documents certains font défaut en vue d'une paṭṭâvalî du Naudi gaṇa.

Toutefois l'inscription n° 667 comble cette lacune par l'énumération suivante :

> Pâtrakeçarin.
> Nemicandra, auteur du *Triloka-sâra*.
> Mâdhavacandra.
> Abhayacandra.
> Jayakîrti.
> Jinacandra.
> Indranandin.
> Vasantakîrti.
> Viçâlakîrti.
> Çubhakîrti.
> Padmanandin.
> Mâghanandin.
> Simhanandin.
> Candraprabha.
> Vasunandin.
> Mâghacandra.
> Vîranandin.
> Dhanañjaya.
> Vâdirâja.
> Dharmabhûṣaṇa.
> Simhakîrti.
> Merunandin.
> Vardhamâna.
> Prabhâcandra.
> Amarakîrti.
> Viçâlakîrti.
> Nemicandra.

La même inscription n° 667 donne ensuite la succession que voici :

> Simhakîrti,
> logicien qui vécut au temps du sultan Mahamuda de Diḷḷi
> (Muḥammad IV, 1434 - 1443 ?).

> ———

> Viçâlakîrti,
> pontife, soutint une controverse à la cour de Virûpâkṣa [II ?]
> de Vijayanagara (vers 1480 ?).
> |
> Vidyânandamuni,
> fils du précédent et qu'honora le Sâḷuva Mallirâya.
> |
> Devendrakîrti,
> fils du précédent.
> |
> Vidyânandasvâmin
> ou Vâdividyânanda, auteur du *Buddheça-bhavana-vyâkhyâna*,
> fréquenta la cour de Kṛṣṇarâya de Vijayanagara (1508-1530).
> |
> Viçâlakîrti,
> fils du précédent.

> Devendrakîrti.
> |
> Vardhamâna.

Au xviie siècle, à la date de S. 1686 et Ç. 1551, c'est-à-dire 1629 ap. J.-C., une inscription du mont Çatruñjaya (n° 702) énumère une série de maîtres dont les noms sont reproduits ci-dessous. Ces maîtres faisaient partie du Sarasvatî gaccha, Balâtkâra gaṇa, c'est-à-dire de la secte Nandi. La subdivision de l'école n'est pas indiquée, mais il s'agit selon toute vraisemblance de la lignée de Chitor du Nandi gaṇa (cf. R. Hoernle, *IA*, XX, 355) :

> Sakalakîrti.
> Bhuvanakîrti.
> Jñânabhûṣaṇa.
> Vijayakîrti.
> Çubhacandra.
> Sumatikîrti.
> Guṇakîrti.
> Vâdibhûṣaṇa.
> Râmakîrti.
> Padmanandin, pontife en 1629 ap. J.-C.

Dans une autre inscription, le n° 755, nous trouvons enfin une dernière liste. Elle contient les noms de trois maîtres seulement et se rapporte aux dernières années du xviiie siècle ainsi qu'au début du xixe :

> Viçvabhûṣaṇa.
> |
> Jinendrabhûṣaṇa.
> |
> Mahendrabhûṣaṇa,
> pontife en S. 1876 = 1819 ap. J.-C.

DEÇI GAṆA.

Une inscription de Çravaṇa-Belgoḷa, le n° 256, si elle était datée, serait du plus haut intérêt pour l'histoire du Deçi gaṇa. Elle contient, en effet, en deux recensions parallèles, une importante paṭṭâvalî de cette école. Il est inutile de reproduire ici cette liste, qu'on trouvera sous le numéro indiqué.

Quant aux autres éléments chronologiques relatifs au Deçi gaṇa, nous les avons groupés dans les tableaux qui occupent les pages suivantes.

Mahâvîra.
Gautama.
Kundakunda.
Umâsvâti.
Balâkapiccha.
Guṇanandin.
Devendra..........................Devendra,
                                                        Ç. 782 =
Kaladhautanandin.   860 ap. J.-C.
                                                  (n° 127, apocryphe).
Sampûrṇacandra.

Dâmanandin   Candrâyaṇa.   Ekadeva.
(cf. n°ˢ 285 et 388).

                                      Gunacandra.   Jayadeva,
                      Candrakîrti.   Ç. 890 =
                                      Abhinandipaṇḍita,   968 ap. J.-C.
                      Divâkaranandin.   Ç. 893 =   (n° 149,
                                          971 ap. J.-C.   apocryphe).
                                          (n° 150).

Çrîdharadeva.   Maladhârideva.
                                                      Vardhamâna.

                                                   Çântinâtha,
                                     dit Sarasvati-mukha-mukura,
Mâghanandin.   auteur du *Sukumâra-carita*,
                                     Ç. 990 = 1068 ap. J.-C. (n° 204).

                                                      Devendra.

                       Çubhacandra,   Gopanandin,
                   guru de Gaṅgarâja   Ç. 1015 = 1093 ap. J.-C. (n° 233).
                   (n°ˢ 260, 261, 268),
Gunacandra.   † Ç. 1045 =
                   1123 ap. J.-C. (n° 285).   Meghacandra,
                                             † Ç. 1037 = 1115 ap. J.-C. (n° 255).

Nayakîrti,   Mâdhavacandra   Siddhanandin   Prabhâcandra,
† Ç. 1099 =   (n° 304).   (n° 259).   guru de la reine Çântaladevi
1176 ap. J.-C.   (n°ˢ 281-283), † Ç. 1068 =
(n° 388).   1145 ap. J.-C. (n° 323).

Meghacandra.   Sahasrakîrti.

                            Mâghanandin.

        Vâsudeva.   Mâṇikyanandin,
                                      Ç. 1065 =
                               1143 ap. J.-C. (n° 320).

                                   Meghacandra,
                                    † Ç. 1085 =
                               1163 ap. J.-C. (n° 364).

Padmanandin.

Kulabhûsana.

Kulacandra.

Mâghanandin.

Gaṇḍavimukta.

Devakîrti,
† Ç. 1085 = 1163 ap. J.-C. (nᵒˢ 362 et 363).

Devacandra,
Ç. 1105 = 1183 ap. J.-C. (nᵒ 411).

Çubhacandra.

Cârukîrti.

Mâghanandin.

Nemicandra.   Abhayacandra.

Bâlacandra.
commentateur
du *Sâra-catuṣṭaya*,
† Ç. 1197 =
1274 ap. J.-C. (nᵒ 514).

Abhayacandra.   Râmacandra-Maladhârideva,
auteur de la *Guru-pañca-smṛti*,
† Ç. 1222 =
1300 ap. J.-C. (nᵒ 548).

Çubhacandra,
† Ç. 1235 =
1313 ap. J.-C. (nᵒ 552).

Padmanandin.

Viçâlakîrti.

Çubhakîrti.

Dharmabhûsana.

Amalakîrti.

Samayamalladeva,
† Ç. 1295 = 1373 ap. J.-C. (nᵒ 572).

Abhayacandra.

Çrutamuni.

Prabhendu.

Çrutakîrti,
† Ç. 1306 = 1384 ap. J.-C. (n° 584).

Cârukîrti.

Purupaṇḍita,
† Ç. 1320 = 1398 ap. J.-C. (n° 596).

Çrutamuni,
† Ç. 1355 = 1432 ap. J.-C. (n° 625).

————

Cârukîrti-paṇḍitadeva.

Ajitakîrti.

Çântikîrti.

Aditakîrti,
† Ç. 1731 = 1809 ap. J.-C. (n° 750).

Le Deçi gaṇa comptait à Hanasoge une importante section désignée dans les inscriptions sous le nom de Panasoge bali. On en
peut établir la paṭṭâvalî suivante :

Pûrṇacandra.

Dâmanandin.

Çridharâcârya.

Maladhârideva.

Candrakîrti,
Ç. 1021 = 1099 ap. J.-C. (n° 239).

————

Maladhârideva.

Nemicandra.

Çubhacandra,
Ç. 1127 = 1204 ap. J.-C. (n° 449).

Lalitakîrti.

————

Çreyâṃsa-bhaṭṭâraka, Ç. 1202 = 1280 ap. J.-C. (n° 526).

———

Bâhubali-Maladhâri.
|
Padmanandin,
Ç. 1225 = 1303 ap. J.-C. (n° 551).

———

Lalitakîrti, Ç. 1353 = 1432 ap. J.-C. (n° 624).

———

Lalitakîrti, Ç. 1508 = 1586 ap. J.-C. (n° 680).

SENA GAÑA.

L'inscription n° 269, de Ç. 1046 pour 1040 = 1118 ap. J.-C., contient une assez longue liste de maîtres ayant appartenu au Sena gaṇa; mais elle ne donne de date déterminée pour aucun d'eux. Voici cette liste :

Anantavîrya.
|
Bâlacandra.
|
Prabhâcandra.
|
Kalneledeva.
|
Aṣṭopavâsi.
|
Hemanandin.
|
Vinayanandin.
|

Ekavîra.   Pallapaṇḍita,
                  encore appelé Pâlyakîrti
                  ou Abhimânidâni.

En juxtaposant les autres inscriptions datées qui mentionnent cette école, on obtient les éléments de la paṭṭâvalî suivante :

Kumârasena.
|
Kanakasena,
Ç. 824 = 903 ap. J.-C. (n° 137).

———

Brahmasena.
|
Âryasena.
|
Mahâsena,
C. 976 = 1054 ap. J.-C. (n° 186).
|
Râmasena,
an 2 de Vikrama Câlukya = 1077 ap. J.-C. (n° 217).

———

Devasena, mahâcârya en S. 1152 = 1095 ap. J.-C. (n° 235).

———

Candraprabha.
|
Mâdhavasena,
† an 49 de Vikrama Câlukya = 1124 ap. J.-C. (n° 286).

———

Bhânukîrti, C. 1064 = 1142 ap. J.-C. (n° 318).

———

Mânikyasena, † 1143 ap. J.-C. (n° 322).

———

Vîrasena.
|
Jinasena.
|
Guṇabhadra.
|
Jinasena.
|
Padmasena,
1271 ap. J.-C. (n° 511).

———

Lakṣmîsena.
|
Candrasena.
| Kamalakîrti,
Munibhadra,   pontife en S. 1443 =
† 1388 ap. J.-C. (n° 588).   1386 ap. J.-C. (n° 586).
|
Vîrasena.

———

Guṇakîrtideva.
|
Kîrtideva,
S. 1497 = 1440 ap. J.-C. (n° 633).

———

<pre>
                      Kṣemakîrti.
                          |
                      Hemakîrti.
                          |
                      Kamalakîrti.
                          |
                      Ratnakîrti,
        S. 1516 = 1459 ap. J.-C. (n° 643; cf. n° 640).

                      —————

      Lalitakîrti, S. 1881 = 1824 ap. J.-C. (n° 756).

                      —————

      Lakṣmîsena, Ç. 1800 = 1878 ap. J.-C. (n° 799).
</pre>

KRÂṆÛR (SIṂHA) GAṆA.

Le document épigraphique le plus précieux concernant l'histoire du Krâṇûr gaṇa consiste dans l'inscription n° 277 (cf. n°s 267 et 299). Il renferme une importante paṭṭâvalî que reproduit le tableau ci-dessous :

<pre>
                  Simhanandin.
                  Arhadbalin.
                  Dâmanandin.
                  Bâlacandra.
                  Meghacandra.
                  Guṇacandra.
                  Guṇanandin.
              Prabhâcandra [Iᵉʳ],
                      Ç. 976 =
                  1054 ap. J.-C.
                          |
                  Mâghanandin,
                      Ç. 987 =
                  1065 ap. J.-C.
                          |
              Prabhâcandra [II],
               Ç. 992 et 1043 =
           1070 et 1121 ap. J.-C.;
                      | ses collègues :
                      | Anantavîrya;   Municandra,
                      | Ç. 1027 =
                      | 1105 ap. J.-C.
                      | |
              Buddhacandra.   Crutakîrti;
                                                  ses collègues :
                              Kanakanandin,   Mâdhavacandra.
                              dit Vâdirâja; |
                                                     Bâlacandra.
</pre>

D'autre part, les inscriptions n°ˢ 313, 408, 431 et 448 fournissent une nouvelle liste qui continue approximativement la précédente :

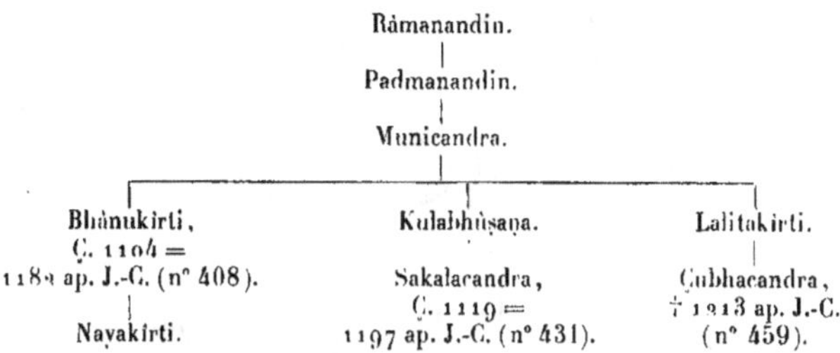

Ensuite nous n'avons plus que des indications éparses, savoir :

Mâdhavacandra, vers 1290 ap. J.-C. ? (cf. n°ˢ 534 et 540).

Vâsupûjya.

Sakalacandra, † C. 1305 = 1383 ap. J.-C. (n° 582).

et enfin :

Âdinâtha-paṇḍitadeva, C. 1621 = 1699 ap. J.-C. (n° 724).

La communauté digambara comptait non seulement les quatre grandes écoles dont il vient d'être question, mais encore une série de sectes de moindre importance. Que celles-ci aient été des subdivisions des précédentes ou bien aient vécu d'une vie indépendante, il est impossible de le savoir d'après l'épigraphie. Les inscriptions sont trop brèves à leur sujet : tout au plus citent-elles les noms de quelques maîtres quand elles ne se bornent pas à une simple mention. Nous énumérerons ces sectes secondaires d'après leur ordre chronologique.

KÂKOPALA ÂMNÂYA.

Une inscription datée Ç. 411 = 488 ap. J.-C., mais apocryphe
(n° 106). donne la généalogie suivante :

Siddhanandin.
|
Citakâcârya.
|
Nâgadeva.
|
Jinanandin.

M. J. F. Fleet (I.1, XXIX, p. 274, n. 2) suggère l'opinion que
ce terme de Kâkopala âmnâya désigne peut-être les ascètes installés
sur le mont Kanakopâla, à Maleyûr.

SECTE DE PARALÛR.

Trois maîtres de cette secte sont cités dans l'inscription non
datée n° 107 :

Vinayanandin.
|
Vâsudeva.
|
Prabhâcandra.

UDÂRA GANA.

Cette école faisait partie du Kundakunda anvaya. Elle est mentionnée dans deux inscriptions (n°s 122 et 123) de Ç. 719 et 724,
soit 797 et 802 ap. J.-C., avec les trois maîtres suivants :

Toranâcârya.
|
Puṣpanandin.
|
Prabhâcandra.

SECTE KÂREYA.

Il est question à deux reprises d'une subdivision de cette secte,
le Mailâpa anvaya. Une première liste de maîtres est fournie par
l'inscription n° 130, de Ç. 797 = 875 ap. J.-C. :

Mullabhaṭṭâraka.
|
Guṇakîrti.
|
Indrakîrti.

L'autre inscription (n° 182) est apocryphe. La date en est lue
Ç. 261 (?). Elle contient une plus longue liste que la précédente,
savoir :

Guṇakîrti.
|
Nâgacandra.
|
Jinacandra.
|
Çubhakirti.
|
Devakîrti.

VALAHÂRI GAṆA.

L'inscription non datée n° 144 mentionne les trois maîtres
suivants :

Sakalacandra,
|
Ayyapoti,
|
Arhanandin,

comme appartenant au Valahâri gaṇa, Aḍḍakali gaccha.

KAṆḌÛRA GACCHA.

Un représentant de cette école, Bâhubalideva, vivait en Ç. 902 =
980 ap. J.-C. (n° 160). Il eut cinq disciples : Ravicandra, Arhanandin, Çubhacandra, Munideva et Prabhâcandra. Les noms des
deux premiers se lisent encore dans l'inscription n° 205, dont la
date est effacée.

SECTE VÎRABAṆAÑJU.

Les membres de cette secte étaient en général des adorateurs de
la déesse Padmâvatî (cf. K. B. Pâṭhak, *IA*, XIV, p. 15). Une donation accomplie par eux en Ç. 1104 = 1181 ap. J.-C. est rappelée
dans l'inscription n° 402.

KÂLOGRA GAṆA.

L'inscription n° 663 relate la mort du maître Municandra, survenue en Ç. 1440, c'est-à-dire en 1518 ap. J.-C. Il laissait trois disciples : Âdidâsa, Vṛṣabhadâsa et Vidyânanda.

SECTE AHARIṢṬI.

L'âcârya Dharmanandin était le chef de cette secte quand l'ancien Kadamba Harivarman fit une donation en sa faveur, dans la 5ᵉ année de son règne (n° 104).

KÛRCAKAS.

Les Kûrcakas sont mentionnés à côté des Nirgranthas et des Yâpanîyas dans l'inscription n° 99, datée de la 8ᵉ année de règne de l'ancien Kadamba Mṛgeçavarman. Un peu plus tard, dans la 4ᵉ année de son règne, Harivarman fit une donation à un maître nommé Candrakṣânta, qui appartenait à l'école de Vârisenâcârya dans la secte des Kûrcakas (n° 103).

YÂPANÎYAS.

D'après les paṭṭâvalîs traditionnelles, les Yâpanîyas étaient des Jainas hétérodoxes (cf. R. HOERNLE, *IA*, XXI, p. 71, § 17). C'est en leur faveur, comme en faveur des Nirgranthas et des Kûrcakas que Mṛgeçavarman fit une donation la 8ᵉ année de son règne (n° 99). Le fils de Mṛgeçavarman, Ravivarman, se montra très bienveillant aussi à leur égard; leur chef était alors Kumâradatta (n° 100). Un autre Kadamba enfin, Devavarman, leur fit de nouvelles donations (n° 105).

D'après d'autres inscriptions, les Yâpanîyas paraissent avoir été en rapports étroits avec le Nandi gaṇa (n°ˢ 124 et 143). Peut-être aussi leur secte s'appelait-elle le Punnâga-vṛkṣa-mûla saṅgha, à

moins qu'elle n'eût été une branche de cette dernière communauté
(nᵒˢ 124 et 250).

L'inscription nᵒ 124, de Ç. 735 = 812 ap. J C., donne la généalogie suivante :

Çrikirti.

. . . . . .

. . . . . .

Kûli-âcârya.

Vijayakirti.

Arkakirti.

L'inscription nᵒ 143 mentionne trois autres maîtres :

Jinanandin.

Divâkara.

Mandiradeva,
Ç. 867 = 945 ap. J.-C.

C'est enfin au Punnâga-vrksa-mûla saṅgha (c'est-à-dire aux
Yâpanîyas?) qu'appartenait Râtrimatikanti vers Ç. 1030 = 1108
ap. J.-C., date que M. Fleet attribue à l'inscription nᵒ 250.

ÉCOLES ÇVETÂMBARAS.

Parmi les écoles çvetâmbaras, l'intérêt se concentre sur les sectes
Kharatara, Tapâ et Añcala. Toutefois d'autres subdivisions de la
communauté sont signalées dans les inscriptions. Comme précé-
demment, nous les énumérerons suivant l'ordre chronologique.

ÂRYA KULA.

Bhadrâcârya.

. . . .

. . . .

Go[çarman].

Çamkara,
an 106 Gupta = 426 ap. J.-C. (nᵒ 91).

RÀJAKULA GACCHA.

Abhayacandra.
|
Amalacandra,
[Laukika?] an 3o = 854 ap. J.-C. ? [Bühler] (n° 126).

KÂMYAKA GACCHA.

Viṣṇusûri.
|
Maheçvarasûri,
† S. 1100 = 1044 ap. J.-C. (n° 179).

LÂTAVÂGAṬA GAṆA.

Devasena.
|
Kulabhûṣaṇa.
|
Durlabhasena.
|
Çântisena,
soutint avec succès une controverse devant le roi Bhojadeva.
|
Vijayakîrti,
S. 1145 = 1088 ap. J.-C. (n° 228).

SAṆḌERAKA GACCHA.

Cette secte s'appelait ainsi du nom de la ville de Saṇḍera, en
Marwar (cf. Tod, *Annals and Antiquities of Rajast'han*, t. I, p. 804).
Elle possédait à Naḍole, dans le Rajputana, un temple dédié à
Mahâvîra en faveur duquel le Câhamâna Âlhaṇadeva et son fils
Kîrtipâla firent des donations en S. 1218 = 1161 ap. J.-C. (n°s 357
et 358).
Une courte paṭṭâvalî est donnée par l'inscription n° 672 :

Yaçobhadrasûri.
|
Çâlisûri.
|
Sumatisûri.
|
Çântisûri et Devasundara.
|________|
|
Îçvarasûri,
pontife en S. 1597 = 1540 ap. J.-C.

CÂNDRA GACCHA.

Cette école fut fondée par Candra, un des cinq disciples de Vajrasena (voir n° 682). Les inscriptions n°s 462 et 488 fournissent les trois noms suivants :

Çàntiprabhasûri.
|
Hariprabhasûri,
S. 1272 = 1215 ap. J.-C. (n° 462).
|
Yaçobhadrasûri,
S. 1300 = 1243 ap. J.-C. (n° 488); S. 1315 = 1258 ap. J.-C. (n° 506).

NÂGENDRA GACCHA.

C'est à cette secte qu'appartenaient les gurus de la famille de Vastupâla et Tejahpâla. Aussi les inscriptions n°s 471 et 476, qui rappellent des fondations de temples accomplies par les deux ministres, donnent-elles en même temps une paṭṭâvalî de cette école :

Mahendrasûri.
|
Çàntisûri.
|
Ânandasûri.
|
Amarasûri (*ou* Amaracandra°).
|
Haribhadrasûri.
|
Vijayasenasûri,
guru de Vastupâla et Tejahpâla;
S. 1287, 1288 et 1293 = 1230, 1232 et 1236 ap. J.-C. (n°s 471, 476 et 482).
|
Udayaprabha,
S. 1288 = 1232 ap. J.-C. (n° 476).

BṚHAD GAṆA.

Il est pour la première fois question du Bṛhad gaṇa seulement dans la seconde moitié du xiiie siècle. Les inscriptions n°s 493 et 507 donnent en effet les deux courtes listes suivantes :

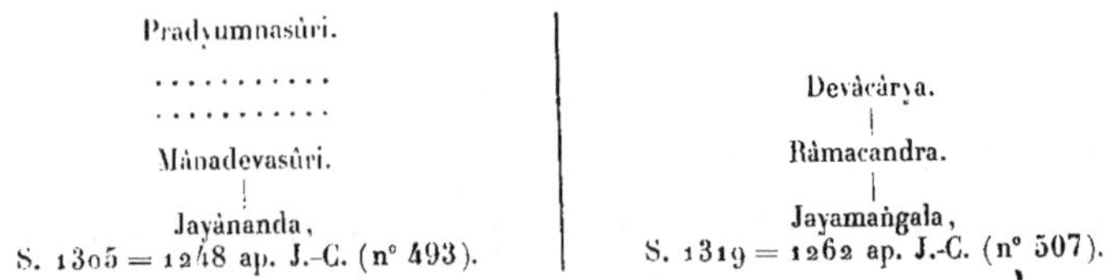

Une des subdivisions de l'école, la Pippalîya çâkhâ, est mentionnée avec deux de ses représentants dans une inscription non datée du mont Girnâr (n° 445) :

Dhaneçvara.
|
Jayasimhasûri.

Une autre branche, la Jîrâpallîya çâkhâ (cf. J. Klatt, *IA*, XXIII, p. 183), est citée, avec deux maîtres également, dans l'inscription n° 636 :

Çâlibhadrasûri.
|
Udayacandrasûri,
S. 1503 = 1446 ap. J.-C.

BHARTṚPURÎYA GACCHA.

A cette école appartenait Âmradeva, qui vivait en S. 1514 = 1457 ap. J.-C. (n° 642).

KHARATARA GACCHA.

Les inscriptions n°ˢ 684 et 692 donnent la liste des grands prêtres du Kharatara gaccha depuis l'origine de la secte jusqu'au vingt-cinquième pontife. L'inscription n° 692 mentionne en outre le vingt-sixième pontife, Jinarâja II. Nous reproduirons d'abord cette paṭṭâvalî, en y ajoutant les renseignements fournis par d'autres inscriptions, et en intercalant sous le n° 18 *bis* Jinavardhana qui fut destitué pour avoir failli à un vœu (cf. J. Klatt, *IA*, XI, p. 249). De plus, dans une liste parallèle, nous indiquerons les différents autres maîtres, upâdhyâyas, âcâryas, etc., en mettant leurs noms en rapport avec celui du grand prêtre qui vivait à leur époque.

<table>
<tr><td>PONTIFES.</td><td>NON-PONTIFES.</td></tr>
</table>

1. Uddyotana.
2. Vardhamâna.
3. Jineçvara Ier.
4. Jinacandra Ier.
5. Abhayadeva, le commentateur.
6. Jinavallabha, auteur de la *Piṇḍa-viçuddhi*.
7. Jinadatta.
8. Jinacandra II.
9. Jinapati.
10. Jineçvara II.
11. Jinaprabodha.
12. Jinacandra III.
13. Jinakuçala.
14. Jinapadma.
15. Jinalabdhi.
16. Jinacandra IV.
17. Jinodaya.
18. Jinarâja Ier.

18bis. *Jinavardhana*, S. 1473 = 1416 ap. J.-C. (n°s 845-846).

> Sâgaracandra, S. 1473 = 1416 ap. J.-C. (n° 845).
> Kîrtirâya, — — —
> Jayasâgara, — — (n° 846).

> Râjasûri.
> |
> Vardhamâna.
> |
> Candrasûri.
> |

19. Jinabhadra, S. 1497 et 1505 = 1440 et 1448 ap. J.-C. (n°s 848-849).

> Sâgarasûri, S. 1494 = 1438 ap. J.-C. (n° 630).
> Somakuñjara, S. 1497 = 1440 ap. J.-C. (n° 848).
> Ratnamûrti, S. 1505 = 1448 ap. J.-C. (n° 849).

20. Jinacandra V.
21. Jinasamudra, S. 1543 = 1486 ap. J.-C. (n° 653).
22. Jinahaṃsa, S. 1573 = 1516 ap. J.-C. (n° 662).
23. Jinamâṇikya.
24. Jinacandra VI, S. 1652 = 1596 ap. J.-C. (n° 684).
25. Jinasiṃha, S. 1675 = 1619 (n° 692).
26. Jinarâja II, S. 1682 et 1686 = 1625 et 1629 ap. J.-C. (n°s 697 et 704).

Ces 26 premiers pontifes correspondent aux n°s 38-63 de la paṭṭâvalî publiée par J. KLATT, *IA*, XI, p. 248-250. Environ un siècle plus tard, les inscriptions mentionnent les maîtres suivants :

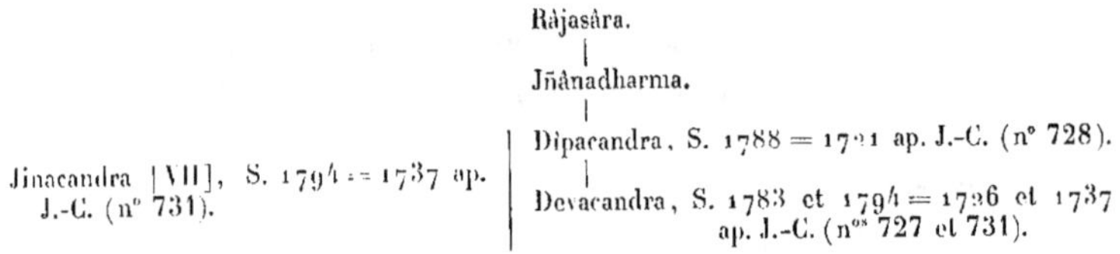

Il est difficile d'identifier ce Jinacandra [VII]. A l'époque où l'inscription le fait vivre, c'est Jinabhakti qui était pontife, le n° 67 de la liste de Klatt. Cette liste mentionne comme n° 69 un Jinacandra, mais il naquit seulement en S. 1809.

Nous trouvons encore dans les inscriptions les noms de quelques maîtres, savoir :

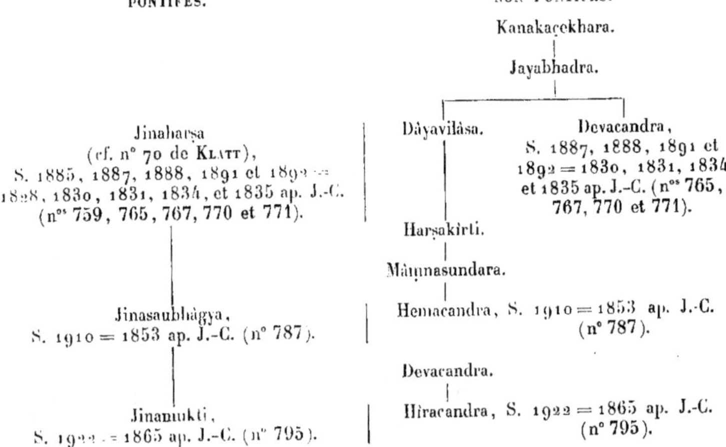

C'est ce dernier pontife, Jinamukti, que Bühler rencontra en 1874 ap. J.-C. à Jesalmer (cf. *EI*, II, p. 37).

Parmi les subdivisions de la secte Kharatara, une seule est signalée dans les inscriptions, la Pippalîya çâkhâ, dont Jinamahendra, successeur de Jinaharṣa, fut pontife dans la première moitié du xixᵉ siècle : voir n°ˢ 773 et 777, de S. 1893 = 1836 ap. J.-C., et n° 781, de S. 1903 = 1846 ap. J.-C.

TAPÂ GACCHA.

Le Tapâ gaccha s'appelait encore Purandara gaccha, d'après l'inscription n° 632. Il fut fondé en S. 1285 = 1228 ap. J.-C., par Jagaccandra (n° 682). Les renseignements épigraphiques les plus étendus concernant cette secte sont fournis par les n°ˢ 682 et 715. En les complétant par les indications contenues dans les autres inscriptions, on obtient la paṭṭâvalî suivante qui, malgré les lacunes qu'elle présente, n'en est pas moins conforme aux listes traditionnelles (cf. J. Klatt, *IA*, XI, p. 251-256, et R. Hoernle, *IA*, XIX, p. 234) :

PONTIFES.	NON-PONTIFES.
Jagaccandra fonde la secte en S. 1285 = 1228 ap. J.-C. (n° 682).	
Devendra (n° 632).	
Devasundara (n° 632).	
Somasundara, S. 1496 = 1440 ap. J.-C. (n° 632).	
Ânandavimala renouvelle la discipline en S. 1582 = 1525 ap. J.-C. (n° 682).	
Vijayadâna, S. 1620 et 1642 = 1563 et 1585 ap. J.-C. (n°ˢ 675 et 679).	
Hiravijaya, S. 1620, 1642, 1650 = 1563, 1585 et 1593 (n°ˢ 675, 679 et 682); † S. 1652 = 1595 ap. J.-C. (n° 685).	Vimalaharṣa, disciple de Hiravijaya, S. 1650 = 1593 ap. J.-C. (n° 683).
Vijayasena, S. 1650 et 1652 = 1593 et 1595 ap. J.-C. (n°ˢ 682 et 685-686).	
Vijayadeva, S. 1676, 1689 et 1696 = 1620, 1632 et 1639 ap. J.-C. (n°ˢ 696, 706-708 et 711).	
Vijayasiṃha (qui fut désigné comme devant succéder à Vijayadeva, mais mourut avant lui, cf. Klatt, *IA*, XI, p. 256), S. 1689, 1696 et 1710 = 1632, 1639 et 1653 ap. J.-C. (n°ˢ 706, 711 et 714).	
Vijayaprabha, S. 1710 = 1653 ap. J.-C. (n° 715)...	Kîrtivijaya, mahopâdhyâya, disciple de Hiravijaya, S. 1710 = 1653 ap. J.-C. (n° 715). Vinayavijaya, upâdhyâya, S. 1710 = 1653 ap. J.-C. (n° 715).
Vijayakṣama (n° 730).	
Vijayadâya, S. 1788 et 1791 = 1731 et 1734 ap. J.-C. (n°ˢ 729 et 730).	Sumatisâgara, S. 1788 = 1731 ap. J.-C. (n° 729).
Vijayajinendra, S. 1843, 1845, 1860 = 1786, 1788, 1803 ap. J.-C. (n°ˢ 740, 741 et 746-747).	Crilota..... ⎱ S. 1848 = 1791 ap. Gulâbacandra ⎰　J.-C. (n° 742).

IMPRIMERIE NATIONALE.

<table>
<tr><td>

Vijayadevendra, S. 1897, 1905, 1911, 1916 et 1924 = 1840, 1848, 1854, 1859 et 1867 ap. J.-C. (n°° 779, 782, 788, 792 et 796).

</td><td>

Devendrakuçala,
S. 1908 = 1851 ap. J.-C. (n° 785); et son frère
Ânandakuçala,
S. 1911 = 1854 ap. J.-C. (n° 788).
Ratnavijaya,
S. 1924 = 1867 ap. J.-C. (n° 796).

</td></tr>
</table>

Deux subdivisions du Tapâ gaccha sont mentionnées : l'école de Vijayânanda et celle de Vijayasiṃha.

De la Vijayânanda çâkhâ (cf. J. Klatt, *I.J.*, XXIII, p. 179-180), nous avons la courte paṭṭâvalî que voici :

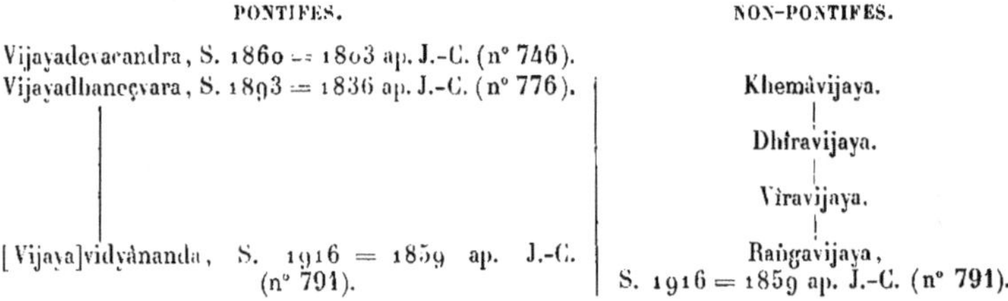

PONTIFES.	NON-PONTIFES.
Vijayadevaçandra, S. 1860 = 1803 ap. J.-C. (n° 746).	
Vijayadhaneçvara, S. 1893 = 1836 ap. J.-C. (n° 776).	Khemâvijaya.
	Dhîravijaya.
	Vîravijaya.
[Vijaya]vidyânanda, S. 1916 = 1859 ap. J.-C. (n° 791).	Raṅgavijaya, S. 1916 = 1859 ap. J.-C. (n° 791).

L'école de Vijayasiṃha prit naissance après Vijayasiṃha qui devait succéder à Vijayadeva comme pontife de la secte Tapâ principale (voir *supra*). Elle est connue d'ordinaire sous le nom de Vijaya çâkhâ (cf. R. Hoernle, *I.J.*, XIX, p. 234); dans les inscriptions elle porte aussi ceux de Saṃvijñaya-mârgîya çâkhâ (n°s 774-775) et de Saṃvijña-pakṣa çâkhâ (n° 802). Quatre maîtres sont cités :

Padmavijaya, S. 1893 = 1836 ap. J.-C. (n° 774).

Rûpavijaya, — (n° 775).

Maṇivijaya.

Gulâbavijaya, S. 1940 = 1883 ap. J.-C. (n° 802).

SECTE LUMPÂKA.

Cette secte hétérodoxe prit naissance en S. 1508 = 1452 ap. J.-C. (cf. Weber, *Über den Kupakshakauçikâditya des Dharmasâgara*, Sitzb. d. Akad. d. Wiss. zu Berlin, 1882, p. 807). Vers S. 1650 =

1593 ap. J.-C., Meghajî en était le chef, et Hîravijaya, pontife du Tapâ gaccha, le ramena à la vraie foi (n° 682).

AÑCALA (OU VIDHIPAKṢA) GACCHA.

Les inscriptions n°ˢ 694 et 698 donnent la liste des pontifes de cette secte depuis Âryarakṣita jusqu'à Kalyâṇasâgara, et le n° 794 la poursuit jusqu'à Ratnasâgara. Quelques autres inscriptions fournissent en outre des informations complémentaires. Nous obtenons de la sorte la paṭṭâvalî suivante, qui ne présente aucune lacune :

PONTIFES.	NON-PONTIFES.
Âryarakṣita.	
Jayasiṃha.	
Dharmaghoṣa.	
Mahendrasiṃha.	
Siṃhaprabha.	
Ajitasiṃha.	
Devendra.	
Dharmaprabha.	
Siṃhatilaka.	
Mahendraprabha.	
Merutuṅga.	
Jayakîrti.	
Jayakeçarin.	
Siddhântasamudra.	
Bhâvasâgara.	
Guṇanidhâna.	
Dharmamûrti.	
	Vinayacandra.
	Devasâgara,
Kalyâṇasâgara, S. 1675-1676 = 1619-1620 (n° 694); S. 1683 = 1626 ap. J.-C. (n° 698).	S. 1675-1676 = 1619-1620 ap. J.-C. (n° 694); S. 1683 = 1626 ap. J.-C. (n° 698).
Amarasâgara.	
Vidyâsûri.	
Udayasâgara.	
Kîrtisâgara.	
Puṇyasâgara, S. 1860 et 1861 = 1803 et 1804 ap. J.-C. (n°ˢ 747 et 749).	
Râjendrasâgara, S. 1886 = 1829 ap. J.-C. (n° 761).	
Muktisâgara, S. 1905 = 1848 ap. J.-C. (n° 783).	
Ratnasâgara, S. 1918 et 1921 = 1861 et 1864 ap. J.-C. (n°ˢ 793 et 794).	
Vivekasâgara, S. 1940 = 1883 ap. J.-C. (n° 801).	

Cette liste correspond exactement aux n°s 47-73 de la paṭṭāvalī
publiée par J. Klatt d'après des documents traditionnels (*IA*, XXIII,
p. 174-178).

LAGHUPOSÀLA GACCHA.

L'inscription n° 736, de S. 1815 = 1758 ap. J.-C., mentionne
un maître de cette secte, Râjasâmasûri, comme vivant à cette
époque.

SÂGARA GACCHA.

Une paṭṭāvalī de cette école est fournie par l'inscription n° 784.
Elle comprend les noms suivants :

Râja-sâgara.
Vṛddhi°.
Laksmi°.
Kalyāṇa°.
Puṇya°.
Udaya°.
Ânanda°.
Çântisâgarasûri, S. 1886, 1889, 1893 et 1905 = 1829, 1832, 1836
et 1848 ap. J.-C. (n°s 760 et 763, 768, 772 et 784).

PÂÇACANDRA GACCHA.

L'inscription n° 786 cite deux maîtres qui vivaient en S. 1908 =
1851 ap. J.-C. :

Harṣacandra, *pontife.*　　　|　　　Ânandakuçala, *paṇḍita.*

Sur cette secte hétérodoxe, nommée Pâyacanda dans l'inscrip-
tion, voir WEBER, *Über den Kupakshakauçikâditya des Dharmasâgara*,
Sitzb. d. Akad. d. Wiss. zu Berlin, 1882, p. 810, et KLATT, *IA*,
XXIII, p. 181-182.

RÉPERTOIRE ÉPIGRAPHIQUE.

1. — Sans date. [Vers 242 av. J.-C.] – Delhi. – Pk.

Huitième édit sur pilier (*ou* septième édit, seconde partie; *ou* édit circulaire) de l'empereur Açoka.

Les Jainas sont mentionnés à la ligne 5, sous le nom de Nirgranthas : *Nigaṃthesu pi me kaṭe ime (dhaṃmamahâmâtâ) viyâpaṭâ hohaṃti.* (Lecture de Bühler.) «J'ai eu aussi en vue l'intérèt des religieux Nirgranthas dont ils (les surveillants de la religion) s'occuperont. » (Traduction de M. Senart.)

G. Bühler, *EI*, II, p. 270-274, t., tr. et c.; – Id., *IA*, XIII, p. 310, t.: f.-s. de J. F. Fleet. – E. Senart, *Les inscriptions de Piyadasi*, vol. II, p. 79-99, t., tr. et c.; – Id., *Ibid.* (traduction anglaise de G. A. Grierson), *IA*, XVIII. p. 301, t.; p. 307, tr.

J. Prinsep, *JASB*, VI, p. 600-609, t., tr. et c. – A. Cunningham, *Corpus inscriptionum indicarum*, vol. I, *Inscriptions of Asoka*, p. 115, t.; p. 139, t*.. d'après Prinsep; pl. xx, f.-s. – V. A. Smith, *Asoka the Buddhist Emperor of India*, p. 155, tr.

2. — **An 165 de l'ère Maurya.** – Dans la grotte dite Hâthigumphâ, à Udayagiri, près Cuttack. – Pk. – Mutilée.

Cette inscription est datée de la 165ᵉ année, après que 164 ans de l'ère Maurya se furent écoulés, c'est-à-dire en 156-155 av. J.-C., en prenant pour point de départ de l'ère en question l'avènement de Candragupta (321-320 av. J.-C.).

Le roi Khâravela raconte son accession au trône de Kaliṅga, ses expéditions et ses actes d'administration. Il se donne comme un prince libéral et tolérant. L'inscription toutefois débute par la formule d'hommage jaina : *Namo Arahaṃtânaṃ, namo sava-Sidhânaṃ,* ce qui permet de penser que Khâravela était sans doute un adepte du jainisme.

Parmi les œuvres pieuses qu'il rappelle, les suivantes peuvent
en effet intéresser le jainisme. Dans la 4ᵉ année de son règne, il fit
réparer et embellir un vieux temple construit sur le mont Dharma-
kûṭa, afin de répandre la foi dans le *Triratna* parmi ses tribu-
taires. Dans la 12ᵉ année, une statue d'*Agajina* (= Agrajina, c'est-
à-dire probablement Âdîçvara ou Vṛṣabha), qu'il avait fait ériger,
fut enlevée par un prince impie. Enfin, à propos des œuvres accomplies dans la 13ᵉ année, des Arhantas (Jainas) sont signalés
comme résidant sur le mont Kumârî.

BHAGWÂNLÂL INDRAJÎ, *Actes du VIᵉ Congrès international des Orientalistes*, Leide,
1885, IIIᵉ Partie, IIᵉ Section, p. 152-177, t., tr. et c.; f.-s. n° I.
A. STIRLING, *Asiatic Researches*, XV, p. 313, f.-s. – J. PRINSEP, *JASB*, VI,
p. 1080-1091, t., tr. et c.; pl. LVIII, f.-s. – A. CUNNINGHAM, *Corpus inscriptionum indicarum*, vol. I, *Inscriptions of Asoka*, p. 98-101, t.; p. 132-133, tr.
d'après PRINSEP; pl. XVII, f.-s. – RÂJENDRALÂLA MITRA, *Antiquities of Orissa*,
vol. II, p. 16-30, t. et tr. – G. BÜHLER, *Über die Indische Secte der Jaina*, p. 108-
109, a.; – ID., *On the Indian Sect of the Jainas* (traduction anglaise), p. 40.

3. — Sans date. [Vers l'an 165 de l'ère Maurya.] – Dans la
grotte dite Vaikuṇṭha, à Udayagiri, près Cuttack. – Pk.

Voir l'inscription précédente.

La première reine de Khâravela fait creuser cette grotte pour
les moines Arhantas du pays de Kaliṅga (*Arahaṃtapasâdânaṃ Kâli-
gânaṃ samanânaṃ*).

BHAGWÂNLÂL INDRAJÎ, *Op. supra cit.*, p. 177-178, t. et tr.; f.-s. n° II.
J. PRINSEP, *JASB*, VI, p. 1074, n° 8, t. et tr.; pl. LIV, n° 8, f.-s. – A. CUN-
NINGHAM, *Corpus*, vol. I, *Ins. of Asoka*, p. 105, n° 9. t.; p. 136, n° 8 (*sic*), tr.;
pl. XVII, f.-s. – R. MITRA, *Antiquities of Orissa*, II, p. 15, t. – G. BÜHLER, *Secte
d. Jaina*, p. 109, a.; – ID., *Ibid.* (tr. anglaise), p. 40.

4. — Sans date. [Environ 150 av. J.-C. (BÜHLER).] – Mathura;
sur pierre. – Pk.

Uttaradâsaka, adepte laïque de l'ascète Mâharakhita (Mâgha-
rakṣita), fait élever une arche monumentale.

G. Bühler, *EI*, II, n° xiv, n° 1 (p. 198-199). f.-s., t. et tr.
* A. Führer, *Arch. Survey, North Western Provinces and Oudh, Annual Report 1890-1891*, p. 17. tr. – G. Bühler, *WZKM*, V, p. 176, t. et tr.

5. — An 72 (ère?), IIᵉ mois d'hiver, 9ᵉ jour. – Mathura; sur pierre. – Pk.

Sous le satrape Çoḍâsa. Hommage à Vardhamâna. Une adepte laïque, Amohinî, épouse de Pâla, fait graver une image d'Âryavatî en compagnie de ses trois fils.

G. Bühler, *EI*, II, n° xiv, n° 2 (p. 199), f.-s., t. et tr. (la date est lue 42; mais voir *EI*, IV, p. 55, n. 2, où elle est rétablie 72).
A. Führer, *Arch. Survey, North Western Provinces and Oudh, Annual Report 1890-1891*, p. 17, tr. – G. Bühler, *WZKM*, V, p. 177, t. et tr. – V. A. Smith, *The Jain Stûpa and other Antiquities of Mathurâ* (*ASI*, XX), p. 21, t. et tr.; pl. xiv, f.-s. – J. F. Fleet, *JRAS*, 1907, p. 1037 (l'an 72 de l'inscription correspondrait à l'an 15 ap. J.-C.).

6. — [IIᵉ ou Iᵉʳ s. av. J.-C. (Führer).] – Pabhosa, près Allahabad. – Pk.

A l'entrée d'une grotte que l'inscription rappelle avoir été creusée la **10ᵉ année de**..., par Âsâḍhasena, prince d'Adhichatrâ (actuellement Râmnagar, dans le Rohilkhand).

A. Führer, *EI*, II, n° xix, n° 1 (p. 242), f.-s., t. et tr.
S. J. Cockburn, *JASB*, LVI, p. 34, f.-s. – R. Hoernle, *PrASB*, 1887, p. 104, t. et tr.

7. — [IIᵉ ou Iᵉʳ s. av. J.-C.] – Pabhosa. – Pk.

Voir l'inscription précédente.

A l'intérieur de la même grotte, qui est dite pour la seconde fois avoir été creusée par Âsâḍhasena.

A. Führer, *EI*, II, n° xix, n° 2 (p. 243), f.-s., t. et tr.

Remarque. Ces deux inscriptions, n°ˢ 6 et 7, peuvent être bouddhiques aussi bien que jainas.

8. — Sans date. [Environ 5o av. J.-C. (Bh. Indraji).] — Mathura; sur une sculpture représentant un stûpa. — Pk.

OEuvres pieuses de la courtisane Nandâ (Nâdâ, Lüders), fille
de la courtisane Daṇḍâ (Daṃdâ, L.).

Bhagwânlâl Indrajî, *Actes du VIe Congrès international des Orientalistes*, Leide,
1885, IIIe Partie, iie Section, p. 143, f.-s., t. et tr.
G. Bühler, *Über d. Indische Secte d. Jaina*, p. 109, a.; — Id., *On the Indian
Sect of the Jainas*, p. 41-42. — H. Lüders, *IA*, XXXIII, p. 152-153, n° 3o, t.
et tr.

9. — Sans date. [Au plus tard 14-13 av. J.-C. (J. F. Fleet).]
— Mathura; sur pierre. — Pk.

Dédicace d'une tablette d'hommage par Çivamitrâ, épouse de
Gotiputra, lequel est appelé « un serpent noir pour les Poṭhayas et
les Çakas » (*Poṭhaya-Çaka-kâlavâḷa*).

G. Bühler, *EI*, I, n° xliv, n° 33 (p. 396), f.-s., t., tr. et c.
V. A. Smith, *Antiquities of Mathurâ* (*ASI*, XX), p. 20, t. et tr.; pl. xiii, 1,
f.-s. — J. F. Fleet, *JRAS*, 1905, p. 635-655, t., tr. et c.

L'épithète jointe au nom de Gotiputra est assez énigmatique. Bühler (*EI*,
I, p. 394) considérait ce personnage comme un guerrier redoutable dont les
Çakas auraient à leurs dépens expérimenté la force, ainsi que les Poṭhayas,
c'est-à-dire les Proṣṭhas qui constituaient un peuple du Sud de l'Inde.
L'interprétation proposée récemment par M. Fleet est toute différente.
D'après lui, Gotiputra aurait été un polémiste çvetâmbara, à la dialectique
invincible et en quelque sorte mortelle, comme le venin d'un serpent, pour les
Bouddhistes (Çakas) et les Jainas digambaras (Poṭhayas).
L'hypothèse de Bühler reste encore la plus vraisemblable.

10. — Sans date. [Au plus tard 14-13 av. J.-C.?] — Mathura;
sur le piédestal d'une statue. — Pk.

Dédicace d'une image par Îdrapâla Gotîputra (Indrapâla Gotiputra?).

G. Bühler, *EI*, II, n° xiv, n° 9 (p. 201), f.-s., t. et tr.

Le Gotîputra de cette inscription est-il le même que le Gotîputra qualifié de
« serpent noir » par la précédente? Bühler le croyait volontiers (*EI.* II. p. 196).
et c'est d'après cette identification précaire que j'ai attribué aux deux inscriptions la date approximative déterminée par M. Fleet.

11. — **Sam 58** (ère?, Ier s. ap. J.-C.?). — Girnar; sur pierre. —
Sk.

Dédicace d'une statue de Pañcânacandra, disciple de Nemicandra.

J. Burgess and H. Cousens, *Revised Lists of antiquarian remains in the Bombay
Presidency* (*ASI*, XVI), p. 357, n° 20, t. et tr.

12. — Sans date. [Ier s. ap. J.-C.?] — Mathura; sur un portique
sculpté. — Pk.

Dharmaghoṣâ, une disciple (laïque?) de Jayasena, fait bâtir un
temple.

G. Bühler, *EI*, II, n° xiv, n° 4 (p. 199), f.-s., t. et tr.
A. Führer, *Arch. Survey, North Western Provinces and Oudh, Annual Report
1890-1891*, p. 17, tr. — G. Bühler, *WZKM*, V, p. 176, t. et tr.

13. — Sans date. [Ier s. ap. J.-C.?] — Mathura; sur une frise
sculptée. — Pk. — Mutilée.

Mention du dieu Nemesa.

G. Bühler, *EI*, II, n° xiv, n° 6 (p. 200), f.-s., t. et tr.

14. — Sans date. [Ier s. ap. J.-C.?] — Mathura; sur un portique sculpté. — Pk.

Une adepte laïque, du nom de [Ba]lahastinî, fait élever ce portique (*toraṇa*).

G. Bühler, *EI*, I, n° xliii, n° 17 (p. 390), f.-s., t. et tr.
V. A. Smith, *Antiquities of Mathurâ* (*ASI*, XX). p. 29, t. et tr. — H. Lüders,
IA, XXXIII. p. 153-154, n° 31, c.

15. — Sans date. [1ᵉʳ s. ap. J.-C.?] – Mathura; sur une tablette représentant un stûpa. -- Pk.

Dédicace d'une tablette d'hommage par Çivayaçâ, épouse du danseur Phalguyaça.

G. Bühler, *EI*, II, n° xiv, n° 5 (p. 200), f.-s., t. et tr.
V. A. Smith, *Op. cit.*, p. 19, t. et tr.; pl. xii, f.-s.

16. — Sans date. [1ᵉʳ s. ap. J.-C.?] – Mathura; sur un panneau sculpté. – Pk. – Mutilée.

Tablette d'hommage dédiée à Mahâvîra par une femme de Mathurâ.

G. Bühler, *EI*, II, n° xiv, n° 8 (p. 200), f.-s., t. et tr.
V. A. Smith, *Op. cit.*, p. 15, t. et tr.; pl. viii, f.-s.

17. — [I.-Sc.?] an 4, 1ᵉʳ mois d'été, 20ᵉ jour. – Mathura; sur la base d'une statue. – Pk.

Don d'une nonne (? *çrâddhacarî*), adepte de Sihamitra (Siṃhamitra) et disciple de [la nonne?] Sathisihâ (Saṣṭisiṃhâ), celle-ci disciple de Puçyamitra, du Vâraṇa gaṇa, Ârya Hâṭṭakiya (Hâṭikîya) kula, Vajaṇagarî (Vajranâgarî) çâkhâ.

G. Bühler, *EI*, II, n° xiv, n° 11 (p. 201), f.-s., t. et tr.
V. A. Smith, *JRAS*, 1903, p. 7-14, n° 1. – H. Lüders, *IA*, XXXIII, p. 33, n° 1.

18. — [I.-Sc.?] an 5, ivᵉ mois d'été, 5ᵉ jour. – Mathura; sur la base d'une statue. – Pk. – Mutilée.

Mention d'un maître du Koṭṭiya (Koṭika) gaṇa.

G. Bühler, *EI*, II, n° xiv, n° 12 (p. 201), f.-s., t. et tr.
V. A. Smith, *JRAS*, 1903, p. 7-14, n° 2. – H. Lüders, *IA*, XXXIII, p. 33-34, n° 2.

19. — [I.-Sc.?] an 5, 1ᵉʳ mois d'hiver, 1ᵉʳ jour. – Mathura: sur le piédestal d'une statue. – Pk.

Sous Kaniṣka. Dédicace d'une statue de Vardhamâna par Khuḍâ (Kṣudrâ), épouse d'un çreṣṭhin et adepte laïque du Koṭṭiya gaṇa, Bamhadâsika (Brahmadâsika) kula, Ucenâgarî (Uccanâgarî) çâkhâ.

G. Bühler, *EI*, I, n° xliii, n° 1 (p. 381-382), f.-s., t. et tr.
V. A. Smith, *JRAS*, 1903, p. 7-14, n° 5. – H. Lüders, *IA*, XXXIII. p. 34-36, n° 4, t. et tr.

20. — [I.-Sc.?] an 5, 1ᵉʳ mois d'hiver, 12ᵉ jour. – Mathura; sur le piédestal d'une statue. – Pk. – Mutilée.

Mention du Koṭika gaṇa, Brahmadâsika kula, Ucenakari (Uccanâgarî) çâkhâ, Çrîgṛha saṃbhoga.

H. Lüders, *IA*, XXXIII, p. 36-37, n° 5, t. et tr.
A. Cunningham, *Archæological Survey of India, Reports*, vol. III, pl. xiii, n° 2, f.-s.; p. 30, n° 2, t. et a. – G. Bühler, *WZKM*, I, p. 176, t.; – Id., *Über d. Indische Secte d. Jaina*, p. 120, n° 1; – Id., *Ibid.* (tr. anglaise), p. 55, n° 4. – V. A. Smith, *JRAS*, 1903, p. 7-14, n° 3.

21. — [I.-Sc.?] an 5, iv° mois d'hiver, 20° jour. – Mathura; sur le piédestal d'une statue. – Pk. – Mutilée.

Mention de [Kṣe]raka, disciple de Mahila, du [Koṭika gaṇa,] Ucenâgarî çâkhâ, Bamhadâsika kula.

A. Cunningham, *Reports*, III, pl. xiii, n° 3, f.-s.; p. 31. n° 3, t. et a.
A.-M. Boyer, *Journal asiatique*, mai-juin 1900, p. 573-574, t. et c. – V. A. Smith, *JRAS*, 1903, p. 7-14, n° 4.

22. — Sans date. [Vers l'an 5 I.-Sc.?] – Mathura; sur la base d'une statue. – Pk.

Voir l'inscription précédente.

Sthirâ, épouse de Kuṭha Kasutha, fait ériger une quadruple

statue, à la requête de Kṣeraka, disciple de Mihila (Mahila), lui-même disciple de Jeṣṭahasti (Jyeṣṭhahastin), du Koṭṭiya gaṇa, Uccanâgarî çâkhâ, Bamhadâsia (Brahmadâsika) kula, Çirigriha (Çrîgṛha) saṃbhoga.

G. Bühler, *EI*, II, n° xiv, n° 37 (p. 209-210), f.-s., t. et tr.

A.-M. Boyer, *Op. cit.*, p. 572-575, t. et c. — V. A. Smith, *Antiquities of Mathurâ* (*ASI*, XX), p. 47, t. et tr.; pl. xc, 2, f.-s.

23. — Sans date. [Vers l'an 5 I.-Sc.?] – Mathura; sur le piédestal d'une statue. – Pk.

Voir *supra*, n°ˢ 21 et 22.

Gulhâ, fille de Varmâ et épouse de Jayadâsa, fait don d'une statue de Vṛṣabha, à la requête de la nonne Çâmâ, disciple de Gâḍhaka, lequel, de même que Mahala (Mahila), était le disciple de Jeṣṭahasti, du Koṭṭiya gaṇa, Brahmadâsika kula, Uccanâgarî çâkhâ, [Çi]rika saṃbhoga.

G. Bühler, *EI*, I, n° xliii, n° 14 (p. 389), f.-s., t. et tr.

A.-M. Boyer, *Op. cit.*, p. 571-575, c.

24. — [I.-Sc.?] an 7, 1ᵉʳ mois d'hiver, 15ᵉ jour. — Mathura; sur la base d'une statue. – Pk. – Mutilée.

Sous Kaniṣka. Mention des noms suivants : Dans l'Aryyodehikiya (Ârya Uddehikîya) gaṇa, Aryya Nâgabhutikiya (Ârya Nâgabhûtikîya) kula, le gaṇin Aryya Buddhaçiri (Buddhaçrî), son disciple Aryya [Sandh]ika, ainsi que la nonne Aryya Jayâ, « sœur » (*bhagini*), c'est-à-dire collègue de ce dernier, et le moine Aryya Goṣṭha.

G. Bühler, *EI*, I, n° xliii, n° 19 (p. 391), f.-s., t. et tr.

G. Bühler, *WZKM*, II, p. 141-146, t. et tr.; pl. i, f.-s. — V. A. Smith, *JRAS*, 1903, p. 7-14, n° 6.

25. — [I.-Sc.?] an 9, 1ᵉʳ mois de..., 5ᵉ jour. – Mathura; sur le piédestal d'une statue. – Pk.

Sous Kaniṣka. Dédicace d'une statue de Vardhamâna, par Vikaṭâ, épouse de Bhaṭṭimitra, à la requête de Nâganandin, du Koṭiya (Koṭika) gaṇa, Thâṇiya (Sthâniya) kula, Vairi (Vajrî) çâkhâ.

A. Cunningham, *Reports*, III, pl. xiii, n° 4, f.-s.; p. 31, n° 4, t. — G. Bühler. *WZKM*, I, p. 173-175, t., tr. et c.

G. Bühler, *Secte der Jaina*, p. 120, n° 2, t. et tr.; — Id.. *Ibid.* (tr. anglaise). p. 51-53, n° 2. — V. A. Smith, *JRAS*, 1903, p. 7-14, n° 7. — H. Lüders, *IA*, XXXIII, p. 37, n° 6.

Bühler lisait Vâṇiya kula, mais il est préférable de lire Thâṇiya; cf. Lüders, *Op. cit.*

26. — [I.-Sc.?] an 15, iiie mois d'été, 1er jour. — Mathura; sur le piédestal d'une statue. — Pk.

Kumaramitâ (Kumâramitrâ), épouse du çreṣṭhin Veni, fait don d'une statue à quatre faces, à la requête de la nonne Vasulâ, disciple de la nonne Saṅgamikâ, disciple elle-même de Jayabhûti, du Mehika kula.

G. Bühler, *EI*, I, n° xliii, n° 2 (p. 382), f.-s., t. et tr.
V. A. Smith, *Antiquities of Mathurâ* (*ASI*, XX), p. 46, t. et tr.; pl. xc, 1, f.-s.; — Id., *JRAS*, 1903, p. 7-14, n° 10.

27. — [I.-Sc.?] an 18, ive mois d'été, 3e jour. — Mathura; sur la base d'une statue. — Pk.

Dédicace d'une quadruple image par Mâsigî (?), une adepte laïque du Koṭṭiya gaṇa,. Vacchaliya (Vâtsaliya) kula.

G. Bühler, *EI*, II, n° xiv, n° 13 (p. 202), f.-s., t. et tr.
V. A. Smith, *JRAS*, 1903, p. 7-14, n° 12.

28. — [I.-Sc.?] an 18, iie mois de la saison des pluies, 11e jour. — Mathura; sur la base d'une statue. — Pk. — Mutilée.

Don d'une statue d'Ariṣṭanemi par Mitaçiri (Mitraçrî).

G. Bühler, *EI*, II, n° xiv, n° 14 (p. 202), f.-s., t. et tr.
V. A. Smith, *JRAS*, 1903, p. 7-14, n° 13. – H. Lüders, *IA*, XXXIII, p. 33-34, n° 3.

29. — [I.-Sc.?] **an 19**, iv⁰ mois de la saison des pluies, 10ᵉ jour. – Mathura; sur le piédestal d'une statue. – Pk.

A la prière de Mâtṛdina (Mâtṛdatta), disciple de Baladina (Baladatta), du Koṭṭiya gaṇa, Ṭhâṇiya kula, Çrîgṛha saṃbhoga, Aryya Verî (Vajrî) çâkhâ, une statue de Çântinâtha (?) est dédiée par l'épouse de Sucila (Çucila).

G. Bühler, *EI*, I, n° xliii, n° 3 (p. 382-383), f.-s., t. et tr.
V. A. Smith, *JRAS*, 1903, p. 7-14, n° 15.

30. — [I.-Sc.?] **an 20**, 1ᵉʳ mois d'été, 15ᵉ jour. – Mathura; sur la base d'une statue. – Pk.

Dédicace d'une statue de Vardhamâna par Dinâ (Dattâ), épouse de Matila, à la requête de Saṃghasiha (Saṅghasiṃha), du Koṭṭiya gaṇa, Ṭhâṇiya kula, Verî çâkhâ, Çirika saṃbhoga.

G. Bühler, *EI*, I, n° xliv, n° 28 (p. 395), f.-s., t. et tr.
A. Cunningham, *Reports*, III, pl. xiii, n° 6, f.-s.; p. 31-32, n° 6, t. et a. – G. Bühler, *WZKM*, I, p. 170-172, t., tr. et c.; – Id., *Secte der Jaina*, p. 120, n° 3; – Id., *Ibid.* (tr. anglaise), p. 49-51, n° 1. – V. A. Smith, *JRAS*, 1903, p. 7-14, n° 16.

31. — [I.-Sc.?] **an 20 (?)**, iiiᵉ mois d'été, 10ᵉ jour. – Mathura; sur le piédestal d'une statue. – Pk. – Mutilée.

Une statue de Jina est dédiée par Mittrâ, épouse de Haggudeva (Phalgudeva), à la requête de Siha (Siṃha), disciple de Datta, celui-ci disciple du gaṇin Pâla, dont le maître Ogha (?) était lui-même disciple de Ja. . . mitra (?), un gaṇin du Koṭṭiya gaṇa, Brahmadâsiya (Brahmadâsika) kula, Uccenâgarî (Uccanâgarî) çâkhâ, Çrîgṛha saṃbhoga.

G. Bühler, *EI*, I, n° xliii, n° 4 (p. 383-384), f.-s., t. et tr.
V. A. Smith, *JRAS*, 1903, p. 7-14, n° 17.

32. — Sans date. [Vers l'an 20 I.-Sc.?] – Mathura; sur la base d'une statue. – Pk. – Mutilée.

Mention de Siha, disciple de Datta.

H. Lüders, *IA*, XXXIII, p. 154, n° 33, t. et tr.
F. S. Growse, *IA*, VI, p. 219, n° 8, f.-s., t. et tr. – G. Bühler, *EI*, I, p. 383, n. 60.

Il y a sans doute lieu d'admettre que le Siha de cette inscription est le même que celui de la précédente.

33. — [I.-Sc.?] an 22, 1er mois d'été. – Mathura; sur la base d'une statue. – Pk.

A la requête d'Ârya Mâtridina (Mâtṛdatta), une statue est dédiée par Dharmasomâ, épouse d'un conducteur de caravanes.

G. Bühler, *EI*, I, n° xliv, n° 29 (p. 395), f.-s., t. et tr.
A. Cunningham, *Reports*, III, pl. xiii, n° 7, f.-s.; p. 32, n° 7, t. et a. –
V. A. Smith, *JRAS*, 1903, p. 7-14, n° 18.

34. — [I.-Sc.?] an 22 (?), IIe mois d'été, 7e jour. – Mathura; sur la base d'une statue. – Pk.

Dédicace d'une statue de Vardhamâna. Mention du Vârana gaṇa, Petivâmika kula.

G. Bühler, *EI*, I, n° xliii, n° 20 (p. 391), f.-s., t. et tr.
G. Bühler, *WZKM*, III, p. 238-239, n° 1, t. et tr. – V. A. Smith, *JRAS*, 1903, p. 7-14, n° 19.

35. — [I.-Sc.?] an 25, IIIe mois d'hiver, 20e jour. – Mathura; sur la base d'une statue. – Pk.

Rayagini (Vusu? Lüders), épouse de Jayabhaṭṭa, fait don [d'une image?], à la prière de Graha...i..., une nonne(?), disciple de Sadhi (Sandhi), lui-même disciple de Balatrata, du Koṭṭiya gaṇa, Brahmadâsika kula, Ucenâgarî çâkhâ.

G. Bühler. *EI*, I. n° xliii, n° 5 (p. 384), f.-s., t. et tr.
V. A. Smith, *JRAS*, 1903, p. 7-14, n° 20. – H. Lüders, *IA*, XXXIII. p. 37-38, n° 7, t. et tr. de la seconde partie.

36. — Sans date. [Vers l'an 25 I.-Sc.?] – Mathura; sur pierre. – Pk.

Une statue de Vardhamâna est dédiée par Jayâ, à la requête d'Ârya Sandhi et de la nonne Ârya Bahma... (Brahma...), tous deux disciples d'Ârya Balattrata (Balatrata) de l'Uccenâgarî çâkhâ.

G. Bühler, *EI*, II, n° xiv, n° 34 (p. 208), f.-s., t. et tr.
A.-M. Boyer. *Journal asiatique*, mai-juin 1900, p. 576, c.

Cette inscription est de la même époque que la précédente, si elle ne lui est un peu antérieure.

37. — [I.-Sc.?] an **29**, ii° mois d'hiver, 30° jour. – Mathura; sur la base d'une statue. – Pk.

Bodhinadi (Bodhinandi?), fille de Grahahathi (Grahahastin), fait élever une statue de Vardhamâna, à la requête de Gahaprakiva(?), disciple de Data (Datta), du Vârana gana, Puçyamitrîya (Puṣyamitrîya) kula.

G. Bühler, *EI*, I. n° xliii, n° 6 (p. 385), f.-s.. t. et tr.
V. A. Smith, *JRAS*, 1903. p. 7-14, n° 22.

38. - – [I.-Sc.?] an **29** (?). – Mathura; sur la base d'une statue. – Pk. – Mutilée.

On lit seulement les noms du roi Hukṣa (Huviṣka) et celui d'un moine, Nagadata (Nâgadatta).

G. Bühler, *EI*, II, n° xiv, n° 26 (p. 206), f.-s., t. et tr.
V. A. Smith, *JRAS*, 1903. p. 7-14. n° 23.

39. — Date effacée. [Vers l'an 29 I.-Sc.?] – Mathura; sur la base d'une statue. – Sk. – Mutilée.

Sous le règne de Huviṣka.

G. Bühler, *EI*, II, n° xiv, n° 25 (p. 206), f.-s., t. et tr.

40. — [I.-Sc.?] **an 31**, 1ᵉʳ mois de la saison des pluies, 10ᵉ jour. — Mathura; sur la base d'une statue. — Pk.

Don de Grahaçiri (Grahaçrî), une adepte laïque, à la prière d'Ârya Godâsa, du Koṭṭiya gaṇa, Ârya Verî çâkhâ, Ṭhâṇiya kula.

G. Bühler, *EI*, II, n° xiv, n° 15 (p. 202-203), f.-s., t. et tr.
V. A. Smith, *JRAS*, 1903, p. 7-14, n° 24.

41. — [I.-Sc.?] **an 32**, ivᵉ mois d'hiver, 2ᵉ jour. — Mathura; sur la base d'une statue. — Pk.

Une statue à quatre faces est dédiée à la requête d'Ârya Nandika, du Vâraṇa gaṇa, par Jitâmitrâ, épouse de Buddhi.

G. Bühler, *EI*, II, n° xiv, n° 16 (p. 203), f.-s., t. et tr.
V. A Smith, *JRAS*, 1903, p. 7-14, n° 26.

42. — [I.-Sc.?] **an 35**, iiiᵉ mois de la saison des pluies, 10ᵉ jour. — Mathura; sur le piédestal et les côtés d'une statue. — Pk.

A la requête de la nonne Kumâramitrâ, disciple de Baladina (Baladatta), du Koṭṭiya gaṇa, Sthânîya kula, Vairâ (Vajrâ) çâkhâ, Çirika saṃbhoga, son fils Kumârabhaṭi fait élever une statue de Vardhamâna.

G. Bühler, *EI*, I, n° xliii, n° 7 (p. 385-386), f.-s., t. et tr.
V. A. Smith, *JRAS*, 1903, p. 7-14, n° 28.

43. — [I.-Sc.?] **an 38**, iiiᵉ mois d'hiver, 11ᵉ jour. — Mathura; sur un chapiteau. — Pk.

Sous Huviṣka. Une sculpture représentant l'éléphant Nandiviçâla est dédiée en l'honneur des Arhats, par Rudradâsa, un çreṣṭhin, fils du çreṣṭhin Çivadâsa.

IMPRIMERIE NATIONALE.

A. Cunningham. *Reports*, III, pl. v. et xiv, n° 9, f.-s.; p. 32-33. n° 9, t. et a. F. S. Growse. *IA*, VI. p. 218, n° 4. – A. Führer. *Arch. Survey, North Western Provinces and Oudh, Annual Report 1890-1891*, p. 15-16. a. – T. Bloch, *JASB*, LXVII, p. 276, n. 2. t. et tr. – V. A. Smith, *JRAS*, 1903, p. 7-14, n° 29. – H. Lüders, *IA*, XXXIII. p. 40-41, n° 10.

44. — [I.-Sc.?] **an 40**, 10ᵉ jour d'un mois d'hiver. – Mathura; sur le piédestal d'une statue. – Pk.

Dédicace d'un pilier par Sihadatâ (Siṃhadattâ), épouse de Jayanâga, un chef de village, à la requête de la nonne Akakâ, disciple des nonnes Nandâ et Balavarmâ (cette dernière ayant été convertie, *çrâddhacarî*, par Mahanandi [Mahânandin]), lesquelles étaient les disciples de Dati (Dantin), du Vârana gana, Haṭikiya (Hâṭikîya) kula, Vajanagarî çâkhâ, Çiriya (Çirika) saṃbhoga.

G. Bühler, *EI*, I. n° xliii, n° 11 (p. 387-388), f.-s., t. et tr.
H. Lüders, *IA*, XXXIII, p. 103-104, n° 15.

45. — [I.-Sc.?] **an 44**, iiiᵉ mois d'été, 2ᵉ jour. – Mathura; sur le piédestal d'une statue. – Pk. – Mutilée.

Sous Huviṣka. Mention de Nâgasena, disciple de Haginaṃdi (Bhaganandin?), du [Vârana gana,] Ceṭiya (Ceṭika) kula, Harîtamâlakaḍhi (Harîtamâlâkârî) çâkhâ.

G. Bühler, *EI*, I, n° xliii, n° 9 (p. 387), f.-s., t. et tr.
V. A. Smith, *JRAS*, 1903, p. 7-14, n° 30.

46. — [I.-Sc.?] **an 45**, iiiᵉ (?) mois de la saison des pluies, 17ᵉ jour. – Mathura; sur le piédestal d'une statue. – Pk. – Mutilée.

La belle-fille d'un certain Buddhi [fait don d'une statue].

G. Bühler, *EI*, I, n° xliii, n° 10 (p. 387), f.-s., t. et tr.
V. A. Smith, *JRAS*, 1903, p. 7-14. n° 32.

47. — [I.-Sc.?] an 47, IIe mois d'été, 20e jour. — Mathura; sur la base d'une statue. – Pk.

Une adepte laïque fait don [d'une statue?], à la requête de Sena, disciple d'Ohanadi (Oghanandin), du Vârana gana, Petivâmika kula.

G. Bühler, *EI*, I, n° XLIV, n° 30 (p. 396), f.-s., t. et tr.
A. Cunningham, *Reports*, III, pl. XIV, n° 10, f.-s.; p. 33, n° 10, t. – G. Bühler, *WZKM*, I, p. 176-177, t. et tr.; – Id., *Secte der Jaina*, p. 122, n° 10; – Id., *Ibid.* (tr. anglaise), p. 55-56, n° 5, t. et tr.

48. — Sans date. [Vers l'an 47 I.-Sc.?] – Mathura; sur la base d'une statue. – Pk. – Mutilée.

Voir l'inscription précédente.

Mention de Sena, disciple d'Ohanandi (Oghanandin).

G. Bühler, *EI*, II, n° XIV, n° 27 (p. 206), f.-s., t. et tr.

49. — [I.-Sc.?] an 47, IVe mois d'été, 29e jour. – Mathura; sur un pilier. – Sk.

Donation par Devila, prêtre (?) du sanctuaire de Dadhikarna.

H. Lüders, *IA*, XXXIII, p. 102-103, n° 13, t. et tr.
A. Cunningham, *Reports*, III, pl. XIV, n° 13, f.-s.; p. 34, n° 13, t. et tr. de Dowson (*infra*). – Râjendralâla Mitra, *JASB*, XXXIX, p. 127, n° 2, t. et tr.; pl. IV, n° 2, f.-s. – J. Dowson, *JRAS*, 1871, p. 183, n° 2, f.-s., t. et tr.

50. — [I.-Sc.?] an 48, IVe mois d'hiver, 5e jour. – Mathura (provenance non indiquée). – Pk. – Mutilée.

Sous Huviṣka. Mention du Brahmadâsika kula, Uccanâgarî çâkhâ.

H. Lüders, *IA*, XXXIII, p. 103, n° 14, t. et tr.
A. Cunningham, *Reports*, III, pl. XIV, n° 15, f.-s.; p. 34, n° 15, t. et tr. – V. A. Smith, *JRAS*, 1903, p. 7-14, n° 37.

51. — [I.-Sc.?] an 50, ɪᵉʳ ou vᵉ mois d'hiver. – Mathura; sur la base d'une statue. – Pk.

Inscription très mutilée dont il ne reste que la date.

G. Bühler, *EI*, II, n° xiv, n° 17 (p. 203), f.-s. et t.
V. A. Smith, *JRAS*, 1903, p. 7-14, n° 39.

52. — [I.-Sc.?] an 50 (?), ɪɪᵉ mois d'hiver, ɪᵉʳ jour. – Mathura; sur la base d'une statue. – Pk. – Mutilée.

Dédicace d'une statue de Vardhamâna par Vijayaçiri (Vijayaçrî), épouse de Râjyavasu, à la requête de la nonne . . . ghakarabâ (?), disciple de la nonne Jinadasi (Jinadâsi), elle-même disciple du gaṇin Samadi. . .va Dinara, du Vâraṇa gaṇa, Ayyabhyista (?) kula, Saṃkâsiyâ (Saṃkâçikâ) çâkhâ, Çirigriha saṃbhoga.

G. Bühler, *EI*, II, n° xiv, n° 36 (p. 209), f.-s., t. et tr.
V. A. Smith, *JRAS*, 1903, p. 7-14, n° 41.

53. — [I.-Sc.?] an 50, ɪɪᵉ mois d'hiver, ɪᵉʳ jour. – Ramnagar (Oudh); dans un temple en ruine. – Pk.

Indrapâla, un adepte laïque, fait élever une statue de Neminâtha dans le temple de Pârçvanâtha.

A. Führer, *Arch. Survey, North Western Provinces and Oudh, Annual Report 1891-1892*, p. 3, tr.
V. A. Smith, *JRAS*, 1903, p. 7-14, n° 40.

54. — [I.-Sc.?] an 52, ɪᵉʳ mois d'hiver, 25ᵉ jour. – Mathura; sur la base d'une statue. – Pk.

Don de l'orfèvre Goṭṭika (Çûra, Lüders), à la requête de Divita (Devota, L.), disciple de Mâguhasti (Mâghahastin?) et de Ghastuhasti (Hastahastin?), du Koṭṭiya gaṇa, Verâ (Vajrâ) çâkhâ, Sthâniya kula, Çrigrha saṃbhoga.

G. Bühler, *EI*, II, n° xiv, n° 18 (p. 203-204), f.-s., t. et tr.
V. A. Smith, *JRAS*, 1903, p. 7-14, n° 44. – H. Lüders, *IA*, XXXIII,
p. 104-105, n° 16.

55. — [I.-Sc.?] an 54 (?), iv° mois d'hiver, 10° jour. – Mathura;
sur la base d'une statue. – Pk.

Dédicace d'une statue de Sarasvatî par le forgeron Gova, fils
de Sîha (Simha), à la requête de Deva, disciple de Mâghahasti
(Mâghahastin), lui-même disciple de Hastahasti (Hastahastin),
du Koṭṭiya gaṇa, Sthânîya kula, Vairâ (Vajrâ) çâkhâ, Çrîgṛha sambhoga.

G. Bühler, *EI*, I, n° xliii, n° 21 (p. 391-392), f.-s., t. et tr.
G. Bühler, *WZKM*, III, p. 239-240, n° 2, t. et tr.; la date est lue 84 (?).
– V. A. Smith, *Antiquities of Mathurâ* (*ASI*, XX), p. 56-57, t. et tr.; pl. xcix,
2, f.-s.; – Id., *JRAS*, 1903, p. 7-14, n° 45. H. Lüders, *IA*, XXXIII,
p. 104-105, n° 17.

Il est probable que cette inscription désigne d'une façon exacte les deux
maîtres, Mâghahastin et Hastahastin, dont les noms apparaissent, dans la précédente, sous les formes barbares de Mâguhasti et Ghastuhasti. En conséquence, Divita (*ou* Devota) du n° 54 ne serait autre que Deva du n° 55,
puisque les données relatives à l'école et à ses subdivisions sont les mêmes
dans les deux cas.

56. — [I.-Sc.?] an 60, iv° mois d'hiver, 10° jour. – Mathura;
sur le piédestal d'une statue. – Pk.

Sous Huviṣka. Dattâ, épouse de Ka.pasaka, fait élever une statue
de Vṛṣabha (?), à la requête de Kharṇṇa, disciple de Vṛddhahasti
(Vṛddhahastin), du Koṭṭiya gaṇa, Sthânikîya (Sthânîya) kula,
Veriya (Vajrî) çâkhâ.

G. Bühler, *EI*, I, n° xliii, n° 8 (p. 386), f.-s., t. et tr.
V. A. Smith, *JRAS*, 1903, p. 7-14, n° 47. – H. Lüders, *IA*, XXXIII, p. 105,
n° 18.

57. — [I.-Sc.?] an 62, iii° mois d'été, 5° jour. – Mathura; sur
le piédestal d'une statue. – Pk.

Dédicace d'une image par Vaihikâ (*ou* Vaihitâ), une adepte laïque, à la requête de Gahabarya (Grahabala, Lüders), disciple de Kakasaghasta (Karkaçagharsita).

G. Bühler, *WZKM*, I. p. 172-173, t., tr. et c.
A. Cunningham, *Reports*, XX, pl. v, n° 6, f.-s.; p. 37, a. – G. Bühler, *On the Indian Sect of the Jainas* (tr. anglaise), p. 51, t. et tr. – V. A. Smith, *JRAS*, 1903. p. 7-14, n° 50. – H. Lüders. *IA*, XXXIII, p. 105-106, n° 19.

58. — [I.-Sc.?] an 62, ii° mois de la saison des pluies, 5° jour. – Mathura; sur la base d'une statue. – Pk.

Mention de Grahabala, disciple de Karkuhastha (Karkaçagharsita), du Vârana gana.

G. Bühler, *EI*, II, n° xiv, n° 19 (p. 204), f.-s., t. et tr.
V. A. Smith, *JRAS*, 1903. p. 7-14, n° 49.

59. — [I.-Sc.?] an 79, iv° mois de la saison des pluies, 20° jour. – Mathura; sur la base d'une statue. – Pk.

A la requête de Vṛddhahasti (Vṛddhahastin), du Kottiya gana, Vaira (Vajrâ) çâkhâ, une adepte laïque nommée Dinâ (Dattâ) fait élever une image de Nandyâvarta (*c.-à-d.* Aranâtha) sur le « Vodva stûpa, bâti par les dieux » *Vodve thupe devanirmite*.

G. Bühler. *EI*, II, n° xiv, n° 20 (p. 204), f.-s., t. et tr.
A. Führer, *Arch. Survey, North Western Provinces and Oudh, Annual Report 1890-1891*, p. 16. tr. – G. Bühler, *WZKM*, V, p. 59-60, t. et tr. – V. A. Smith, *Antiquities of Mathurâ* (*ASI*. XX), p. 12, t. et tr.; pl. vi, f.-s.; – Id., *JRAS*, 1903. p. 7-14, n° 58.

60. — [I.-Sc.?] an 80, i°r mois de la saison des pluies, 12° jour. – Mathura; sur la base d'une statue. – Pk. – Mutilée.

Sous Vâsudeva. Dédicace d'une statue (?).

G. Bühler, *EI*, I. n° xliii, n° 24 (p. 392), f.-s., t. et tr.
V. A. Smith. *JRAS*. 1903. p. 7-14. n° 59.

61. — [I.-Sc.?] **an 81**, 1ᵉʳ mois de la saison des pluies, 6ᵉ jour.
— Mathura; sur la base d'une statue. — Pk. — Mutilée.

Don à la requête de [la nonne] Datà (Dattà), disciple de [la nonne] Ayikà Jîvà (Àryikà Jîvà).

G. Bühler, *EI*, II, n° xiv, n° 21 (p. 204-205), f.-s., t. et tr.
V. A. Smith, *JRAS*, 1903, p. 7-14, n° 60.

62. — [I.-Sc.?] **an 83**, iiᵉ mois d'été, 16ᵉ jour. — Mathura; sur le piédestal d'une statue. — Pk.

Sous Vàsudeva. Dédicace d'une statue par Jinadàsî, fille de Sena.

H. Lüders, *IA*, XXXIII, p. 107, n° 21, t. et tr.
J. Dowson, *JRAS*, 1871, p. 184, n° 6, f.-s., t. et tr. — A. Cunningham, *Reports*, III, pl. xv, n° 16, f.-s.; p. 34, n° 16, t. et tr. — V. A. Smith, *JRAS*, 1903, p. 7-14, n° 61.

63. — [I.-Sc.?] **an 86**, 1ᵉʳ mois d'hiver, 12ᵉ jour. — Mathura; sur le piédestal d'une statue. — Pk.

Don d'une adepte laïque, épouse de Priya, à la requête de la nonne Vasulà, disciple de la nonne Saṅgamikà, du Mehika kula.

G. Bühler, *EI*, I, n° xliii, n° 12 (p. 388), f.-s., t. et tr.
V. A. Smith, *JRAS*, 1903, p. 7-14, n° 64.

64. — [I.-Sc.?] **an 87** (?), 1ᵉʳ mois d'été, 20ᵉ jour (?). — Mathura; sur le piédestal d'une statue. — Pk.

Don de Mittra (Mitra), disciple laïque de Kumàranandin, de l'Uccenagara (Uccanàgarì) [çàkhà].

G. Bühler, *EI*, I, n° xliii, n° 13 (p. 388-389), f.-s., t. et tr.
V. A. Smith, *JRAS*, 1903, p. 7-14, n° 65.

65. — [I.-Sc.?] **an 87**, iiᵉ mois d'hiver, 30ᵉ jour. — Mathura; sur la base d'une statue. — Pk. — Mutilée.

Sous Vàsudeva.

H. Lüders, *IA*, XXXIII, p. 108. n° 22. t. et tr.
A. Cunningham, *Reports*, III, pl. xv, n° 18, f.-s.; p. 35. n° 18, t. et tr. –
V. A. Smith, *JRAS*, 1903, p. 7-14, n° 66.

66. — [I.-Sc. ?] an 90, à la saison des pluies. – Mathura (provenance non indiquée). – Pk. – Mutilée.

Mention de la Majhamâ (Madhyamâ) çâkhâ, du Pa..vaha..ka
(Praçnavâhanaka) kula, [du Koṭika gaṇa].

G. Bühler, *EI*, II, n° xiv, n° 22, f.-s., t. et tr.
A. Cunningham, *Reports*, III, pl. xv, n° 19, f.-s.; p. 35, n° 19, t. – G. Bühler,
WZKM, I, p. 175. t. et c.; – Id.. *Secte der Jaina*, p. 120, n° 4, t. et a.; – Id.,
Ibid. (tr. anglaise). p. 53-54, n° 3. – V. A. Smith, *JRAS*, 1903, p. 7-14,
n° 67.

67. — [I.-Sc. ?] an 93, à la saison des pluies. – Mathura; sur
la base d'une statue. – Pk.

Hommage à Mahâvîra. Dédicace d'une statue de Vardhamâna,
à la requête du gaṇin Nandi (Nandin).

G. Bühler, *EI*, II, n° xiv, n° 23 (p. 205), f.-s., t. et tr.
V. A. Smith, *JRAS*, 1903, p. 7-14, n° 68.

68. — [I.-Sc. ?] an 95 (?), iiᵉ mois d'été, 18ᵉ jour. – Mathura;
sur un panneau sculpté. – Pk.

Dédicace de ce panneau, à la requête de [la nonne] Dhâma-
thâ(?), disciple d'Arahadinna (Arhaddatta), du Koṭiya gaṇa, Thâṇiya kula, Vaira çâkhâ.

G. Bühler, *EI*, I, n° xliii, n° 22 (p. 392). f.-s., t. et tr.
G. Bühler, *WZKM*, III, p. 240, n° 3, t. et tr. – V. A. Smith, *Antiquities of
Mathurâ (ASI*, XX), p. 24, t. et tr.; pl. xvii, 2, f.-s.; – Id., *JRAS*, 1903,
p. 7-14. n° 63 (cf. *JRAS*, 1905, p. 151-152).

69. — [I.-Sc. ?] an 98, ivᵉ mois de la saison des pluies, 11ᵉ jour.
– Mathura: sur la base d'une statue. – Pk.

Sous Vâsudeva. Hommage à Mahâvîra. Don à la requête de
Kṣema, [disciple?] de Devadatta, du Dehikiya (Uddehikìya)
gaṇa, Parihâsaka kula, Ponapatrika (Pûrṇapatrikâ) çâkhâ.

H. Lüders, *IA*, XXXIII, p. 108-109, n° 23, t. et tr.
A. Cunningham, *Reports*, III, pl. xv, n° 20, f.-s.; p. 35-36, n° 20, t. et tr. —
G. Bühler, *WZKM*, I, p. 177-179, t., tr. et c. — E. Thomas, *JRAS*, 1877,
p. 234, t. et tr. du début. — G. Bühler, *Secte der Jaina*, p. 121-122, t. et tr.;
— Id., *Ibid.* (tr. anglaise), p. 56-58, t. et tr. — V. A. Smith. *JRAS*. 1903. p. 7-
14, n° 70.

70. — [I.-Sc.?] an **98**, ᵉʳ mois d'hiver, 5ᵉ jour. — Mathura; sur
la base d'une statue. — Pk. — Mutilée.

Mention du Koṭṭiya gaṇa, Ucanagarî (Uccanâgarî) çâkhâ.

G. Bühler, *EI*, II, n° xiv, n° 24 (p. 205), f.-s., t. et tr.
V. A. Smith, *JRAS*, 1903, p. 7-14, n° 69.

71. — Sans date. [Fin du ıɪᵉ s. ap. J.-C.?] — Mathura; sur un
panneau sculpté. — Pk.

Un adepte laïque du nom de Sîhanâdika (Siṃhanâdika) dédie
une tablette d'hommage.

G. Bühler, *EI*, II, n° xiv, n° 30 (p. 207), f.-s., t. et tr.
V. A. Smith, *Antiquities of Mathurâ* (*ASI*, XX), p. 14, t. et tr.; pl. vii, f.-s.

72. — Sans date. [Fin du ıɪᵉ s. ap. J.-C.?] — Mathura; sur une
pierre sculptée. — Pk. — Mutilée.

L'épouse de Çivaghoṣaka dédie également une tablette d'hommage.

G. Bühler, *EI*, II, n° xiv, n° 31 (p. 207), f.-s., t. et tr.
V. A. Smith, *Op. cit.*, p. 17, t. et tr.; pl. x, f.-s.

73. — Sans date. [Fin du ıɪᵉ s. ap. J.-C.?] — Mathura; sur une
pierre sculptée. — Pk.

Autre dédicace de tablette d'hommage par Acalà (?), épouse de Bhadranadi (Bhadranandin).

G. Bühler, *EI*, II, n° xiv, n° 32 (p. 207), f.-s., t. et tr.
V. A. Smith, *Op. cit.*, p. 18, t. et tr.; pl. xi, f.-s.

74. — Date effacée. [Fin du iie s. ap. J.-C.?] – Mathura; sur la base d'une statue. – Pk. – Mutilée.

Mention du Koṭṭiya gaṇa.

G. Bühler, *EI*, I, n° xliii, n° 15 (p. 389). f.-s., t. et tr.
H. Lüders, *IA*, XXXIII, p. 154, n° 32, t.

75. — Date effacée. [Fin du iie s. ap. J.-C.?] – Mathura; sur le piédestal d'une statue. – Pk. – Mutilée.

Dédicace d'une statue de Vardhamâna.

G. Bühler, *EI*, I, n° xliii, n° 16 (p. 389-390), f.-s., t. et tr.

76. — Sans date. [Fin du iie s. ap. J.-C.?] – Mathura; sur un panneau. – Pk. – Mutilée.

Mention du Vàraṇa gaṇa, Kaniyasika kula.

G. Bühler, *EI*, I, n° xliii, n° 23 (p. 392), f.-s., t. et tr.
G. Bühler, *WZKM*, III, p. 240, n° 4, t. et tr.

77. — Année effacée. [Fin du iie s. ap. J.-C.?], i^er mois de la saison des pluies, 30e jour. – Mathura; sur la base d'une statue. – Pk. – Mutilée.

La date seule est partiellement conservée.

G. Bühler, *EI*, I, n° xliii, n° 25 (p. 392-393), f.-s., t. et tr.

78. — Sans date. [Fin du iie s. ap. J.-C.?] – Mathura; sur la base d'une statue. – Pk. – Mutilée.

Dédicace d'une statue par Ciri. fils de Dàsa.

G. Bühler, *EI*, I. n° xliii. n° 26 (p. 393). f.-s.. t. et tr.

79. — Sans date. [Fin du iiᵉ s. ap. J.-C.?] – Mathura: sur la base d'une statue. – Pk. – Mutilée.

Dédicace d'une statüe de Vardhamâna. Mention du Thâṇiya kula.

G. Bühler. *EI*. I. n° xliii. n° 27 (p. 393). f.-s.. t. et tr.

80. — Sans date. [Fin du iiᵉ s. ap. J.-C.?] – Mathura: sur la base d'une statue. – Pk.

Mention du Vâraṇa gaṇa. Hâṭṭiya (Hâṭikiya) kula. Vajaṇagarî (Vajranâgarî) çàkhà, Çirikiya (Çirika) saṃbhoga.

G. Bühler. *EI*. I. n° xliv. n° 34 (p. 397). f.-s.. t. et tr.

81. — Sans date. [Fin du iiᵉ s. ap. J.-C.?] – Mathura: sur un panneau. – Pk.

L'orfèvre Nandighoṣa fait don de tablettes d'hommage.

G. Bühler, *EI*, I, n° xliv. n° 35 (p. 397). f.-s.. t. et tr.
H. Lüders. *IA*. XXXIII. p. 150-151. n° 27. t. et tr.

82. — Sans date. [Fin du iiᵉ s. ap. J.-C.?] – Mathura; sur la base d'une statue. – Pk. – Mutilée.

Dédicace d'une statue de Vṛṣabha. à la requête de la nonne Sâditâ, du Vâraṇa gaṇa. Nâḍika kula.

G. Bühler. *EI*. II. n° xiv. n° 28 (p. 206-207). f.-s.. t. et tr.

83. — Sans date. [Fin du iiᵉ s. ap. J.-C.?] – Mathura: sur la base d'une statue. – Pk.

Dédicace d'une statue de Pârçvanâtha. Mention de Ghoṣaka, disciple d'Uggahini (?), du Sthânikîya kula.

G. Bühler, *EI*, II, n° xiv, n° 29 (p. 207), f.-s., t. et tr.

84. — Sans date. [Fin du iiᵉ s. ap. J.-C.?] – Mathura; sur la base d'une statue. – Pk. – Mutilée.

Dédicace d'une statue de Vardhamâna par une adepte laïque nommée Dinâ (Dattâ).

G. Bühler, *EI*, II, n° xiv, n° 33 (p. 208), f.-s., t. et tr.

85. — Sans date. [Fin du iiᵉ s. ap. J.-C.?] – Mathura; sur la base d'une statue. – Pk. – Mutilée.

Mention de la Nirvartanâ çâkhâ, Çirika saṃbhoga.

G. Bühler, *EI*, II, n° xiv, n° 35 (p. 208), f.-s. et t.

86. — Sans date. [Fin du iiᵉ s. ap. J.-C.?] – Mathura; sur pierre. – Pk.

Don par Asâ, épouse de Pu[ṣ]paka.

H. Lüders, *IA*, XXXIII, p. 151, n° 28, t. et tr.
F. S. Growse, *IA*, VI, p. 218, n° 4, f.-s.

87. — [iiiᵉ s. ap. J.-C. (Bloch).] – Rajgir, dans une grotte au pied du mont Bhaibhar. – Sk.

Le maître jaina Muni Vairadeva fait creuser deux grottes à l'usage des ascètes.

T. Bloch, *Arch. Survey, Bengal Circle, Annual Report 1902*, p. 16, a.

88. — [I.-Sc.?] an 299 (?), iiᵉ mois d'hiver, 1ᵉʳ jour. – Mathura; sur le piédestal d'une statue. – Sk. – Mutilée.

Dédicace d'une statue de Mahâvîra par des adeptes laïques.

G. Bühler, *JRAS*, 1896, p. 578-581 = *WZKM*, X, p. 171-174, t. et tr.
A. Führer, *Arch. Survey, North Western Provinces and Oudh, Annual Report
1895-1896*, p. 2. – V. A. Smith, *JRAS*, 1903, p. 7-14, n° 71.

89. — [Ère Gupta?] **an 57,** IIIe mois d'hiver, 13e jour. – Mathura; sur la base d'une statue. – Sk. – Mutilée.

La date seule est conservée.

G. Bühler, *EI*, II, n° xiv, n° 38 (p. 210), f.-s., t. et tr.
F. S. Growse, *IA*, VI, p. 218, n° 5, f.-s., t. et tr. – V. A. Smith, *JRAS*,
1903, p. 7-14, n° 46.

90. — [?] – Nonamangala; sur plaques de cuivre. – Sk. et C.
Pour l'époque, voir *infra*, n° 95.

Dans la **13e année** de son règne, le Gaṅga de l'Ouest Mâdhava-varman (Mâdhava II), à la requête de l'âcârya Vîradeva, fait donation d'un village et de terrains en faveur d'un temple digambara.

L. Rice, *EC*, X, Malur tl., n° 73, f.-s., t. et tr.

91. — **Ère Gupta, an 106** = 426 ap. J.-C. – Udayagiri, près Sanchi (Malwa); dans une grotte. – Sk.

Une statue de Pârçvanâtha est élevée par Çaṃkara, disciple de Go[çarman], de la descendance spirituelle de Bhadrâcârya, de l'Ârya kula.

J. F. Fleet, *Corpus inscriptionum indicarum*, vol. III, *Inscriptions of the Gupta
Kings*, n° 61, t. et tr.; pl. xxxviii^a, f.-s.
A. Cunningham, *Reports*, X, pl. xix, f.-s.; p. 54, t. et tr. – E. Hultzsch, *IA*,
XI, p. 309-310, t. et tr. – F. Kielhorn, *INI*, n° 441.

92. — [Ère Gupta] **an 113** = 433 ap. J.-C. – Mathura; sur une statue. – Pk.

Dédicace d'une statue par Çâmâḍhyâ, épouse de Grahamitrapâlita, à la requête de Datilâcârya, du Koṭika gaṇa, Vidyâdharî
çâkhâ.

G. Bühler, *EI*, II, n° xiv, n° 39 (p. 210-211), f.-s., t. et tr.
G. Bühler, *WZKM*, V, p. 62, a. – F. Kielhorn, *INI*, n° 442.

93. — **Ère Gupta, an 141 = 461 ap. J.-C.** – Kahaun, près Go-
rakhpur (d. Selampur); sur un pilier. – Sk.

Un certain Madra fait élever les statues de cinq Tîrthakaras.

J. F. Fleet, *Corpus inscriptionum indicarum*, vol. III, *Inscriptions of the Gupta
Kings*, n° 15, t. et tr.; pl. ix^a, f.-s.
F. Buchanan, *Eastern India*, vol. II, p. 366-367, a.; pl. v, n° 2, f.-s. –
J. Prinsep, *JASB*, VII, p. 37-38, t. et tr.; pl. i, f.-s.; – Id., *Essays on Indian
Antiquities* (éd. E. Thomas), vol. I, p. 250, tr. – F. E. Hall, *Journ. Amer. Or.
Soc.*, VI, p. 530, t. et tr. du début; – Id., *JASB*, XXX, p. 3, n., t. et tr. du
début. – A. Cunningham, *Reports*, I, pl. xxx, f.-s.; p. 93-94, a. – Bhagwânlâl
Indrajî, *IA*, X, p. 125-126, f.-s., t. et tr. – F. Kielhorn, *INI*, n° 448.

94. — [?] – Nonamangala; sur plaques de cuivre. – Sk. et C.
Voir l'inscription suivante.

La 1re année de son règne, et sur l'avis de son précepteur Vijayakîrti, Konganivarman, fils de Mâdhava [II] (cf. *supra*, n° 90), et
sixième prince de la dynastie des Gangas de l'Ouest (c'est-à-dire
Avinîta), fait donation d'un village en faveur d'un temple construit
par Candranandin et d'autres maîtres digambaras. Il gratifie en
outre un autre temple d'une somme d'argent.

L. Rice, *EC*, X, Malur tl., n. 72, f.-s., t. et tr.

95. — [Ç.] **388 = 466 ap. J.-C.** – Merkara; sur plaques de
cuivre. – Sk. et C. – Apocryphe.

Maîtres du Deçi gaṇa, Kundakunda anvaya : Guṇacandra,
Abhayanandin, Çîlabhadra, Jñânanandin, Guṇanandin et Van-

dananandin. C'est à ce dernier que le roi Avinîta, des Gaṅgas de l'Ouest, fait donation d'un village et de ses dépendances, en faveur d'un temple.

L. Rice, *EC*, I, *Coorg ins.*, n° 1, f.-s., t. et tr.
L. Rice, *IA*, I, p. 363-365, f.-s., t. et tr.; – Id., *Mysore inscriptions translated*, n° 151, tr. – J. F. Fleet, *EI*, III, p. 160, 162, 168-170; V, p. 174-175, c.; – Id., *IA*, XXX, p. 219, n° 40, a. – F. Kielhorn, *IA*, XXIV, p. 11, n° 169; p. 181, n° 7; – Id., *ISI*, n° 112.

96. — [Fin du v⁵ s. ap. J.-C. (Fleet).] – Halsi (d. Belgaum); sur plaques de cuivre). – Sk.

Les inscriptions suivantes, n°⁵ 97-105, appartiennent à la même époque.

Le prince Kadamba Kâkusthavarman, dans la 80⁰ année (de son règne?) fait une donation de terrain au général Çrutakîrti.

J. F. Fleet, *IA*, VI, p. 22-24, n° 20, f.-s., t. et tr.
J. F. Fleet, *JB*, IX, p. 235, n° 1, t. et a.; – Id., *PSCI*, n° 2. – F. Kielhorn, *ISI*, n° 602.

97. — [?] – Devagiri (d. Dharwar); sur plaques de cuivre. – Sk.

Le Kadamba Mṛgeçavarman, fils de Çântivarman et petit-fils de Kâkusthavarman, dans la 3⁰ année de son règne, fait donation aux Jainas de terrains situés à Vaijayantî (Banavâsî). L'inscription fut composée par Dâmakîrti.

J. F. Fleet, *IA*, VII, p. 35-37, n° 36, f.-s., t. et tr.
K. T. Telang, *JB*, XII, p. 316-319, n° 1, t. et tr.; pl. 1, f.-s. – J. F. Fleet, *PSCI*, n° 3. – F. Kielhorn, *ISI*, n° 604.

98. — [?] – Devagiri; sur plaques de cuivre. – Sk.

Le même Mṛgeçavarman, dans la 4⁰ année de son règne, à Vaijayantî, divise un village en trois parties dont il fait respectivement donation au temple, aux Çvetapaṭas (Çvetâmbaras) et aux Nirgranthas.

J. F. Fleet, *IA*, VII, p. 37-38, n° 37, f.-s., t. et tr.

K. T. Telang, *JB*, XII, p. 319-322, n° 11, t. et tr.; pl. 11, f.-s. – J. F. Fleet, *PSCI*, n° 4. – F. Kielhorn, *ISI*, n° 605.

99. — [?] – Halsi; sur plaques de cuivre. – Sk.

Dans la 8ᵉ année de son règne, Mṛgeçavarman bâtit un temple à Palâçikâ (Halsi) et fait des donations en faveur des Yâpaniyas, des Nirgranthas et des Kûrcakas. Dâmakîrti, probablement le prêtre du temple, est le principal donataire.

J. F. Fleet, *IA*, VI, p. 24-25, n° 21, f.-s., t. et tr. (cf. VII, p. 34, n. 11).

J. F. Fleet, *JB*, IX, p. 237, n° 3, t. et a.; – Id., *PSCI*, n° 5. – F. Kielhorn, *ISI*, n° 606.

100. — [?] – Halsi; sur plaques de cuivre. – Sk.

Le Kadamba Ravivarman, fils de Mṛgeçavarman, promulgue, à Palâçikâ, une ordonnance suivant laquelle un festival de huit jours doit être célébré chaque année à la pleine lune de Kârttika. Il prend des dispositions en faveur des Yâpaniyas, qui seront hospitalisés pendant les quatre mois de la saison des pluies. Enfin il assure le culte jaina par diverses donations.

Plusieurs maîtres jainas sont cités : Dâmakîrti, son frère Jayakîrti, Bandhuṣeṇa, et Kumâradatta, chef des ascètes Yâpaniyas.

J. F. Fleet, *IA*, VI, p. 25-27, n° 22, f.-s., t. et tr. (cf. VII, p. 34, n. 11).

J. F. Fleet, *JB*, IX, p. 235-236, n° 2, t. et a.; – Id., *PSCI*, n° 6. – F. Kielhorn, *ISI*, n° 608.

101.— [?] – Halsi; sur plaques de cuivre. – Sk.

Ravivarman fait une donation de terrain. Le sage Dâmakîrti est nommé comme une incarnation de la religion jaina.

J. F. Fleet, *IA*, VI, p. 29-30, n° 24, f.-s., t. et tr.

J. F. Fleet, *JB*, IX, p. 238-239, n° 5, t. et a.; – Id., *PSCI*, n° 8. – F. Kielhorn, *ISI*, n° 609.

102. — [?] – Halsi; sur plaques de cuivre. - Sk.

Bhânuvarman, dans la **11ᵉ année** du règne de son frère aîné, le Kadamba Ravivarman, fait une donation de terrain pour assurer la célébration régulière des cérémonies au temple de Palâçikâ. Le prêtre Paṇḍara est nommé.

J. F. Fleet, *IA*, VI, p. 27-29, n° 23, f.-s., t. et tr.
J. F. Fleet, *JB*, IX, p. 238, n° 4, t. et a.; – Id., *PSCI*, n° 7. – F. Kielhorn, *ISI*, n° 610.

103. — [?] – Halsi; sur plaques de cuivre. - Sk.

Harivarman, fils de Ravivarman, dans la **4ᵉ année** de son règne, fait, en faveur du temple construit par son ancêtre Mṛgeçavarman à Palâçikâ, donation d'un village et de ses dépendances à Candrakṣânta, de l'école de Vârisenâcârya, de la secte des Kûrcakas.

J. F. Fleet, *IA*, VI, p. 30-31, n° 25, f.-s., t. et tr.
J. F. Fleet, *JB*, IX, p. 240-241, n° 7, t. et a.; – Id., *PSCI*, n° 9. – F. Kielhorn, *ISI*, n° 611.

104. — [?] – Halsi; sur plaques de cuivre. - Sk.

Dans la **5ᵉ année** de son règne, le même Harivarman fait donation d'un village à la secte dite Aharişṭi, à la tête de laquelle se trouve l'âcârya Dharmanandin.

J. F. Fleet, *IA*, VI, p. 31-32, n° 26, f.-s., t. et tr.
J. F. Fleet, *JB*, IX, p. 239-240, n° 6, t. et a.; – Id., *PSCI*, n° 10. – F. Kielhorn, *ISI*, n° 612.

105. — [?] – Devagiri; sur plaques de cuivre. - Sk.

Le Kadamba Devavarman, fils de Kṛṣṇavarman [Iᵉʳ?], fait donation d'un village aux membres de la secte Yâpanîya, en faveur de leur temple et pour l'extension de leur religion.

J. F. Fleet, *IA*, VII, p. 33-35, n° 35, f.-s., t. et tr.

K. T. Telang, *JB*, XII, p. 322-324, n° iii, t. et tr.; pl. iii, f.-s. –
J. F. Fleet, *PSCI*, n° 1. – F. Kielhorn, *ISI*, n° 613.

106. — Ç. 411 (*sic*) = 488 ap. J.C. – Altem (d. Kolhapur); sur
plaques de cuivre. – Sk. – Apocryphe.

Le roi Pulikeçin Ier, des anciens Calukyas de l'Ouest, dote de
villages et de terrains un temple que son feudataire Sâmiyâra avait
fait construire à Alaktakanagara (Altem).

Sont cités comme maîtres du Mûla saṅgha, Kâkopala âmnâya :
Siddhanandin, son disciple Citakâcârya, dont le principal des
500 disciples fut Nâgadeva, qui eut à son tour pour disciple Jinanandin, à qui furent faites les donations.

J. F. Fleet, *IA*, VII, p. 209-217, n° 44, t. et tr.; VIII, p. 340, f.-s.
W. H. Wathen, *JRAS*, 1839, p. 343-348, t. et a. – J. F. Fleet, *IA*,
XXIX, p. 273-278, c.; XXX, p. 218, n° 35, a. – F. Kielhorn, *ISI*, n° 2.

La date que porte cette inscription est antérieure d'au moins 70 ans au
règne de Pulikeçin Ier.

107. — [?] – Adur (d. Dharwâr); sur pierre. – Sk. et C. –
Mutilée.

Le roi Kîrtivarman [Ier], des anciens Calukyas de l'Ouest, fait
des donations de terrain en faveur d'un temple. Le donataire est
Prabhâcandra, disciple de Vâsudeva, disciple lui-même de Vinayanandin, chef de la secte de Paralûr.

J. F. Fleet, *IA*, XI, p. 68-71, n° 120, t. et tr.

108. — Ç. 556 = 634 ap. J.-C. – Aihole (d. Kaladgi); dans le
temple dit Meguṭi. – Sk.

Construction du temple de Jinendra par Ravikîrti, qui célèbre
sa propre renommée et la compare à celle de Kâlidâsa et de Bhâravi.

F. Kielhorn, *EI*, VI, n° 1. f.-s., t. et tr.

Bhau Dàjì, *JB*, IX, p. 315, n° 3, a.; p. cxcviii-cc, f.-s. et a. – J. F. Fleet, *IA*, V, p. 67-73, n° 13, f.-s., t. et tr. – J. Burgess, *Antiquities in the Bidar and Aurangabad districts* (*ASWI*, III), p. 129-138, t. et tr. (Fleet); pl. lxvi, f.-s. – R. G. Bhandarkar, *JB*, XIV, p. 19-23, c. – J. F. Fleet, *IA*, VIII, p. 245, n° 55, t. et tr.; p. 237, f.-s. – *Gazetteer Bombay Presidency*, vol. XXIII, p. 683-686, tr. – J. F. Fleet, *PSCI*, n° 73. – F. Kielhorn, *ISI*, n° 10.

109. — [?] – Lakshmeswar; sur pierre. – Sk. – Apocryphe.

Durgaçakti, de la famille des rois Sendras, fait une donation de terrain, au temps de Satyâçraya, ancien Calukya de l'Ouest (Pulikeçin II?].

J. F. Fleet, *IA*, VII, p. 101-111, n° 38 (lignes 51-61), t. et tr.

J. F. Fleet, *IA*, XXX, p. 218, n° 37, a.; – Id., *EI*, VI, p. 81. – F. Kielhorn, *ISI*, n° 16.

110. — [?] – Sravana-Belgola; sur roc. – Sk. et C. – Mutilée.

Donation de terrain à la requête d'Arasi, sous le règne de Çrivallabha (Gaṅga de l'Ouest?).

L. Rice, *EC*, II, *Sr.-Bel. ins.*, n° 24, t. et tr.

111. — Ç. 608 = 687·ap. J.-C. – Lakshmeswar; sur pierre. – Sk. – Apocryphe.

Vinayâditya, des anciens Calukyas de l'Ouest, fait une donation à un maître du Mûla saṅgha, Deva gaṇa.

J. F. Fleet, *IA*, VII, p. 112, n° 39 (IVᵉ partie), a.

J. F. Fleet, *IA*, XXX, p. 218, n° 38, a.; – Id., *EI*, VI, p. 81. – F. Kielhorn, *ISI*, n° 26.

112. — Sans date. – Sravana-Belgola; sur roc. – C.

Épitaphe d'un maître nommé Siṃhanandin.

L. Rice, *EC*, II, *Sr.-Bel. ins.*, n° 19, f.-s., t. et tr.

J. F. Fleet, *JRAS*, 1905, p. 299.

M. Fleet place cette inscription vers l'an 755 et la considère comme l'épitaphe de Siṃhanandin, qui aida le Gaṅga de l'Ouest Çivamâra Ier à acquérir
le pouvoir. Cette identification reste cependant douteuse, car il est probable
que, dans ces conditions, l'inscription rappellerait l'éloge de Siṃhanandin,
au lieu de mentionner sa mort en une simple ligne.

113. — Ç. 651 = 729 ap. J.-C. - Lakshmeswar; sur pierre. -
Sk. - Apocryphe.

Le roi Vijayâditya, des anciens Calukyas de l'Ouest, fait donation d'un village en faveur du temple de Pulikeṛe (Lakshmeswar),
à un maître du Mûla saṅgha, Deva gaṇa, savoir Udayadeva-paṇ-
ḍita (encore appelé Niravadya-paṇḍita), disciple de Pûjyapâda lequel est dit natif d'Alaktapura.

J. F. Fleet, *IA*, VII, p. 112, n° 39 (IIe partie), a.
J. F. Fleet, *IA*, XXX, p. 218, n° 38, a.; – Id., *EI*, VI, p. 81. – F. Kielhorn, *ISI*, n° 37.

114. — Ç. 656 = 734 ap. J.-C. – Lakshmeswar; sur pierre. –
Sk. – Apocryphe.

Vikramâditya II, ancien Calukya de l'Ouest, fait réparer et embellir les temples de Pulikeṛe. Il pourvoit en outre à l'entretien du
culte par un don qu'il remet à Vijayadeva, disciple de Râmadeva,
et celui-ci de Jayadeva, dans le Deva gaṇa du Mûla saṅgha.

J. F. Fleet, *IA*, VII, p. 101-111, n° 38 (lignes 61-82), t. et tr.
J. F. Fleet, *IA*, XXX, p. 218, n° 37, a.; – Id., *EI*, VI, p. 81. – F. Kielhorn, *ISI*, n° 41.

115. — [?] – Panchapandavamalai (près Arcot); sur roc. –
Tamoul.

La 50e année du règne de Nandippottaraçar ou Nandipotarâja
(c'est-à-dire le Pallava Nandivarman), une image de Yakṣiṇî, vé-
nérée par le maître Nâganandin, est gravée sur roc.

V. Venkayya, *EI*, IV, n° 14, a. f.-s., t. et tr.

F. Kielhorn, *ISI*, n° 636.

116. — S. 802 = 745 ap. J.-C. — Anhilvad-Patan; sur la base d'une statue. — Sk.

Dédicace d'une statue d'Umâmaheçvara, par le roi Vanarâja [de la dynastie Câvaḍâ].

J. Burgess and H. Cousens, *Antiquities of Northern Gujarat* (*ASI*, XXXII), p. 45, tr.

117. — Sans date. — Sravana-Belgola; sur roc. — Sk.

Introduction. — Éloge de Mahâvîra.

Irᵉ Partie. — Mention des maîtres suivants : le gaṇadhara Gautama et les deux autres kevalins, Lohâ[câ]rya (Sudharman?) et Jambû; — quatre çrutakevalins, Viṣṇudeva (Viṣṇunandin), Aparâjita, Govardhana et Bhadrabâhu [Iᵉʳ]; — sept daçapûrvins, Viçâkha, Proṣṭhila, Kṛttikârya (Kṣatriyâcârya), Jayanâman (Jayasenâcârya), Siddhârtha, Dhṛtiṣeṇa et Buddhila (Buddhiliṅgâcârya); — enfin, après une série d'autres maîtres dont le nom n'est pas cité, un second Bhadrabâhu, qui prédit une famine de douze ans à Ujjayinî.

IIᵉ Partie. — Objet de l'inscription : suicide de Prabhâcandra à Çravaṇa-Belgoḷa.

J. F. Fleet, *EI*, IV, n° 2, f.-s., t. et tr.

F. Kielhorn, *ISI*, n° 1021.

Cette inscription a donné lieu à un grand nombre d'études dont voici l'ordre chronologique :

L. Rice, *IA*, III, p. 153-158, t., tr. et c. (1874); — Id., *Mysore inscriptions translated*, n° 161, tr. (1879); — Id., *EC*, II, *Sr.-Belg. ins.*, n° 1, f.-s., t. et tr.; cf. Intr., p. 3-15 (1889). — J. F. Fleet, *IA*, XXI, p. 156-160. c. (1892). — E. Leumann, *WZKM*, VII, p. 382-384, c. (1893). — L. Rice, *EC*, III, Intr., p. 5, n. (1894). — J. F. Fleet, *EI*, IV, n° 2 (1896).

L'opinion de M. L. Rice, qui considérait cette inscription comme relatant

la mort de Bhadrabâhu le çrutakevalin, est abandonnée. Il est beaucoup plus
vraisemblable qu'il s'agit de Prabhâcandra, l'auteur du *Nyâya-kumuda-candrodaya* et du *Prameya-kamala-mârtaṇḍa*.

Quant à la date, cette inscription doit être placée, selon les termes mêmes
de M. Fleet, « in the early part of the eighth century A.D.; possibily even as
late as A.D. 750; but certainly no later than that » (*EI*, IV, p. 26).

118. — Sans date. [Vers 750 ap. J.-C.? (L. Rice).] — Nandi
(mont Gopinatha); sur roc. — Sk.

Rappel de la prétendue fondation d'un temple jaina par Râma,
et de sa non moins mythique restauration par Kuntidevî, mère
des Pâṇḍavas.

L. Rice, *EC*, X, Chik-Ballapur tl., n° 29, t. et tr.; cf. Intr., p. ix.

119. — Sans date. — Belavatte; dans un temple. — C.

Pour l'époque, voir *infra*, n° 121.

Épitaphe de Govapayya, qui se laissa mourir d'inanition. Le
Gaṅga de l'Ouest Çrîpuruṣa lui avait fait une donation.

L. Rice, *EC*, III, Mysore tl., n° 6, t. et tr.

120. — Sans date. — Devalapur; dans un temple (?). — C.

Pour l'époque, voir le numéro suivant.

Sous le règne de Çrîpuruṣa. Siṅgam ayant adopté la foi jaina,
sa mère Araṭṭiti fait une donation de terrain.

L. Rice, *EC*, III, Mysore tl., n° 25, t. et tr.

121. — Ç. 698 = 776 ap. J.-C. — Devarhalli; sur plaques de
cuivre. — Sk. et C. — Apocryphe.

Le roi Çrîpuruṣa fait donation d'un village en faveur du temple
construit à Çrîpura par l'épouse d'un de ses feudataires. Quatre
maîtres sont cités comme appartenant à la subdivision de Pulikal,

de l'Eregittûr gaccha, du Nandi gaṇa, savoir : Vimalacandra, disciple de Kîrtinandin, disciple lui-même de Kumâranandin, et celui-ci de Candranandin.

L. Rice, *EC*, IV, Nagamangala tl., n° 85, f.-s., t. et tr.

L. Rice, *IA*, II, p. 155-161, f.-s., t. et tr. — J. Eggeling, *IA*, III, p. 151-152, c. — L. Rice, *IA*, III, p. 262-265, c. — J. Eggeling, *IA*, III, p. 302, c. — L. Rice, *Mysore inscriptions translated*, n° 153, tr. — J. F. Fleet, *EI*, III, p. 160 et 163, f.-s. et c.; — Id., *IA*, XXX, p. 223. n° 57, a. — F. Kielhorn, *ISI*, n° 119.

Cette inscription a été longtemps désignée sous le nom d'inscription de Nagamangala.

122. — Ç. 719 = 797 ap. J.-C. — Manne; sur plaques de cuivre. — Sk.

Çrîvijaya, général et feudataire du Gaṅga de l'Ouest Mârasimha [Ier], fait construire et dote un temple jaina, à la tête duquel il place Prabhâcandra, du Kundakunda anvaya, disciple de Puṣpanandin, chef de la secte et lui-même disciple de Toraṇâcârya.

L. Rice, *EC*, IX, Nelamangala tl., n° 60, f.-s., t. et tr.

123. — Ç. 724 = 802 ap. J.-C. — Manne; sur plaques de cuivre. — Sk.

Le Râṣṭrakûṭa Prabhûtavarṣa (Govindarâja III) fait une donation en faveur du temple construit par Çrîvijaya. Les trois maîtres cités dans l'inscription précédente sont rappelés ici comme appartenant à l'Udâra gaṇa, du Kundakunda anvaya.

L. Rice, *EC*, IX, Nelamangala tl., n° 61, f.-s., t. et tr.

124. — Ç. 735 = 812 ap. J.-C. — Kadaba; sur plaques de cuivre. — Sk. et C. — Authenticité douteuse.

Le même Prabhûtavarṣa fait une donation en faveur d'un temple, à Arkakîrti, disciple de Vijayakîrti, lui-même disciple de

Kûli-àcârya, appartenant à la lignée de Çrîkîrti de la secte Yâpanîya, du Nandi gana, dans le Punnâga-vrksa-mûla sangha.

H. Lüders, *EI*, IV, n° 49, t. et tr.
L. Rice, *IA*, XII, p. 11-19, f.-s., t. et tr.; — Id., *EC*, XII, Gubbi tl., n° 61,
f.-s., t. et tr. — F. Kielhorn, *ISI*, n° 66.

125. — Ç. 743 = 821 ap. J.-C. – Nosari; sur plaques de cuivre.
– Sk.

Le Râstrakûta de Guzerate, Karkarâja, fils d'Indrarâja, fait une
donation de terrain au temple jaina.

H. H. Dhruva, *Zeitschr. d. deut. morg. Gesell.*, XL, p. 321, n° vii, a.

126. — [Laukika?] an 30 = 854 ap. J.-C.? (Bühler). – Kan-
gra; sur la base d'une statue. – Sk.

Dédicace d'une statue de Pârçvanâtha par un adepte laïque
d'Amalacandra, disciple d'Abhayacandra, du Râjakula gaccha.

G. Bühler, *EI*, I, n° xviii (p. 120), t. et tr.
F. Kielhorn, *INI*, n° 570.

127. — Ç. 782 = 860 ap. J.-C. – Konnur (d. Dharwar); copie
sur pierre d'un original sur plaque de cuivre. – Sk. – Apocryphe.

Le roi Amoghavarsa Ier, Râstrakûta, fait donation d'un village et
de terrains au temple jaina qu'avait fondé à Konnûr son feudataire
Bankeya. La donation est remise au chef du temple, Devendra,
disciple de Trikâlayogîça, du Mûla sangha, Deçi gana, Pustaka
gaccha.

F. Kielhorn, *EI*, VI, n° 4 (1re partie), t. et tr.
F. Kielhorn, *ISI*, n° 74.

128. — S. 919 et Ç. 784 = 862 ap. J.-C. – Deogarh (Cent.
Prov.): sur un pilier. – Sk.

Deva, disciple de l'âcârya Kamaladeva, fait élever un pilier près
du temple de Çântinâtha.

F. Kielhorn, *EI*, IV, n° 44, a, t. et tr.
A. Cunningham, *Reports*, X, pl. xxxiii, 2, f.-s.; p. 101. t. – J. F. Fleet,
IA, XVII, p. 23-24, n° 7. – F. Kielhorn, *IA*, XIX, p. 28, n° 30; – Id.,
INI, n°ᵃ 14 et 352.

129. — S. 932 = 875 ap. J.-C. – Barnagar; sur pierre. – Sk. –
Mutilée.

A. Cunningham, *Reports*, X, p. 74, t.

130. — Ç. 797 = 875 ap. J.-C. – Saundatti; dans un temple. –
Sk. et C. – Authenticité douteuse.

Le Râshtrakûṭa Kṛṣṇarâja [II?] fait construire un temple et le
dote, ainsi que son feudataire le Raṭṭa Pṛthvîrâma. Sont cités
comme appartenant à la lignée de Mailâpa de la secte Kâreya :
Muḷḷabhaṭṭâraka, son disciple Guṇakîrti, et le disciple de ce
dernier, Indrakîrti, guru de Pṛthvîrâma.

J. F. Fleet, *JB*, X, p. 170-171, a.; p. 194-198, t.; p. 199, tr. (ins.
n° 2, 1ʳᵉ partie).
J. F. Fleet, *PSCI*, n° 88. – F. Kielhorn, *ISI*, n° 79.

131. — Ç. 809 = 887 ap. J.-C. – Biliur; sur pierre. – C.

Donation de villages faite en faveur d'un temple par le Gaṅga
Satyavâkya Koṅgaṇivarman (Râjamalla Iᵉʳ?) à Sarvanandideva, disciple de Çivanandin.

L. Rice, *EC*, I, *Coorg. ins.*, n° 2, t. et tr.
F. Kittel, *IA*, VI, p. 102-103, n° ii, f.-s., t. et tr. – J. F. Fleet, *PSCI*,
n° 269. – F. Kielhorn, *ISI*, n° 125.

132. — Ç. 819 = 897 ap. J.-C. – Humcha; dans un temple.
– C.

Le prince Çântara Tolâpuruṣa-Vikramâditya construit et dote un temple en faveur de Munisiddhânta, du Kundakunda anvaya.

L. Rice, *EC*, VIII, Nagar tl., n° 60, t. et tr.

133. — Sans date. – Vallimalai (d. North Arcot); sur roc. – C.

Le Gaṅga de l'Ouest Râjamalla [II?] fait creuser une grotte.

E. Hultzsch, *EI*, IV, n° 15, A, f.-s., t. et tr.
F. Kielhorn, *ISI*, n° 123.

134. — Sans date. – Vallimalai; sur roc. – C.

Âryanandin, disciple de Bâlacandra, fait graver une image du maître Govardhana.

E. Hultzsch, *EI*, IV, n° 15, D, t. et tr.
F. Kielhorn, *ISI*, p. 112, n. 8.

135. — Sans date. – Vallimalai; sur roc. – C.

Âryanandin fait graver une image.

E. Hultzsch, *EI*, IV, n° 15, B, t. et tr.
F. Kielhorn, *ISI*, p. 112, n. 8.

136. — Sans date. – Vallimalai; sur roc. – C.

Image de Devasena, disciple de Bhâvanandin.

E. Hultzsch, *EI*, IV, n° 15, c, f.-s., t. et tr.
F. Kielhorn, *ISI*, n° 667.

137. — Ç. 824 = 903 ap. J.-C. – Mulgund (d. Dharwar); dans un temple. – Sk.

Construction d'un temple par Cikârya, fils de Candrârya, de la caste Vaiçya, et donation de terrains faite en faveur de ce temple

à Kanakasena, du Sena gaṇa, disciple de Mikhavîrasena et de
Kumârasena.

J. F. FLEET, *JB*, X, p. 167-169, a.; p. 190-191, t.; p. 192-193, tr.
(ins. n° 1).

F. KIELHORN, *ISI*, n° 83.

138. — Sans date. – Kyatanahalli; sur pierre. – C.

Un maître du nom de Kumârasena reçoit différents dons du roi
Gaṅga Eṛeyappa (Eṛegaṅga II ?). – Rappel de la sainteté du mont
Kaṭavapra (*ou* Kaḷbappu) à Çravaṇa-Belgoḷa, à cause des empreintes
des pieds de Bhadrabâhu.

L. RICE, *EC*, III, Seringapatam tl., n. 147, f.-s., t. et tr.

139. — Ç. 831 = 909 ap. J.-C. – Kulagere; sur pierre. – C.

Remise est faite au bhaṭṭâra Kanakasena, de Tippeyûr, de toutes
taxes et impôts dont pouvait être grevé le temple qu'il avait fait
construire sur le Kanakagiri.

L. RICE, *EC*, III, Malavalli tl., n° 30, t. et tr.

140. — Ç. 840 = 918 ap. J.-C. – Bandalike; sur pierre. –
Sk. et C.

Suicide d'une adepte laïque, Jakkiyabbe, qui, à la mort de son
mari, un chef de district, avait été chargée de ses fonctions et les
avait exercées pendant sept ans.

L. RICE, *EC*, VII, Shikarpur tl., n° 219, t. et tr.

141. — Date effacée. – Girnar; dans un temple. – Sk. – Mutilée.

Sous Mahîpâla (de Kanauj ?). Construction, en l'honneur de

Neminâtha, d'un temple qui fut consacré par Munisimha, successeur de . . . drasûri.

J. Burgess and H. Cousens, *Revised Lists ant. rem. Bombay (ASI, XVI)*, p. 353-354, n° 11, t. et tr.

142. — Ç. 860 = 938 ap. J.-C. – Sudi (d. Dharwar); sur plaques de cuivre. – Sk. et C. – Apocryphe.

Bûtuga II, des Gangas de l'Ouest, dote un temple fondé par son épouse Dîvaḷâmbâ. – Hommage à Nâgadeva, chef du Vadiyûr (*ou* Vaṭiyûr) gaṇa.

J. F. Fleet, *EI*, III, n° 25, f.-s., t. et tr.
J. F. Fleet, *EI*, V, p. 167, n. 2; – Id., *IA*, XXX, p. 217, n° 31, a. – F. Kielhorn, *IA*, XXIV, p. 187, n° 75; – Id., *ISI*, n° 127.

143. — Ç. 867 = 945 ap. J.-C. – Madanur (d. Nellore); sur plaques de cuivre. – Sk.

Le Câlukya de l'Est Ammarâja II (*ou* Vijayâditya VI) fait donation d'un village en faveur d'un temple fondé par Durgarâja, superintendant du camp royal (*kaṭakarâja*). Ce temple était administré par un prêtre de la secte Yâpanîya, Mandiradeva, disciple de Divâkara, dont le maître avait été Jinanandin, du Nandi gaṇa, et chef du Koṭimaḍuva (?) gaccha.

E. Hultzsch, *EI*, IX, n° 6, f.-s., t. et a.
. A. Butterworth and V. Venugopal Chetti, *Nellore District inscriptions*, p. 164 et suiv., t. et f.-s.

144. — Sans date. – Kaluchumbarru (d. Attili); sur plaques de cuivre. – Sk. et Telugu.

Voir l'inscription précédente.

Le même Ammarâja II fait donation du village de Kaluchumbarru, à la requête de Câmekâmbâ, une adepte laïque d'Arhanandin, disciple d'Ayyapoti, lui-même disciple de Sakalacandra, dans le Valahâri gaṇa, Aḍḍakali gaccha.

J. F. Fleet, *EI*, VII, n° 25. f.-s., t. et tr.
J. F. Fleet, *IA*. XX, p. 271, n° 23, u. – F. Kielhorn, *ISI*, n° 1065.

145. — Date effacée. [Vers 950 ap. J.-C. (L. Rice).] – Huncha; dans un temple. – C.

Donations à un temple par une adepte de Nâgacandradeva, disciple de Mâdhavacandra.

L. Rice, *EC*, VIII, Nagar tl.. n° 45, t. et tr.

146. — **Année Sâdhâraṇa.** [950 ap. J.-C.? (L. Rice).] – Kumsi; sur pierre. – Sk. et C. – Mutilée.

Construction et dotation de temples.

L. Rice, *EC*, VII, Shimoga tl., n° 114, t. et tr.

147. — S. 1011 = 955 ap. J.-C. -- Khajuraho; dans un temple. – Sk.

Un certain Pâhilla fait diverses donations au temple jaina, dont le prêtre était alors Vâsavacandra.

F. Kielhorn, *EI*, I, n° xix, n° 3 (p. 135-136), t. et tr.
Râjendralâla Mitra, *JASB*, XXXII, p. 279-280, n° 1, t. et tr. – A. Cunningham, *Reports*, II, p. 433, a.; XXI, p. 67, t.; pl. xvi, j, f.-s. – V. A. Smith and F. C. Black, *JASB*, XLVIII, p. 287-288, a.; pl. xv, f.-s. – F. Kielhorn, *IA*, XIX, p. 35, n° 59; – In., *INI*, n° 36.

148. — S. 1013 = 956 ap. J.-C. – Suhaniya (Gwalior); sur la base d'une statue. – Sk.

Dédicace d'une statue par Mahendracandra, fils de Mâdhava (et probablement roi de Gwalior?).

Râjendralâla Mitra, *JASB*, XXXI, p. 399, a.; p. 410, t.; pl. i, n° v, f.-s.

149. — Ç. 890 = 968 ap. J.-C. – Lakshmeswar; sur pierre. – Sk. – Apocryphe.

Le Gaṅga de l'Ouest Mârasiṃha II fait une donation à Jayadeva, disciple d'Ekadeva, lui-même disciple de Devendra, chef du Deva gaṇa.

J. F. **Fleet**, *IA*, VII, p. 101-111, n° 38 (lignes 1-51), t. et tr.; cf. p. 112. n° 39 (iii° partie), a.
J. F. **Fleet**, *IA*, XXX, p. 218, n° 37 et n° 38, a.; – **Id.**, *EI*, VI, p. 81. – F. **Kielhorn**, *ISI*, n° 129.

150. — Ç. 893 = 971 ap. J.-C., 13° jour de la quinzaine claire de Mârgaçîrṣa. – Kadur; sur un pilier. – C.

Épitaphe de Pâmbabbe, sœur aînée du Gaṅga Bûtuga [II?], morte après trente ans d'austérités. Elle était adepte laïque d'Abhinandipaṇḍitadeva, disciple de Guṇacandra, celui-ci de Candrâyaṇa, dont le maître, Devendrasiddhânta, était pontife du Deçi gaṇa, Kundakunda anvaya.

L. **Rice**, *EC*, VI, Kadur tl., n° 1, t. et tr.

151. — Sans date. – Sravana-Belgola; sur pierre. – C.

Épitaphe de Gunti, épouse de Loka Vidyâdhara, un chef aux côtés duquel elle trouva la mort dans une bataille. Sa tombe fut élevée par Bâyiga, son beau-frère.

L. **Rice**, *EC*, II, *Sr.-Bel. ins.*, n° 61, t. et tr.
F. **Kielhorn**, *ISI*, n° 135.

152. — Sans date. [975 ap. J.-C. (**Fleet**).] – Sravana-Belgola; sur un pilier. – Sk. et C. – Mutilée.

Panégyrique du Gaṅga de l'Ouest Mârasiṃha II. Il avait édifié des temples jainas dans plusieurs cités. Il abdiqua le pouvoir et se

laissa mourir d'inanition près du vénérable Ajitasena de Bankà-
pura.

J. F. Fleet, *EI*, V, n° 18, f.-s., t. et tr.
L. Rice, *EC*, II, *Sr.-Bel. ins.*, n° 38, t. et tr. − F. Kielhorn, *ISI*, n° 131.

153. — **S. 1034** = 977 ap. J.-C. − Subaniya (Gwalior); sur le
piédestal d'une statue. − Sk. − Mutilée.

Dédicace d'une statue.

Ràjendralàla Mitra, *JASB*, XXXI, p. 399, a.; p. 411, t.; pl. i, n° vi, f.-s.
F. Kielhorn, *INI*, n° 47.

154. — **Ç. 899** = 977 ap. J.-C. − Peggur; sur pierre. − C.

Rakkasa, frère (?) du Ganga de l'Ouest Râcamalla II, fait une
donation à un maître de Çravana-Belgola, Anantavîrya, disciple de
Gunasena, et celui-ci de Vîrasena.

L. Rice, *EC*, I, *Coorg. ins.*, n° 4, f.-s., t. et tr.
F. Kittel, *IA*, VI, p. 102, n° 1, f.-s., t. et tr. − L. Rice, *IA*, XIV, p. 76-
77, t. et tr. − J. F. Fleet, *PSCI*, n° 271. − F. Kielhorn, *ISI*, n° 133.

155. — Sans date. − Sravana-Belgola; sur pierre. − C.

Voir l'inscription précédente.

Épitaphe de Bâyiga, suivant du prince (?) Ganga Rakkasa.

L. Rice, *EC*, II, *Sr.-Bel. ins.*, n° 60, t. et tr.
F. Kielhorn, *ISI*, n° 134.

156. — Sans date. − Sravana-Belgola; sur le côté droit de la
statue colossale de Gomateçvara. − C. et Tamoul.

Câmundarâja fait élever cette statue.

Le texte tamoul n'est que la traduction du canara.

E. Hultzsch, *EI*, VII, n° 14, a (lignes 1 et 2), f.-s., t. et tr.
L. Rice, *EC*, II, *Sr.-Bel. ins.*, n° 76, f.-s., t. et tr. − F. Kielhorn, *ISI*,
n° 139.

157. — Sans date. — Sravana-Belgola; sur le piédestal de la statue de Gomaṭeçvara. — C.

Éloge de la religion jaina.

L. Rice, *EC*, II, *Sr.-Bel. ins.*, n° 77, t. et tr.

158. — Ç. 901 = 979 ap. J.-C. — Bidare; sur pierre. — C.

Épitaphe de Ravicandra, disciple de Trilokacandra. Sa tombe fut élevée par Dharmakîrti, du Deçi gaṇa, Kundakunda anvaya.

L. Rice, *EC*, XII, Gubbi tl., n° 57, t. et tr.

159. — ...99... (date effacée). — Varuṇa; sur un pilier. — C. — Mutilée.

Épitaphe mutilée d'un yati.

L. Rice, *EC*, III, Mysore tl., n° 40, t. et tr.

160. — Ç. 902 = 980 ap. J.-C. — Saundatti; dans un temple. — C.

Le Raṭṭa Çântivarman et sa mère font une donation en faveur d'un temple qu'ils ont construit à Saundatti. Cette donation est remise à un maître du Kaṇḍûra gaccha, Bâhubalideva, dont les disciples (?) sont : Ravicandra, Arhanandin, Çubhacandra, Munideva et Prabhâcandra.

J. F. Fleet, *JB*, X, p. 171-172, a.; p. 204-207, t.; p. 208-212, tr. (ins. n° 3).
F. Kielhorn, *IA*, XXIV, p. 6, n° 147; — Id., *ISI*, n° 142.

161. — S. 1038 = 981 ap. J.-C. — Mathura; sur la base d'une statue. — Sk.

Dédicace d'une statue de Jina.

V. A. Smith, *Antiquities of Mathurâ* (*ASI*, XX), p. 53, t.: pl. xcv, f.-s.

162. — **Année Citrabhânu.** [982 ap. J.-C. (L. Rice).] — Sravana-Belgola; sur un pilier. — C. — Mutilée.

Épitaphe d'un certain Pilla.

L. Rice, *EC*, II, *Sr.-Bel. ins.*, n° 58, t. et tr.
F. Kielhorn, *ISI*, n° 1023.

163. — Ç. **904,** 8ᵉ jour de la quinzaine sombre de Chaitra = 982 ap. J.-C., 20 mars (Kielhorn). — Sravana-Belgola; sur un pilier. — Sk. et C.

Mort par inanition du dernier Râṣṭrakûṭa, Indrarâja IV.

L. Rice, *EC*, II, *Sr.-Bel. ins.*, n° 57, t. et tr.
J. F. Fleet, *IA*, XX, p. 35, n° 47. — F. Kielhorn, *IA*, XXIII, p. 124, n° 64; — Id., *ISI*, n° 107.

164. — Ç. **904** = 982 ap. J.-C. — Hemavati; sur pierre. — C.

Copie de la précédente inscription.

L. Rice, *EC*, XII, Sira tl., n° 27, t. et tr.

165. — Sans date. — Sravana-Belgola; sur un pilier. — Sk.
Voir *supra*, n° 152.

Panégyrique de Câmuṇḍarâja, ministre du Gaṅga Mârasiṃha II.

L. Rice, *EC*, II, *Sr.-Bel. ins.*, n. 109, t. et tr.
F. Kielhorn, *ISI*, n° 136.

166. — Date effacée. — Angadi; sur pierre. — Sk. et C. — Mutilée.

Épitaphe de Vimalacandra, du Dravila saṅgha, Pustaka gaccha, Kundakunda anvaya. Sa tombe fut élevée par Çântiyabbe, une de ses adeptes laïques.

L. Rice, *EC*, VI, Mudgere tl., n° 11, t. et tr.

167. — [?] – Panchapandavamalai; sur roc. – Tamoul.

La 8ᵉ année du règne de Râjarâjakesarivarman (le Coḷa Râja-râja Iᵉʳ), Vîra-Coḷa, feudataire de ce roi, fait, à la requête de la reine, une donation à un temple.

V. Venkayya, *EI*, IV, n° 14, b, t. et tr.
E. Hultzsch, *EI*, III, p. 75, n. 1. – F. Kielhorn, *ISI*, n° 698.

168. — Sans date. – Sravana-Belgola; sur la base d'une statue. – C.

Voir *supra*, n° 165.

Le fils du ministre Câmuṇḍarâja, adepte laïque d'Ajitasena, fait élever en l'honneur de son père le temple dit de Câmuṇḍâraja.

L. Rice, *EC*, II, *Sr.-Bel. ins.*, n° 67, t. et tr.
F. Kielhorn, *ISI*, n° 138.

169. — Sans date. – Kumbarahalli; dans un temple. – C. – Mutilée.

Mention d'un disciple d'Ajitasena.

L. Rice, *EC*, III, Mysore tl., n° 31, t. et tr.

170. — Sans date. – Mutsandra; sur un mur. – C.

Donation d'un village en faveur d'un temple.

L. Rice, *EC*, IV, Nagamangala tl., n° 92, t. et tr.

171. — [?] – Tirumalai (North Arcot); sur roc. – Tamoul.

La 24ᵉ année du règne de Râjarâjakesarivarman (le Coḷa Râja-râja Iᵉʳ), un certain Guṇavîra construit une écluse à laquelle il donne le nom d'un maître jaina, Gaṇiçekhara.

E. Hultzsch, *South-Indian ins.*, vol. I, n° 66 (p. 94-95), t. et tr.
F. Kielhorn, *ISI*, n° 711.

172. — Ç. 944 = 1022 ap. J.-C. – Beluru; sur pierre. – C. – Mutilée.

Donation de terrain en faveur d'un temple nouvellement édifié.

L. Rice, *EC*, III, Mandya tl., n° 78, t. et tr.

173. — S. 1080 = 1023 ap. J.-C. – Mathura; sur la base d'une statue. – Sk.

Dédicace d'une quadruple statue de Vardhamâna par les adeptes laïques des villes de Navagrâma, Sthâna et autres, à la requête de Vijayasimha, disciple de Bhâvadeva, lui-même disciple de Jinadeva.

G. Bühler, *EI*, II, n° xiv, n° 41 (p. 211), f.-s., t. et tr.
V. A. Smith, *Antiquities of Mathurâ* (*ASI*, XX), p. 47-48, t. et tr.; pl. xc, 3, f.-s. – F. Kielhorn, *INI*, n° 58.

174. — [?] – Tirumalai; sur roc. – Tamoul.

La **12ᵉ année** de Râjendra-Coḷa [Iᵉʳ]. Don d'une lampe par l'épouse d'un marchand.

E. Hultzsch, *South-Indian ins.*, vol. I, n° 67 (p. 95-99), t. et tr.
F. Kielhorn, *ISI*, n° 733.

175. — Sans date. – Chikka-Hanasoge; au-dessus du portail d'un temple. – Sk.

Enseigne du temple jaina, savoir : temple du Deçi gaṇa, Pustaka gaccha.

L. Rice, *EG*, IV, Yedatore tl., n° 21, t. et tr.

176. — S. 1085 = 1028 ap. J.-C. – Khajuraho; sur le piédestal d'une statue colossale. – Sk.

Dédicace d'une statue de Çântinâtha.

A. Cunningham, *Reports*, XXI, p. 61, t.; pl. xx, c, f.-s.

177. — Sans date. [Vers 1030 ap. J.-C. (L. Rice).] – Mullur; dans un temple. - Sk.

Consécration, dans le temple de Çântinâtha, de l'empreinte des pieds de Puṣpasena, maître de Guṇasena.

L. Rice, *EC*, IX, Coorg tl., n° 41, t. et tr.

178. — Sans date. - Angadi; sur pierre. - C. - Mutilée.

Épitaphe de Vajrapâṇi-paṇḍita, du Mûla saṅgha, Draviḷa gaṇa. Elle fut composée par son disciple Ravikîrti-munîndra.

L. Rice, *EC*, VI, Mudgere tl., n° 18, t. et tr.

179. — S. 1100, 2ᵉ jour de la quinzaine sombre de Bhâdrapada = 1044 ap. J.-C., 13 août (Kielhorn). - Byana (Rajputana); sur pierre. - Sk.

Épitaphe de Maheçvarasûri, Çvetâmbara du Kâmyaka gaccha, successeur de Viṣṇusûri.

J. F. Fleet, *IA*, XIV, p. 8-10, n° 151, t. et a.
A. Cunningham, *Reports*, VI, p. 52-53, a.; pl. ii, f.-s.; XX. pl. x, f.-s. –
F. Kielhorn, *IA*, XIX, p. 181, n° 134; – Id., *INI*, n° 65.

180. — Année Târaṇa [1044 ap. J.-C.? (L. Rice)], 5ᵉ jour de la quinzaine claire de Caitra. - Dodda-Kanagalu; sur pierre. - C.

Épitaphe de Prabhâcandra, disciple de Çubhacandra, du Deçi gaṇa, Pustaka gaccha, Kundakunda anvaya, Iṅgaleçvara bali.

L. Rice, *EC*, IX, Coorg tl., n° 56, t. et tr.

181. — Ç. 970 = 1048 ap. J.-C. - Balagamve; sur pierre. - C.

Câvuṇḍarâya, feudataire de Someçvara Iᵉʳ, Câlukya de l'Ouest, fait une donation de terrain en faveur du temple jaina, et ordonne

que des habitations soient construites à l'usage de diverses sectes,
parmi lesquelles celle des Jainas. Keçavanandin, disciple de Meghanandin, est cité comme maître du Baḷagàra (Balàtkàra) gaṇa.

L. Rice, *EC*, VII, Shikarpur tl., n° 120, t. et tr.
L. Rice, *Mysore ins. translated*, n° 53, tr. – J. F. Fleet, *IA*, IV, p. 179-
181, n° 1, f.-s., t. et tr.; – Id., *PSCI*, n° 157. – F. Kielhorn, *IA*, XXIV,
p. 13, n° 181; – Id., *ISI*, n° 162.

182. — Ç. **261** (? *sic*). – Kalbhavi; sur pierre. – Sk. et C. –
Apocryphe.

Le Gaṅga Kambharasa ou Kañcarasa (Gaṅgarasa?) remet en vigueur les clauses d'une donation jadis faite en faveur d'un temple
par le Gaṅga Çivamâra [II]. Sont mentionnés, dans le Kâreya gaṇa,
Mailâpa anvaya : Guṇakîrti; son disciple Nâgacandra; le fils de
celui-ci, Jinacandra, qui eut pour fils Çubhakîrti, dont le disciple
fut Devakîrti.

J. F. Fleet, *IA*, XVIII, p. 309-313, n° 183, f.-s., t. et a.
F. Kielhorn, *IA*, XXIV, p. 11, n° 168; – Id., *ISI*, n° 120.

183. — Sans date. [Vers 1050 ap. J.-C.? (L. Rice).] – Nallur;
sur pierre. – Sk. et C.

Épitaphe de Jakkiyabbe, une adepte laïque de Kastûri-bhaṭṭâra.
Elle s'était faite mendiante et se laissa mourir d'inanition.

L. Rice, *EC*, IX, Coorg tl., n° 31, t. et tr.

184. — Sans date. [Vers 1050 ap. J.-C.? (L. Rice).] – Nallur;
sur pierre. – C.

Épitaphe d'un adepte laïque, nommé Ayya.

L. Rice, *EC*, IX, Coorg tl., n° 30, t. et tr.

185. — Ç. **924**, année Jaya (pour Ç. 976 = 1054 ap. J.-C.
[L. Rice]). – Angadi; sur pierre. – C.

Donation à un temple par Jakkiyabbe, une adeple de Vajrapâṇi-paṇḍita, du Sûrastha gaṇa.

L. Rice, *EC*, VI, Mudgere tl., n° 9, t. et tr.

186. — Ç. 976 = 1054 ap. J.-C. – Honvad; sur pierre. – Sk.
et C.

Cânkirâja, officier aux ordres de la reine Ketaladevî, épouse du
Câlukya de l'Ouest Someçvara Ier, construit des sanctuaires en
l'honneur de Çântinâtha, Pârçvanâtha et Supârçvanâtha. Il élève
en outre des statues à Çântinâtha et Supârçva, tandis que son frère,
Jinavarman, en dédie une autre à Pârçvanâtha.

Cânkirâja et Jinavarman étaient adeptes de Mahâsena, disciple
d'Âryasena, et celui-ci de Brahmasena, dans le Mûla saṅgha, Sena
gaṇa, Pogari gaccha.

J. F. Fleet, *IA*, XIX, p. 268-275, n° 190, t. et a.
F. Kielhorn. *IA*, XXIV, p. 7, n° 150; – Id., *ISI*, n° 167.

187. — Ç. 977 = 1055 ap. J.-C. – Bankapur; sur pierre. – C.

Donation de terrain par le Kadamba Harikesarin, feudataire de
Vikramâditya VI, qui n'était alors que vice-roi aux ordres de son
père, le Câlukya de l'Ouest Someçvara Ier.

J. F. Fleet, *IA*, IV, p. 203, n° 1, a.
J. Burgess and H. Cousens, *Revised Lists ant. rem. Bombay* (*ASI*, XVI),
p. 133, a. – F. Kielhorn, *ISI*, n° 168.

188. — Sans date. – Mullur; sur pierre. – Sk. et C.

Voir l'inscription suivante.

Pocabbarasi, mère du roi Râjendra-Koṅgâḷva, fait construire un
temple en l'honneur de Pârçvanâtha. Elle était adepte laïque de
Guṇasena, du Draviḷa saṅgha, Nandi gaṇa, Aruṅgaḷa anvaya.

L. Rice, *EC*, IX, Coorg tl., n. 37, t. et tr.

189. — Ç. 980 = 1058 ap. J.-C. - Mullur; sur pierre. - Sk. et C.

Le roi Râjendra-Koṅgâḷva fait une donation au temple de Pârçva-nâtha construit par sa mère Pocabbarasi. Celle-ci, en outre, fait consacrer une image de son guru, Guṇasena.

L. Rice, *EC*, IX, Coorg tl.. n° 35, t. et tr.

190. — Sans date. - Mullur; sur pierre. - Sk. et C.

Voir l'inscription précédente.

Le fils de Râjendra-Koṅgâḷva fait une donation à Guṇasena, dont il est l'adepte laïque.

L. Rice, *EC*, IX, Coorg tl., n° 38, t. et tr.

191. — Sans date. - Mullur; sur pierre. - C.

Voir *supra*, n° 189.

Mention de Guṇasena.

L. Rice, *EC*, IX, Coorg tl., n° 42, t. et tr.

192. — Sans date. - Somavara; sur pierre. - C.

Éloge de Guṇasena, du Draviḷa saṅgha, Nandi gaṇa, Aruṅgaḷa anvaya. Il était le guru d'Ecaladevî (épouse du Hoysaḷa Eṛeyaṅga?).

L. Rice, *EC*, V, Arkalgud tl., n° 98, t. et tr.

193. — Sans date. - Kadavanti; sur roc. - C. - Mutilée.

Sous le règne d'un prince nommé Senamâra. Construction et dotation d'un temple par Niravadyaya, adepte laïque de Mahâdeva-bhaṭṭâra, lequel était le disciple d'Aṅkadeva, du Deva gaṇa, Pâ-ṣâṇa anvaya.

L. Rice, *EC*, VI, Chik-Magalur tl., n° 75, t. et tr.

194. — Sans date. – Angadi; sur pierre. – C.

Épitaphe d'un marchand, nommé Lokajita.

L. Rice, *EC*, VI, Mudgere tl., n° 16, t. et tr.

195. — Sans date. – Chikka-Hanasoge; au-dessus du portail d'un temple. – C.

Le roi Cangâḷva Vîrarâjendra fait construire un temple pour le Pustaka gaccha.

L. Rice, *EC*, IV, Yedatore tl., n° 22, t. et tr.

196. — Sans date. – Chikka-Hanasoge; sur plusieurs pierres. – C.

Reconstruction d'un temple par Nanni-Cangâḷva-Deva (Vîrarâjendra).

L. Rice, *EC*, IV, Yedatore tl., n° 25, t. et tr.

197. — Ç. 984 = 1062 ap. J.-C. – Humcha; dans un temple. – C.

Vîra-Çântara fait une donation à un temple construit par Nokkayasetti. Deux maîtres sont nommés : Divâkaranandin et son disciple Sakalacandramuni.

L. Rice, *EC*, VIII, Nagar tl., n° 58, t. et tr.

198. — Ç. 984 = 1062 ap. J.-C. – Humcha; sur les piliers d'un temple. – C.

Le roi Vîra-Çântara fait construire plusieurs temples. Son épouse, Câgaladevî, fait orner le plus important.

L. Rice, *EC*, VIII, Nagar tl., n° 47, t. et tr.

199. — S. 1119 = 1062 ap. J.-C. – Sravana-Belgola; sur roc. – Sk. – Mutilée.

Mention du Kâṣṭha saṅgha.

L. Rice. *EC*, II, *Sr.-Bel. ins.*, n° 119, t. et tr.

200. — Ç. 984 = 1062 ap. J.-C. — Angadi; sur pierre. — C. — Mutilée.

Épitaphe du maître Çântideva.

L. Rice, *EC*, VI, Mudgere tl., n° 17, t. et tr.

201. — Ç. 984 = 1063 ap. J.-C. — Angadi; sur pierre. — Sk. et ̇C. — Mutilée.

Construction et dotation, par un prince Hoysaḷa, d'un temple qui est remis à Guṇasena, guru du roi [Eṛeyaṅga].

L. Rice, *EC*, VI, Mudgere tl., n. 13, t. et tr.

202. — Ç. 986 = 1064 ap. J.-C. — Mullur; sur pierre. — Sk. et C.

Épitaphe de Guṇasena, disciple de Puṣpasena et pontife du Dravila saṅgha, Nandi gaṇa, Aruṅgaḷa anvaya.

L. Rice, *EC*, IX, Coorg tl., n° 34, t. et tr.

203. — Ç. 987 = 1065 ap. J.-C. — Humcha; dans un temple. — Sk.

Donation de Bhujabâla-Çântara à son guru Kanakanandin.

L. Rice, *EC*, VIII, Nagar tl., n° 59, t. et tr.

204. — Ç. 990 = 1068 ap. J.-C. — Balagamve; sur pierre. — Sk. et C.

Lakṣmaṇa, feudataire du Câlukya de l'Ouest Someçvara [II],

fait reconstruire en pierre le temple de Çântinâtha qui avait été
primitivement édifié en bois. Il agit ainsi à la requête de son ministre et trésorier, Çântinâtha, un poète jaina surnommé Sarasvatî-
mukha-mukura, auteur du *Sukumâra-carita*, et disciple de Vardhamâna.

L'éloge du Deçi gaṇa, Kundakunda anvaya, est célébré dans la
personne de Vardhamâna, Municandradeva et Mâghanandideva.

L. Rice, *EC*, VII, Shikarpur tl., n° 136, f.-s., t. et tr.
F. Kielhorn, *EI*, VIII, Appendix II, p. 7, n. 11.

205. — Date effacée. – Saundatti; dans un temple. – C. – Mutilée.

Mention du Raṭṭa Kârtavîrya [II], ainsi que de deux maîtres du
Kaṇḍûra gaccha : Ravicandrasvâmin et Arhanandin.

J. F. Fleet, *JB*, X, p. 172, a; p. 213-216, t.; p. 217-219, tr. (ins. n° 4).
F. Kielhorn, *ISI*, n° 181.

206. — Date effacée. – Mullur; sur pierre. – Sk. et C.

Inscription commémorative en grande partie effacée.

L. Rice, *EC*, IX, Coorg tl., n° 36, t. et tr.

207. — Ç. 996 = 1074 ap. J.-C. – Bandalike; sur pierre. – Sk.
et C. – Mutilée.

Éloge, dans les vers liminaires, de Samantabhadra, Pûjyapâda
et Akalaṅka. – Le Câlukya Bhuvanaikamalla (Someçvara II) fait
une donation en faveur du temple de Çântinâtha, et la remet à
Kula...deva, disciple de Paramananda, du Krâṇûr gaṇa.

L. Rice, *EC*, VII, Shikarpur tl., n° 221, t. et tr.

208. — Sans date. – Balagamve; sur une statue brisée. – C.

Donation par Anantakîrtideva, disciple de Municandrasiddhânta-
deva, du Balâtkâra gaṇa.

S. Rice, *EC*, VII, Shikarpur tl., n° 134, t. et tr.

209. — Ç. 997 = 1075 ap. J.-C. — Kuppaturu; sur pierre. — C.

La reine Mâḷaladevî, épouse du Kâdamba Kîrtideva (Kîrtivarman II), fonde un temple qu'elle fait consacrer par Padmanandin,
du Mûla sangha, Kundakunda anvaya, Krâṇûr gaṇa, Tintriṇi gaccha. — Éloge de Mâhavîra, Gautama, Viṣṇumuni, Bhadrabâhu et
Kundakunda.

L. Rice, *EC*, VIII, Sorab tl., n° 262, t. et tr.

210. — Ç. 998 = 1076 ap. J.-C. — Gudigere; sur pierre. — C.
— Mutilée.

L'âcârya Çrînandipaṇḍitadeva prend possession de terrains placés
sous le contrôle du temple construit par Kuṅkumamahâdevî, sœur
de l'ancien Calukya de l'Ouest Vijayâditya. Il en donne une partie
en faveur des ascètes de Gudigere; une autre partie en faveur du
temple de Çântinâtha bâti par le Câlukya Someçvara [II]; et la
dernière part à son disciple Aṣṭopavâsiganti, en faveur du temple
de Pârçvanâtha.

J. F. Fleet, *IA*, XVIII, p. 35-40, n° 173, t. et a.
F. Kielhorn, *ISI*, n° 183. .

211. — S. 1134 = 1077 ap. J.-C. — Mathura; sur le piédestal
d'une statue. — Sk.

Dédicace d'une statue de Tîrthakara.

V. A. Smith, *Antiquities of Mathurâ* (*ASI*, XX), p. 53, l.; p. xcvi, f.-s.

212. — Sans date. — Humcha; sur un pilier. — C.

Bhujabâla-Çântara, fils de Vîra-Çântara, fait une donation au temple construit par Nokayyaseṭṭi. Celui-ci était l'adepte de Divâkaranandin, lequel fut le disciple de Candrakîrti, le guru de Sakalacandra et l'auteur d'une vṛtti en canara sur le *Tattvârtha-sûtra*.

L. Rice, *EC*, VIII, Nagar tl., n° 57, t. et tr.

213. — Ç. 999 = 1077 ap. J.-C. – Humcha; sur pierre. – Sk. et C.

La princesse Caṭṭaladevî, de la famille des Gaṅgas et belle-sœur de Vîra-Çântara, fait construire un grand temple appelé *Urvitilaka*, et le dote de villages, en même temps que le roi Nanni-Çântara, fils de Vîra-Çântara. Ce temple fut consacré par Çrîvijaya, guru de Caṭṭaladevî et pontife du Nandi gaṇa, Aruṅgaḷa anvaya, dont la généalogie spirituelle est retracée ainsi qu'il suit :

Mahâvîra, Gautama, Kundakunda; Bhadrabâhu, après qui divers gaṇas prirent naissance; Samantabhadra, Çivakoṭi, Varadatta; Âryadeva, auteur du *Tattvârtha - sûtra;* Siṃhanandin, qui « fit » le royaume des Gaṅgas; Ekasandhisumati; Akalaṅka, le logicien; Vajranandin, Pûjyapâda, Çrîpâla, Abhinandana, Kaviparameṣṭhin, Traividyadeva; Anantavîrya, auteur d'une vṛtti sur l'*Akalaṅka-sûtra;* Kumârasena, Maunideva, Vimalacandra; son disciple Kanakasena, qui fut le guru du roi Râcamalla [II?], et qui eut lui-même deux disciples : Dayâpâla, auteur d'un commentaire sur le *Çabdânuçâsana*, intitulé *Rûpa-siddhi*, et Puṣpasena; Vâdirâja, et enfin Çrîvijaya, encore appelé Paṇḍitapârijâta, qui est comparé à Hemasena pour la science et l'ascétisme, et qui n'eut pas moins de sept disciples : Coḷḷaṭa. . ., Çântideva, Guṇasena, Dayâpâla, Kamalabhadra, Ajitasena et Çreyâṃsa.

L. Rice, *EC*, VIII, Nagar tl., n° 35, f.-s., t. et tr.

214. — Ç. 999 = 1077 ap. J.-C. – Humcha; sur un pilier. – Sk. et C.

Autre inscription rappelant la construction du temple appelé *Urví-tilaka*, et qui est dit, cette fois, avoir été consacré par Kamalabhadra, disciple de Çrîvijaya, du Dravila saṅgha, Nandi gaṇa, Aruṅgaḷa anvaya. Des donations sont faites au temple par la fondatrice, Caṭṭaladevî, ainsi que par le roi Nanni-Çàntara et ses frères.

La généalogie spirituelle du pontife Çrîvijaya se borne aux noms suivants : Mahàvîra, Gautama ; Kundakunda, Bhadrabàhu ; Samantabhadra ; Siṃhanandin, qui «fit» le royaume des Gaṅgas ; Akalaṅka ; Kanakasena, surnommé Vàdiràja, guru du roi Ràcamalla, et dont les disciples furent Dayàpàla, auteur de la *Rûpa-siddhi*, Çrîvijaya et Puṣpasena ; puis Vàdiràja, et enfin quatre des disciples de Çrîvijaya : Kamalabhadra, Ajitasena, Kumàrasena et Çreyàṃsa.

L. Rice, *EC*, VIII, Nagar tl., n° 36, t. et tr.

215. — Sans date. – Humcha ; sur un pilier. – Sk. et C.

Voir les deux inscriptions précédentes et la suivante.

Caṭṭaladevî fait embellir le grand temple fondé par elle et le gratifie de nouvelles donations.

Sont nommés comme maîtres du Dravila saṅgha, Nandi gaṇa, Aruṅgaḷa anvaya : Hemasena ; Dayàpàla, auteur de la *Rûpa-siddhi* ; Puṣpasena ; Çrîvijaya ; Vàdiràja, comparé à Dharmakìrti et Akalaṅka ; puis Ajitasena et Çreyàṃsa.

L. Rice, *EC*, VIII, Nagar tl., n° 39, t. et tr.

216. — Ç. 999 = 1077 ap. J.-C. – Humcha ; sur le même pilier que la précédente inscription. – Sk. et C.

Nouvelles donations de Caṭṭaladevî en faveur du temple qu'elle a fait construire. Ces donations sont remises à Kamalabhadra, disciple de Çrîvijaya, celui-ci disciple de Kanakasena, surnommé Vàdiràja, du Dravila saṅgha, Nandi gaṇa, Aruṅgaḷa anvaya.

L. Rice, *EC*, VIII, Nagar tl., n° 40 (1ʳᵉ partie), t. et tr.

217. — An 2 de Vikramâditya Câlukya = 1077 ap. J.-C. – Balagamve; sur pierre. – Sk. et C.

Sur l'avis de son feudataire Barmadeva, le Câlukya Tribhuvana-malla (Vikramâditya VI) fait donation d'un village en faveur d'un temple, à Râmasena, disciple de Mahâsena, celui-ci collègue de Gunabhadra, du Sena gana, Pogari gaccha.

L. Rice, *EC*, VII, Shikarpur tl., n° 124, t. et tr.
L. Rice, *Mysore ins. translated*, n° 60. tr. – J. F. Fleet, *PSCI*, n° 163. – F. Kielhorn, *ISI*, n° 186.

218. — Ç. 1000 = 1078 ap. J.-C. – Hattana; sur pierre. – Sk. et C.

Éloge de plusieurs marchands qui firent des donations de terrain en faveur du temple jaina. – Mention de Runikachagondideva, disciple de Nâgacandra, du Mûla sangha, Deçi gana, Pustaka gaccha, Kundakunda anvaya.

L. Rice, *EC*, XII, Tiptur tl., n° 101, t. et tr.

219. — Ç. 1001 = 1079 ap. J.-C. – Tattekere; sur pierre. – Sk. et C. – Mutilée.

Nokkaya, ministre du Ganga Permâdideva (Udayâditya?), fait construire des temples jainas dans trois localités, et Permâdideva dote deux d'entre eux. Nokkaya était adepte laïque de Prabhâcandra, du Krânûr gana, Meṣapâṣâṇa gaccha.

L. Rice, *EC*, VII, Shimoga tl., n° 10, t. et tr.

220. — Ç. 1001 = 1079 ap. J.-C. – Somavara; sur pierre. – Sk. et C.

Éloge de Prabhâcandra. Le Kongâlva Adatarâditya fait une donation de terrain en faveur du temple édifié par lui pour Ganda-vimukta, du Mûla sangha, Krânûr gana, Tagarigal gaccha.

L. Rice, *EC*, V, Arkalgud tl., n° 99, t. et tr.

221. — Date effacée. – Isur; sur pierre. – Sk. et C. – Mutilée.

Sous le règne de Tribhuvanamalla (Vikramâditya VI). – Construction et dotation d'un temple.

L. Rice, *EC*, VII, Shikarpur tl., n° 8, t. et tr.

222. — Sans date. – Harakere; sur un pilier. – C.

Le Gaṅga Permâḍideva (Udayâditya?), son épouse et ses fils font une donation en faveur d'un temple.

L. Rice, *EC*, VII, Shimoga tl., n° 6, t. et tr.

223. — Sans date. – Chikka-Hanasoge; sur le portail d'un temple. – C.

Mention, à titre de prêtre du sanctuaire de Panasoge, d'un parent de Dâmanandin, guru de Divâkaranandin, du Deçi gaṇa, Pustaka gaccha, Kundakunda anvaya.

L. Rice, *EC*, IV, Yedatore tl., n°ˢ 23 et 27, t. et tr.

224. — Date effacée. – Madalapur; sur pierre. – C. – Mutilée.

Construction d'un temple par une adepte laïque d'Amalacandra, disciple de Kâlacandra.

L. Rice, *EC*, V, Arkalgud tl., n° 102, t. et tr.

225. — S. 1142 = 1085 ap. J.-C. – Khajuraho; sur une statue brisée. – Sk.

Dédicace d'une statue d'Âdinâtha par un marchand et son épouse.

A. Cunningham, *Reports*, II, p. 431, a.

226. — Ç. 1009 = 1087 ap. J.-C. – Humcha, sur un pilier. – Sk. et C.

Le roi Vikrama-Çàntara, fils de Vîra-Çàntara, fait des donations
en faveur du temple construit par la princesse Caṭṭaladevî. Il les
remet à Ajitasena, surnommé Vàdîbhasiṃha, du Draviḷa saṅgha.

L. Rice, *EC*, VIII, Nagar tl., n° 4o (ıı° partie), t. et tr.

227. — An 12 de Vikramâditya Câlukya = 1087 ap. J.-C. –
Konur (d. Belgaum); dans un temple. – C.

Un adepte laïque du Balâtkâra gaṇa fait construire un temple
qui est l'objet d'une donation de la part du Raṭṭa Kannakaira [II].

Sont cités, dans le Balâtkâra gaṇa, les maîtres suivants : Gaṇacandra; son disciple Nayanandin; son disciple Çrîdharârya; son disciple Candrakîrti; le fils de celui-ci, Çrîdharadeva; les disciples de
ce dernier, Nemicandra et Vâsupûjya; enfin le frère de Vâsupûjya,
Malayâḷa, qui eut pour fils Padmaprabha.

J. F. Fleet, *JB*, X, p. 179-181, a.; p. 287-292, t.; p. 293-298, tr. (ins.
n° 8, ı° partie).
J. F. Fleet, *PSCI*, n° 93. – F. Kielhorn, *IA*, XXII. p. 111. n° 12; – Id.,
ISI, n° 193.

228. — S. 1145 = 1088 ap. J.-C. – Dubkund; sur pierre. – Sk.

Hommage à Vṛṣabha, Çântinâtha, Candraprabha, Mahâvîra et
Gautama. – A la requête de Vijayakîrti, auteur de l'inscription, de
pieux laïques fondent un temple en faveur duquel le Kacchapaghâta
Vikramasiṃha fait plusieurs donations de terrain et d'argent.

Vijayakîrti était le fils de Çântiṣeṇa qui, devant le roi Bhojadeva
(de Mâlava?), délivra Ambarasena et ses collègues d'une multitude
de contradicteurs. Çântiṣeṇa était le fils de Durlabhasenasûri,
lui-même fils de Kulabhûṣaṇa, dont le père fut Devasena, du
Lâṭavâgaṭa gaṇa.

F. Kielhorn, *EI*, II, n° xvııı (p. 232-240), t. et a.
A. Cunningham, *Reports*, XX, pl. xxı et xxıı, f.-s.; p. 102, et Préface, p. v-vı.
– F. Kielhorn, *IA*, XIX. p. 361, n° 170; – Id., *INI*, n° 71.

229. — Sans date. – Sravana-Belgola; sur roc. – Sk.

Jinacandra rend hommage aux empreintes des pieds de Bhadra-bâhu.

L. Rice, *EC*, II, *Sr.-Bel. ins.*, nᵒ 71, t. et tr.

230. — **Année Çukla.** [1090 ap. J.-C.? (L. Rice).] – Kanave; sur pierre. – Sk. et C. – Mutilée.

Épitaphe de l'épouse du ministre et trésorier de Hoysaḷa-Deva (Eṟeyaṅga?).

L. Rice, *EC*, VIII, Tirthahalli tl., nᵒ 198, t. et tr.

231. — Sans date. – Balehonnur; sur roc. – Sk.

Le prince Màra[-Çàntara] élève un monument à son guru Ajita-sena.

L. Rice, *EC*, VI, Koppa tl., nᵒ 3, t. et tr.

232. — **Année Âṅgirasa.** [1093 ap. J.-C.? (L. Rice).] – Kanave; sur pierre. – Sk. et C.

Épitaphe de Çubhacandradeva, célèbre par son ascétisme. Il était le disciple de Maladhàrideva, du Mûla saṅgha, Kundakunda anvaya, Deçi gaṇa, Pustaka gaccha.

L. Rice, *EC*, VIII, Tirthahalli tl., nᵒ 199, t. et tr.

233. — Ç. 1015 = 1093 ap. J.-C. – Hale-Belgola; sur pierre. – Sk. et C.

Le Hoysaḷa Eṟeyaṅga fait une donation à Gopanandin, pontife du Deçi gaṇa, Kundakunda anvaya. Ce Gopanandin avait eu pour maître Devendra, et était considéré comme un adversaire redou-table pour les représentants des croyances non jainas.

L. Rice, *EC*, V, Channarayapatna tl., nᵒ 148, t. et tr.

234. — Ç. 1017 = 1095 ap. J.-C. — Somavara; dans un temple. — C. — Mutilée.

Épitaphe (?) d'une adepte laïque de Râmacandra, du Sûrastha gaṇa.

L. Rice. *EC*, V, Arkalgud tl., n° 96, t. et tr.

235. — S. 1152 = 1095 ap. J.-C. — Dubkund; sur un pilier. — Sk.

Consécration d'empreintes des pieds de Devasena, mahâcârya du Kàṣṭha saṅgha.

A. Cunningham, *Reports*, XX. p. 102. t.; pl. xxii, f.-s.
F. Kielhorn, *IVI*, n° 74.

236. — Sans date. — Somavara; sur pierre. — C.

Construction d'un temple.

L. Rice, *EC*, V, Arkalgud tl., n° 97, t. et tr.

237. — An 21 de Vikramâditya Câlukya = 1096 ap. J.-C. — Saundatti; dans un temple. — Sk. et C.

Donation de terrain au maître Kanakaprabha, par le Câlukya Permâḍideva (Vikramâditya VI), et par le Raṭṭa Sena [II], adepte de Kanakaprabha.

J. F. Fleet, *JB*, X, p. 170-171, a.; p. 194-198, t.; p. 199, tr. (ins. n° 2, ii° partie).
J. F. Fleet. *PSCI*, n° 88. — F. Kielhorn, *IA*, XXII, p. 111, n° 11; — Id., *ISI*, n° 201.

238. — Date effacée [1098 ap. J.-C.? (L. Rice)], 3° jour de la quinzaine claire de Kârttika, et 9° jour de la quinzaine sombre de Caitra. — Humcha; sur pierre. — C. — Mutilée.

Mort de Lakṣmîsena-munipa et de Pârçvasena-bhaṭṭâraka, du
Mûla saṅgha, Pustaka gaccha.

L. Rice, *EC*, VIII, Nagar tl., n° 42, t. et tr.

239. — Ç. 1021 = 1099 ap. J.-C. – Chikka-Hanasoge; sur pierre.
– C. – Mutilée.

Donation par une adepte laïque de Divâkaranandin, du Deçi
gaṇa, Pustaka gaccha. – Éloge de Pûrṇacandra, maître du Kundakunda anvaya à Panasoge. Il eut pour disciple Dâmanandin, qui eut
lui-même pour disciple Çrîdharâcârya, lequel fut le guru de Maladhârideva, dont le fils fut Candrakîrti.

L. Rice, *EC*, IV, Yedatore tl., n° 24, t. et tr.

240. — Sans date. – Chikka-Hanasoge; sur le portail d'un
temple. – C.

Éloge de Jayakîrti, du Pustaka gaccha. – Restauration d'un des
soixante-quatre temples du Deçi gaṇa, supposé construit par Râma,
doté par les Gaṅgas et refait par les Caṅgâlvas.

L. Rice, *EC*, IV, Yedatore tl.. n° 26, t. et tr.

241. — Sans date. – Chikka-Hanasoge; sur le portail d'un autre
temple. – C.

Donation de terrain en faveur des temples du Deçi gaṇa par un
prince Caṅgâlva.

Éloge des maîtres suivants du Deçi gaṇa, Pustaka gaccha : Çrîdharadeva, guru d'Elâcârya, dont le disciple fut Dâmanandin;
celui-ci eut pour collègue Candrakîrti, dont le disciple, Divâkaranandin, fut le guru de Jayakîrti, encore appelé Candrâyaṇideva.

L. Rice, *EC*, IV, Yedatore tl., n° 28, t. et tr.

242. — Sans date. – Angadi; sur pierre. – C. – Mutilée.

Épitaphe de Gaṅgadâsiseṭṭi [un adepte laïque?].

L. Rice, *EC*, VI, Mudgere tl., n° 10, t. et tr.

243. — Sans date. – Sanda; sur pierre. – Sk. et C. – Mutilée.

Deux adeptes laïques, Vîrâmbikâ et Udayâmbikâ, filles d'un feudataire de Tribhuvanamalla (Vikramâditya VI), font construire
un temple.

L. Rice, *EC*, VII, Shikarpur tl., n° 311, t. et tr.

244. — Sans date. – Gubbi; sur un pilier. – C.

Sous le règne du Koṅgâḷva Tribhuvanamalla (Adaṭarâditya?).
Donation de terrain à un maître nommé Padmanandideva.

L. Rice, *EC*, V, Hale-Narsipur tl., n° 16, t. et tr.

245. — [xi° s. ap. J.-C. (T. Bloch).] – Grottes d'Udayagiri, près
Cuttak. – Sk.

Au temps d'Uddyotakeçarin, roi d'Orissa (?). Kulacandra, disciple
de Çubhacandra, occupe une des grottes.

T. Bloch, *ASI, Annual Report 1902-1903*, p. 40, a.

246. — Sans date. [xi° ou xii° s. ap. J.-C. (Fleet).] – Nesargi
(d. Belgaum); sur une statue. – C.

Fondation d'un temple par un marchand, adepte laïque de
Kumudacandra, du Balâtkâra gaṇa, Mûla saṅgha.

J. F. Fleet, *IA*, X, p. 189, n. 16, t. et tr.

247. — **An 26 de Vikramâditya Câlukya** (= Ç. 1023 = 1101 ap.
J.-C. [Fleet]). – Aihole; sur un pilier. – C. – Mutilée.

Donation.

J. F. Fleet, *IA*, IX, p. 96, n° 69, a.

248. — Ç. 1025 = 1103 ap. J.-C. – Danasale; sur pierre. – Sk. et C.

Donations à un temple construit par la princesse Caṭṭaladevî. Éloge d'Ajitasena, du Draviḷa saṅgha, Aruṅgaḷa anvaya, dont la généalogie spirituelle est donnée ainsi qu'il suit : Mahâvîra, Gautama, Dayâpâla, Vâdirâja, Çrîvijaya, Çreyâṃsa. Ajitasena et son collègue Kumârasena.

L. Rice, *EC*, VIII, Tirthahalli tl., n. 192, t. et tr.

249. — An 33 de Vikramâditya Câlukya = 1108 ap. J.-C. – Davangere (Mysore); sur pierre. – C.

Donation de terrain à un temple par Bammarasa, feudataire de Vikramâditya VI.

J. F. Fleet, *IA*, XXX, p. 107, t. et tr.
L. Rice, *Mysore ins. translated*, n° 10. – J. F. Fleet, *PSCI*, n° 137. – F. Kielhorn, *ISI*, n° 211.

250. — [?] (Vers Ç. 1030 = 1108 ap. J.-C. [Fleet].) – Honnur. – C.

Au temps des [Çilâhâras] Ballâḷa et Gaṇḍarâditya. Donation à un temple construit par un adepte laïque de Râtrimatikanti, du Mûla saṅgha, Punnâga-vṛkṣa-mûla gaṇa.

J. F. Fleet, *IA*, XII, p. 102, n° 6, t. et tr.
Maj. Graham, *Statistical Report of the Principalty of Kolhapoor*, p. 466, tr.

251. — An 35 de Vikramâditya Câlukya = 1110 ap. J.-C. – Hebbande; sur pierre. – Sk. et C. – Mutilée.

Mention de Çubhacandra, Kanakanandin et Municandra.

L. Rice, *EC*, VII, Shimoga tl., n° 89, t. et tr.

252. — **S. 1169** = 1112 ap. J.-C. – Mahoba; sur le piédestal d'une statue brisée. – Sk.

Dédicace d'une statue.

A. Cunningham, *Reports*, XXI, p. 73, a.

253. — **An 37 de Vikramâditya Câlukya** = 1112 ap. J.-C. – Alahalli; sur pierre. – Sk. et C. – Mutilée.

Le Gaṅga Permâḍideva (Udayâditya?) et son épouse Bâcaladevî fondent et dotent un magnifique temple de Pârçvanâtha, en faveur du Deçi gaṇa. Éloge de Çubhacandra, maître du Deçi gaṇa, et fils de Maladhârideva.

L. Rice, *EC*, VII, Shimoga tl., n° 97, t. et tr.

254. — **Ç. 1037, année Vijaya** (pour Ç. 1035 = 1113 ap. J.-C. [Kielhorn]). – Sravana-Belgola; sur le portail d'un temple. – Sk. et C.

Lakṣmî, épouse du ministre Gaṅgarâja, fait élever un pilier commémoratif en l'honneur de son fils Bûcaṇa (*ou* Bûcirâja), adepte laïque de Çubhacandra, du Mûla saṅgha, Deçi gaṇa, Pustaka gaccha.

L. Rice, *EC*, II, *Sr.-Bel. ins.*, n° 46, t. et tr.
F. Kielhorn, *ISI*, n° 386.

255. — **Ç. 1037**, 14ᵉ jour de la quinzaine claire de Mârgaçîrṣa = 1115 ap. J.-C., 2 décembre (Kielhorn). – Sravana-Belgola; sur le portail d'un temple. – Sk. et C.

Épitaphe et éloge de Meghacandra-Traividyadeva, célèbre dogmatiste, grammairien et logicien, pontife du Mûla saṅgha, Deçi gaṇa, Pustaka gaccha. A la requête de son disciple Prabhâcandra, guru de Lakṣmî, épouse du ministre Gaṅgarâja, celle-ci élève un pilier commémoratif en l'honneur de ce maître.

Après un hommage à Mahâvîra et à Gautama, une assez longue pattâvalî du Deçi gaṇa est rappelée. Elle contient les noms suivants : Padmanandin (Kundakunda); Umâsvâti ou Gṛdhrapiccha, le Jaina le plus savant de son temps; son disciple, Balâkapiccha, guru de Guṇanandin; des 300 disciples de celui-ci, le principal fut Devendra; il eut pour disciple Kaladhautanandin, dont le fils fut Madana-çankara; son disciple Vîranandin; puis Gollâcârya, un roi devenu moine et que Vîranandin avait consacré; le disciple de celui-ci Traikâlya-yogi; son disciple Abhayanandin; le disciple de ce dernier, Somadeva, encore appelé Sakalacandra ou Sakalendu, qui fut le guru de Meghacandra.

L. Rice, *EC*, II, *Sr.-Bel. ins.*, n° 47, t. et tr.
F. Kielhorn, *IA*, XXIII, p. 116, n° 17; – Id., *ISI*, n° 387.

256. — Sans date. [Vers 1115 ap. J.-C. (L. Rice).] – Sravana-Belgola; dans un temple. – Sk. et C.

Pattâvalî du Mûla saṅgha, Deçi gaṇa, Vakra gaccha, Kunda-kunda anvaya :

Vardhamâna et Kundakunda; – Devendra; son disciple Catur-mukhadeva ou Vṛṣabhanandin; parmi les 84 disciples de ce dernier, le pontife Gopanandin, célèbre logicien, restaurateur du jainisme; – son collègue Prabhâcandra, disciple de Caturmukha-deva, et qui fut révéré par Bhoja de Dhârâ (de 1010 à 1059 ap. J.-C. environ?); – le collègue de Prabhâcandra, Dâmanandin, qui réfuta Viṣṇubhaṭṭa; – son collègue Maladhâri, encore appelé Guṇacandra, prêtre du temple de Çântinâtha à Bâlipura (peut-être Baḷagâmve); – son collègue Mâghanandin, logicien renommé et chef de la secte; – son collègue Jinacandra, grammairien, logicien et poète; – son collègue Devendra, prêtre de Baṅkâpura; – son collègue Vâsavacandra; – le frère et collègue de celui-ci, Yaçaḥ-kîrti, qu'honora un roi de Siṃhala (Ceylan); – le collègue de Yaçaḥkîrti et en même temps disciple de Gopanandin, Trimuṣṭi;

— son collègue, également disciple de Gopanandin, Gaula, connu encore sous les noms de Hemacandra-Maladhâri et de Gaṇḍavimukta; — son collègue Çubhakîrti; — son collègue Mâghanandin, dont le fils fut Meghacandra, qui eut lui-même une fille appelée Abhayacandrikâ; — le collègue de Mâghanandin, Kalyâṇakîrti; son collègue, le pontife Bâlacandra.

L'inscription se termine par une nouvelle liste, sorte de parallèle et d'abrégé de la précédente, qui comprend les noms suivants :

Devendra; son disciple Caturmukhadeva ou Vṛṣabhanandin; — son disciple Gopanandin, dont les collègues furent : Mahendracandra, Devendra, Çubhakîrti, Mâghanandin, Jinacandra et Guṇacandra-Maladhâri; — Mâghanandin eut pour disciple Ratnanandin, dont les collègues furent : Kalyâṇakîrti, Meghacandra et Bâlacandra; — Gopanandin eut pour disciples : Çubhakîrti, Vâsavacandra, Candranandin, Gauladeva (*ou* Hemacandra-Maladhâri, *ou* Gaṇḍavimukta) et Trimuṣṭideva.

L. RICE, *EC*, II, *Sr.-Bel. ins.*, n° 55, t. et tr.
F. KIELHORN, *ISI*, n° 1022.

257. — Sans date. – Sravana-Belgola; sur le côté droit de la statue colossale de Gomaṭeçvara. – C.

Voir *infra*, n° 263.

Le ministre Gaṅgarâja fait construire les cloîtres qui environnent cette statue.

E. HULTZSCH, *EI*, VII, n° 14. A (ligne 3), f.-s., t. et tr.
L. RICE, *EC*, II, *Sr.-Bel. ins.*, n° 76. f.-s.. t. et tr. – F. KIELHORN, *ISI*, n° 139.

258. — Sans date. – Sravana-Belgola; sur le côté gauche de la statue de Gomaṭeçvara. – Marâthi.

Traduction en marâthi de l'inscription précédente et de la première ligne de l'inscription n° 156.

E. Hultzsch, *EI*. VII. n° 14. n. f.-s.. t. et tr.

L. Rice. *EC*, II. *Sr.-Bel. ins.*, n° 75. f.-s.. t. et tr. — F. Kielhorn. *ISI*, n° 139.

259. — Sans date. — Sravana-Belgola; sur le piédestal d'une statue. - Sk.

Voir *supra*, n°ˢ 254 et 255. et ci-dessous, n°ˢ 271 et 279.

Lakṣmî, épouse de Gaṅga[râja], fonde un temple en l'honneur d'Âdîçvara. Elle était adepte laïque de Siddhanandin, disciple de Çubhacandra, du Mûla saṅgha, Deçi gaṇa, Pustaka gaccha.

L. Rice, *EC*, II, *Sr.-Bel. ins.*, n° 63, t. et tr.
F. Kielhorn, *ISI*, n° 391.

260. — Sans date. — Sravana-Belgola; sur le piédestal d'une statue. - C.

Voir *infra*, n°ˢ 263 et 278.

Gaṅgarâja, adepte laïque de Çubhacandra, du Mûla saṅgha. Deçi gaṇa, fait construire un temple qu'il dédie à Âdîçvara, en l'honneur de sa mère Pocaladevî.

L. Rice, *EC*. II, *Sr.-Bel. ins.*, n° 64, t. et tr.
F. Kielhorn, *ISI*, n° 394.

261. — Sans date. — Sravana-Belgola; sur le piédestal d'une statue. — Sk.

Voir *supra*, n°ˢ 254 et 255, et ci-dessous, n° 279.

Gaṅgarâja, fils de Buddhamitra et de Pocâmbikâ (Pocaladevî), et adepte de Çubhacandra, fonde un sanctuaire consacré à Âdîçvara [en l'honneur de son épouse Lakṣmî?].

L. Rice, *EC*, II, *Sr.-Bel. ins.*, n° 65, t. et tr.
F. Kielhorn, *ISI*, n° 395.

262. — Ç. 1038 = 1116 ap. J.-C. — Mattavara; sur pierre. — C. — Mutilée.

Épitaphe d'un adepte laïque de Mâvaṇṇa.

L. Rice, *EC*, VI, Chik-Magalur tl., n° 51, t. et tr.

263. — Ç. **1039** = 1117 ap. J.-C. – Tippur; sur une colline. – Sk. et C.

Gaṅgarâja, ministre et général du Hoysaḷa Viṣṇuvardhana, fait donner par ce roi plusieurs villages à Meghacandra, du Mûla saṅgha, Krâṇûr gaṇa, Tintriṇi gaccha.

L. Rice. *EC*, III. Malavalli tl., n° 31, f.-s., t. et tr.

264. — Ç. **1039** = 1117 ap. J.-C. – Chamarajnagar; sur pierre. – Sk. et C.

Puṇiṣarâja, ministre et général de Biṭṭiga Hoysaḷa (Viṣṇuvardhana), édifie et dote plusieurs temples. Il était adepte laïque d'Ajitamuni.

Sont mentionnés dans le Draviḷa saṅgha : Samantabhadra, Akaḷaṅka, Pûjyapâda, Vâdirâja, Malliṣeṇa, Çrîpâla et Anantavîrya.

L. Rice, *EC*, IV, Chamarajnagar tl., n. 83, t. et tr.

265. — **Année Hemalambi.** [1117 ap. J.-C.? (L. Rice).] – Mugulur; sur pierre. – C.

Épitaphe de Vâsupûjyadeva, disciple de Puṣpasena, de l'Aruṅgaḷa anvaya, Nandi gaṇa, Draviḷa saṅgha.

L. Rice. *EC*, V, Hassan tl., n° 131, t. et tr.

266. — Date effacée. – Halebid; sur pierre. – Sk. et C. – Mutilée.

Voir *supra*, n° 263, et ci-dessous, n° 269.

Invocation à Pârçvanâtha. Éloge du roi Viṣṇuvardhana et de son ministre Gaṅgarâja.

L. Rice, *Mysore ins. translated*, n° 117, tr.
J. F. Fleet, *PSCI*, n° 232. – F. Kielhorn, *ISI*, n° 405.

267. — An 42 de Vikramâditya Câlukya = 1117 ap. J.-C. – Nidigi; sur pierre. – Sk. et C. – Mutilée.

Maîtres du Mûla saṅgha, Krâṇûr gaṇa : Siṃhanandin, Bâlacandra; son disciple Prabhâcandra; son disciple Guṇanandin; le collègue de celui-ci, Guṇacandra; son collègue Mâghanandin; le disciple de ce dernier, Prabhâcandra; son collègue Anantavîrya; son collègue Municandra.

Le prince Gaṅga Permâḍideva était adepte laïque de Prabhâcandra (le premier du nom); son épouse était Gaṅgamahâdevî. Leurs fils furent au nombre de quatre : Mârasiṃha, Satya-Gaṅga, Rakkasa et Bhujabâla. Ce dernier eut un fils, nommé Nanniya-Gaṅga, qui fit une donation de terrain à Çubhakîrtideva, du Meṣa-pâṣâṇa gaccha, en faveur d'un temple construit par Barmiseṭṭi, gouverneur d'un district.

L. Rice, *EC*, VII, Shimoga tl., n° 57, t. et tr.

268. — Ç. 1039 = 1117 ap. J.-C. – Sravana-Belgola; dans des temples. – Sk. et C.

Gaṅgarâja fait donation d'un village en faveur des temples construits par sa mère et son épouse. Éloge de ce ministre et rappel de ses œuvres pieuses. Il était fils d'un Brâhmane converti nommé Eçirâja ou Buddhamitra, et de Pocâmbikâ, encore appelée Pocikabbe ou Pocave. Son guru était Çubhacandra, disciple de Maladhârideva, du Mûla saṅgha, Kundakunda anvaya, Deçi gaṇa, Pustaka gaccha.

L. Rice, *EC*, II, *Sr.-Bel. ins.*, n° 45 et 59. t. et tr.
F. Kielhorn, *IA*, XXIII, p. 116. n° 18; – Id., *ISI*, n° 389.

269. — Ç. 1046, année Vilambi (pour Ç. 1040 = 1118 ap. J.-C. [L. Rice]). – Kambadahalli; sur un pilier. – Sk. et C.

A la requête de Gaṅgarâja, le roi Viṣṇuvardhana fait une donation de terrain à Çubhacandra, du Deçi gaṇa, Pustaka gaccha,
Kundakunda anvaya.

Sont rappelés les maîtres suivants du Sûrastha gaṇa : Anantavîrya; son disciple Bâlacandra; le fils de celui-ci, Prabhâcandra;
son disciple Kalneledeva; le fils de ce dernier, Aṣṭopavâsi; son
disciple Hemanandin; son disciple Vinayanandin, qui eut deux fils :
Ekavîra et Pallapaṇḍita, ce dernier surnommé Abhimâṇidâni ou
Pâlyakîrti.

L. Rice. *EC*, IV, Nagamangala tl.. n° 19, t. et tr.

270. — Ç. 1041 = 1119 ap. J.-C. — Sravana-Belgola; dans un
temple. — Sk. et C.

Épitaphe de la nonne Mâṅkabbe, qui avait été consacrée par
Divâkaranandin, à qui elle avait élevé une tombe. La généalogie
spirituelle de Divâkaranandin est donnée ainsi qu'il suit : Dans la
lignée de Kundakunda, le Deçi gaṇa, il y eut un maître nommé
Devendra. C'est dans la race de celui-ci, le Pustaka gaccha, Deçi
gaṇa, que naquit Divâkaranandin. Il eut pour disciple Maladhârideva, qui fut lui-même le guru de Çubhacandra.

L. Rice, *EC*, II, *Sr.-Bel. ins.*, n° 139, t. et tr.
F. Kielhorn. *ISI*, n° 968.

271. — Ç. 1042 = 1120 ap. J.-C. — Sravana-Belgola; dans un
temple. — Sk. et C.

Épitaphe de Demîyakkâ ou Dematî, fille de Lakkalâ ou Lakṣmî
(l'épouse de Gaṅgarâja), sœur de Bûcirâja, et épouse de Câmuṇḍaseṭṭi. Elle était adepte laïque de Çubhacandra, du Mûla saṅgha,
Deçi gaṇa, Pustaka gaccha. Un pilier commémoratif fut élevé en
son honneur par sa mère Lakṣmî.

L. Rice, *EC*, II, *Sr.-Bel. ins.*, n° 49, t. et tr.
F. Kielhorn. *IA*. XXIII, p. 129. n° 99; — Id.. *ISI*, n° 390.

272. — **An 45 de Vikramâditya Câlukya** (=C. 1042 = 1120 ap. J.-C. [Fleet]). – Bankapur; dans un temple. – C.

Donation au temple jaina par des chefs de villages.

J. F. Fleet. *IA*, IV, p. 205. n° 7, a.

273. — Sans date. – Mattavara; sur pierre. – C.

Épitaphe de Ge...ganti.

L. Rice, *EC*, VI, Chik-Magalur tl., n° 52, t. et tr.

274. — Date effacée. – Sukadare; sur pierre. – Sk. et C. – Mutilée.

Construction et dotation d'un temple par Jakkiseṭṭi. Les maîtres suivants du Draviḷa saṅgha sont rappelés : Samantabhadra, Akalaṅka, Hemasana, Vâdirâja, Ajitasena et Malliṣeṇa-Maladhâri.

L. Rice, *EC*, IV, Nagamangala tl., n° 103, t. et tr.

275. — Sans date. – Muttatti; sur quatre piliers. – C.

Le roi Viṣṇuvardhana fait une donation de terrain à Prabhâcandra, disciple de Meghacandra, du Mûla saṅgha, Deçi gaṇa, Pustaka gaccha, Kundakunda anvaya.

L. Rice, *EC*, V, Hassan tl., n° 112, t. et tr.

276. — **An 46 de Vikramâditya Câlukya** = 1121 ap. J.-C. – Konur; dans un temple. – C. – Mutilée.

Donation par Jayakarṇa, fils et feudataire de Vikramâditya VI.

J. F. Fleet, *JB*, X. p. 179-181. a; p. 287-292. t.; p. 293-298. tr. (ins. n° 8, IIᵉ partie).

J. F. Fleet, *PSCI*, n° 93. – F. Kielhorn. *ISI*, n° 193.

277. — Ç. 1043 = 1121 ap. J.-C. – Kallurgudda; sur pierre. – Sk. et C.

Maîtres du Krâṇûr gaṇa :

Siṃhanandin, Arhadbalin, Dâmanandin, Bâlacandra, Meghacandra, Guṇacandra et Guṇanandin. Ensuite éloge de Prabhâcandra [Ier], pontife du Kundakunda anvaya, Krâṇûr gaṇa, Meṣapâṣâṇa gaccha. Il eut pour disciple Mâghanandin, et celui-ci Prabhâcandra [II]. Les collègues de Prabhâcandra [II] furent Anantavîrya et Municandra; ce dernier eut pour disciple Çrutakîrti. D'autre part Kanakanandin, surnommé Vâdirâja, eut pour collègue Mâdhavacandra, dont Bâlacandra fut le disciple. Enfin Prabhâcandra [II] compta Buddhacandra parmi ses disciples.

En Çaka 976 (= 1054 ap. J.-C.), le Gaṅga Permâḍideva, adepte laïque de Prabhâcandra [Ier], avait agrandi, restauré et doté un temple qu'il avait appelé *Paṭṭada basti* « Temple de la Couronne ». Ce prince eut quatre fils : 1° Mârasiṃha, adepte de Mâghanandin, qui fit des donations audit temple en Çaka 987 (= 1065 ap. J.-C.); – 2° Nanniya-Gaṅga, adepte de Prabhâcandra [II], et dont une donation de Çaka 992 (= 1070 ap. J.-C.) est rappelée; – 3° Rakkasa, adepte d'Anantavîrya; – 4° Bhujabâla, adepte de Municandra, et qui fit une donation en Çaka 1027 (= 1105 ap. J.-C.). Le fils de Bhujabâla fut Nanniya [II]. En Çaka 1043 (= 1121 ap. J.-C.), il fit reconstruire en pierre le « Temple de la Couronne », restauré par son grand-père Permâḍideva. En outre il édifia et dota environ vingt-cinq autres temples. Il était adepte laïque de Prabhâcandra [II]. Il épousa Kañcaladevî, et leur fils Permâḍideva [II] eut Buddhacandra pour directeur spirituel.

L. Rice, *EC*, VII, Shimoga tl., n° 4. f.-s., t. et tr.

278. — Ç. 1043 = 1121 ap. J.-C. – Sravana-Belgola; dans un temple. – Sk. et C.

Épitaphe de Pocikabbe ou Pocaladevî, mère de Gangarâja. Elle
était l'épouse d'un Brâhmane converti, Eca, adepte de Kanakanandin; elle avait édifié des temples jainas dans plusieurs localités.
Son fils, le ministre Gangarâja, lui éleva une tombe, et son épitaphe fut composée par Bâvarâja, adepte laïque de Prabhâcandra.

L. Rice, *EC*, II, *Sr.-Bel. ins.*, n° 44, t. et tr.
F. Kielhorn, *ISI*, n° 392.

279. — Ç. 1044 = 1122 ap. J.-C. — Sravana-Belgola; dans un
temple. — Sk. et C.

Épitaphe de Lakṣmî, épouse de Gangarâja. Elle avait été l'adepte
laïque de Çubhacandra, du Mûla sangha, Deçi gaṇa, Pustaka
gaccha. Un monument fut élevé en son honneur par Gangarâja.

L. Rice, *EC*, II, *Sr.-Bel. ins.*, n° 48, t. et tr.
P. Kielhorn, *ISI*, n° 393.

280. — Ç. 1045 = 1123 ap. J.-C. — Terdal; sur pierre, dans un
temple. — C.

Invocation à Neminâtha. — A la requête du Raṭṭa Kârtavîrya [II],
un feudataire de Vikramâditya [VI], Gonka, après avoir fondé à
Teridâḷa un temple de Neminâtha, et l'avoir orné d'une belle statue
de ce Tîrthakara, fait plusieurs donations en faveur de ce temple.
Ces donations sont accomplies sous les auspices du précepteur de
Gonka, le maître Mâghanandin, prêtre de Koḷḷagira (Kolhâpur),
et appartenant au Kundakunda anvaya, Deçi gaṇa, Pustaka ou
Sarasvatî gaccha. Mâghanandin était disciple de Kulacandra; il
eut lui-même pour disciple Kanakanandin. — D'autres maîtres de la
secte sont cités : Çrutakîrti, Candrakîrti, Prabhâcandra, pontife
du Deçi gaṇa, et Vardhamâna.

K. B. Pâṭhak, *IA*, XIV, p. 14-26 (lignes 1-56), t. et tr.
F. Kielhorn, *IA*, XXIII, p. 116, n° 19; – Id., *ISI*, n° 220.

281. – Ç. 1045 = 1123 ap. J.-C. – Sravana-Belgola; dans un temple. – Sk. et C.

Çântaladevî, épouse du roi Viṣṇuvardhana, fonde un temple en l'honneur de Çântinâtha. Elle remet les donations qu'elle fait en faveur de ce temple à Prabhâcandra, disciple de Meghacandra, du Mûla saṅgha, Deçi gaṇa, Pustaka gaccha. Prabhâcandra avait pour disciple Sahasrakîrti.

L. Rice, *EC*, II, *Sr.-Bel. ins.*, n° 56, t. et tr.
F. Kielhorn, *ISI*, n° 397.

282. — Ç. 1045 = 1123 ap. J.-C. – Sravana-Belgola; dans un temple. – Sk. et C.

Çântaladevî fait de nouvelles donations au temple de Çântinâtha qu'elle a construit; elle les remet à son guru Prabhâcandra, disciple de Meghacandra.

L. Rice, *EC*, II, *Sr.-Bel. ins.*, n° 53 (II° partie), t. et tr.
F. Kielhorn, *ISI*, n° 396.

283. — Sans date. – Sravana-Belgola; sur le piédestal d'une statue. – Sk.

La reine Çântaladevî, adepte laïque de Prabhâcandra, élève une statue de Çântinâtha dans le temple qu'elle a consacré à ce Jina.

L. Rice, *EC*, II, *Sr.-Bel. ins.*, n° 62, t. et tr.
F. Kielhorn, *ISI*, n° 399.

284. — Sans date. – Hosaholalu; sur pierre. – Sk. et C. – Mutilée.

Noḷabiseṭṭi, ministre du roi Viṣṇuvardhana, remet à son guru Çubhacandra, disciple de Maladhârideva, du Deçi gaṇa, Pustaka gaccha, Kundakunda anvaya, un temple qu'avait construit et doté Demikabbeseṭṭi, un autre adepte de Çubhacandra.

L. Rice, *EC*, IV, Krisnarajapet tl., n° 3, t. et tr.

285. — Ç. 1045, 10ᵉ jour de la quinzaine claire de Çrâvana II
= 1123 ap. J.-C., 3 août (KIELHORN). – Sravana-Belgola; dans un
temple. – Sk. et C.

Épitaphe de Çubhacandra, disciple de Maladhârideva, du Mûla
saṅgha, Deçi gana, Pustaka gaccha. Une tombe lui fut élevée par
Gaṅgarâja, et son épitaphe fut composée par un adepte laïque de
Prabhâcandra.

Çubhacandra avait été le guru du ministre Gaṅgarâja, de son
épouse Lakṣmî, et de la sœur de celle-ci, Jakkaṇâmbe. Sa généalogie spirituelle est rappelée dans la liste suivante de maîtres du
Nandi gana : Mahâvîra et Gautama; Padmanandin ou Kundakunda;
Umâsvâti ou Gṛdhrapiccha; son disciple Balâkapiccha; le disciple
de celui-ci, Guṇanandin, logicien, grammairien et poète, compta
300 disciples, dont 72 principaux; le plus excellent fut Devendra,
guru de Kaladhautanandin; ce dernier eut pour disciple Sampûrṇacandra, célèbre astronome, qui eut lui-même pour disciple
Dâmanandin, dont le fils aîné s'appelait Çrîdhara. D'autre part
Candrakîrti fut le guru de Divâkaranandin; celui-ci, de Gaṇḍavimukta-Maladhâri, dont Çubhacandra fut le disciple.

L. RICE, *EC*, II, *Sr.-Bel. ins.*, n° 43, t. et tr.
F. KIELHORN, *IA*, XXIII, p. 116, n° 20; – ID., *ISI*, n° 398.

286. — **An 49 de Vikramâ[ditya Câlukya?]**, 5ᵉ jour de la quinzaine claire de Mâgha = 1124 ap. J.-C. – Hire-Avali; sur pierre.
– C.

Épitaphe de Mâdhavasena, disciple de Candraprabha, du Mûla
saṅgha, Sena gana, Pogari gaccha.

L. RICE, *EC*, VIII, Sorab tl., n° 127, t. et tr.

287. — Ç. 1047 = 1125 ap. J.-C. – Chalya; snr pierre. – C.

Donation du roi Viṣṇuvardhana à Çrîpâla, le célèbre logicien, du Draviḷa saṅgha, Pa. . ., gaṇa, Aruṅgaḷa anvaya. La généalogie spirituelle de ce maître est rappelée comme il suit, abstraction faite des lacunes : Mahâvîra, Gautama; Samantabhadra, fondateur de la secte; Ekasandhisumati, Akalaṅka, Vakragrîva, Çrînandin; Siṃhanandin, Çrîpâla, Kanakasena-Vâdirâja; Çrîvijaya; Puṣpasena, Vâdirâja; Çântiṣeṇa, Kumârasena, Malliṣeṇa-Maladhâri, et enfin Çrîpâla.

L. Rice, *EC*, V, Channarayapatna tl., n° 149, t. et tr.

288. — Année Plavaṅga. [1128 ap. J.-C. (L. Rice).] – Sembanur; sur pierre. – C.

Kâḷiyakkâ, épouse de Sûrya, le ministre de Tribhuvanamalla (Vikramâditya VI), fait construire un temple en l'honneur de Pârçvanâtha. La dotation de ce temple est remise au prêtre Çântisayaṇa. Sont cités les maîtres suivants du Draviḷa saṅgha, Nandi gaṇa, Aruṅgaḷa anvaya : Samantabhadra; Vâdirâja; son disciple Ajitasena; le disciple de celui-ci, Malliṣeṇa-Maladhâri; et enfin le disciple de ce dernier, Çrîpâla.

L. Rice, *EC*, XI, Davangere tl., n° 90, t. et tr.

289. — Ç. 1050, 3ᵉ jour de la quinzaine sombre de Phâlguna = 1129 ap. J.-C., 10 mars (Kielhorn). – Sravana-Belgola; sur un pilier, dans un temple. – Sk. et C.

Mort, par suite de jeûne prolongé, de Malliṣeṇa-Maladhâri.

La généalogie spirituelle de ce maître est retracée depuis Mahâvîra et comprend les noms suivants : Vardhamâna; le kevalin Gautama ou Indrabhûti; Bhadrabâhu et son disciple Candragupta (Guptigupta?); Kundakunda, qui contribua dans la plus large mesure à l'extension du jainisme; Samantabhadra, Siṃhanandin, Vakragrîva; Vajranandin, auteur du *Nava-stotra;* Pâtrakeçarin; Sumatideva, auteur du *Sumati-saptaka;* Kumârasena; Cintamâṇi,

auteur de 'l'ouvrage du même nom; Çrîvarddhadeva, auteur
du *Cûḍâmaṇi;* Maheçvara; Akalaṅka, le célèbre controversiste,
et Puṣpasena, son collègue; Vimalacandra, Indranandin, Paravâdimalla, Âryadeva, Candrakîrti, Karmaprakṛti, Çrîpâladeva, Matisâgara, Hemasena; Dayâpâla, disciple de Matisâgara et collègue
de Vâdirâja; Vâdirâja, Çrîvijaya, Kamalabhadra, Dayâpâla; Çântideva, guru du Hoysaḷa Vinayâditya; Guṇasena, Ajitasena et ses
disciples Çântinâtha et Padmanâbha; Kumârasena; enfin Malliṣeṇa,
disciple lui aussi d'Ajitasena.

Son épitaphe fut composée par Mallinâtha, un de ses adeptes
laïques.

E. Hultzsch, *EI*, III, n° 26, f.-s., t. et tr.
L. Rice, *EC*, II, *Sr.-Bel. ins.*, n° 54, t. et tr. – F. Kielhorn, *IA*, XXIII,
p. 124, n° 68; – Id., *ISI*, n° 969.

Au sujet d'une recension manuscrite de cette inscription. plus correcte
d'ailleurs que le texte même de l'inscription, voir F. Kielhorn, *WZKM*, VII,
p. 248-251.

290. — Ç. 1059 (pour 1051=1129 ap. J.-C.? [Kielhorn]). –
Sravana-Belgola; sur un pilier. – Sk. et C.

Mort d'un adepte laïque, Hoysaḷasetṭi. Sa veuve Caddikabbe lui
élève un monument, ainsi qu'à leur fils Bûcaṇa.

L. Rice, *EC*, II, *Sr.-Bel. ins.*, n° 68, t. et tr.
F. Kielhorn, *ISI*, n° 970.

291. — **Année Kîlaka.** [1129 ap. J.-C. (L. Rice).] – Udri; sur
pierre. – C.

Épitaphe d'un adepte laïque de Hariṇa[ndi]deva.

L. Rice, *EC*, VIII, Sorab tl., n° 149, t. et tr.

292. — [?] (Ç. 1052=1130 ap. J.-C. [Fleet]). – Hunasikatti
(d. Belgaum); sur pierre. – C.

La 6ᵉ année (du règne) du Câlukya de l'Ouest Someçvara III. Donation en faveur d'un temple de Pârçvanâtha.

J. F. Fleet, *IA*, X, p. 131-132, n° 98. t. et tr.
F. Kielhorn, *ISI*, n° 228.

293. — Ç. 1052 = 1130 ap. J.-C. — Hanturu ; sur pierre. — Sk. et C.

Construction et dotation d'un temple par Hariyaladevî, une adepte laïque de Gaṇḍavimukta, disciple de Mâghanandin, du Deçi gaṇa, Pustaka gaccha, Kundakunda anvaya.

L. Rice, *EC*, VI, Mudgere tl., n° 22, t. et tr.

294. — Sans date. — Kambadahalli ; sur pierre. — C. — Mutilée.

Épitaphe de Rukamave et Jakkave, toutes deux adeptes laïques de Prabhâcandra, du Deçi gaṇa, Pustaka gaccha, Kundakunda anvaya.

L. Rice, *EC*, IV, Nagamangala tl., n° 21, t. et tr.

295. — Sans date. — Tagaduru ; sur pierre. — C.

Donations à Kalyâṇakîrti, en faveur du temple jaina.

L. Rice, *EC*, V, Channarayapatna tl., n° 198, t. et tr.

296. — Sans date. — Sravana-Belgola ; sur pierre. — C.

Des marchands font une donation en l'honneur de Gomaṭeçvara.

L. Rice, *EC*, II, *Sr.-Bel. ins.*, n° 143, t. et tr.

297. — Ç. 1[05]3(?) = 1131 ap. J.-C. — Abalvadi ; sur pierre. — C. — Mutilée.

Construction et dotation d'un temple par Mallinâtha, adepte

laïque de Nayakîrti et Bhânukîrti, du Mûla sangha, Deçi gana, Pustaka gaccha.

L. Rice, *EC*, III, Mandya tl., n° 5o, t. et tr.

298. — Ç. 1053=1131 ap. J.-C. - Sravana-Belgola; dans un temple. - Sk. et C.

Épitaphe de Çântaladevî, épouse du Hoysala Visnuvardhana. Elle était la fille de Mârasinga et de Màcikabbe, et la nièce de Singimayya (voir *infra*, n° 310). Sa mère Màcikabbe, adepte du jainisme, se laissa bientôt mourir d'inanition en présence de ses gurus, Prabhâcandra, Vardhamâna et Ravicandra. Cette épitaphe fut composée par un adepte laïque de Cârukîrtideva.

L. Rice, *EC*, II, *Sr.-Bel. ins.*, n° 53 (1ʳᵉ partie). t. et tr.
F. Kielhorn, *ISI*, n° 4oo.

299. — Ç. 1054, année Nandana=1132 (ou 1112) ap. J.-C. (date irrégulière). – Purale; sur pierre. – Sk. et C.

Satya-Ganga (Nanniya), fils de Bhujabâla, et petit-fils de Permâdideva, fonde un temple et fait des donations à Mâdhavacandra et Bâlacandra, du Krânûr gana. La généalogie spirituelle de ces deux maîtres est retracée de la façon suivante : Simhanandin, Bâlacandra; son disciple Prabhâcandra, guru de Gunanandin; le collègue de celui-ci, Gunacandra; son collègue Mâghanandin, guru d'un autre Prabhâcandra qui eut pour collègue Anantavîrya; puis Çrutakîrti; son collègue Kanakanandin-Vâdirâja, qui eut lui-même pour collègue Municandra, dont enfin Mâdhavacandra et Bâlacandra étaient les collègues.

L. Rice, *EC*, VII, Shimoga tl., n° 64, t. et tr.

300. — An 58 de Vikramâ[ditya Câlukya?]=1133 ap. J.-C. -- Chatradahalli; sur pierre. – C.

Épitaphe d'un adepte laïque de Mâghanandin, du Mûla saṅgha,
Deçi gaṇa.

L. Rice, *EC*, VIII, Sorab tl., n° 97, t. et tr.

301. — Année Pramâdin. [1133 ap. J.-C. (L. Rice).] — Halebid;
sur pierre. — Sk. et C.

Boppa, fils du ministre Gaṅgarâja, élève à la mémoire de ce
dernier un magnifique temple qu'il dédie à Pârçvanâtha et que
consacre Nayakîrti, du Kundakunda anvaya. Le roi Viṣṇuvardhana
dote ce temple, ainsi que plusieurs particuliers qui remettent leurs
offrandes aux deux prêtres, Çântideva et Çântayya.

Boppa avait pour précepteurs : 1° Çubhacandra, disciple de
Maladhârideva, et descendant du gaṇadhara Gautama, dans le
Kundakunda anvaya; — 2° (sans doute après la mort de Çubhacandra), Prabhâcandra, qui reçoit ici le titre d'âcârya du Gaṅga-
maṇḍala.

Un disciple de Nayakîrti, Nemicandra, est en outre mentionné.

L. Rice, *EC*, V, Belur tl., n° 124, t. et tr.

302. — [1135 ap. J.-C. (Fleet).] — Kolhapur. — Sk.

Donations pécuniaires remises à l'âcârya Çrutakîrti, en faveur
d'un temple de Pârçvanâtha.

J. F. Fleet, *IA*, XXIX, p. 280, a. (l'inscription est encore inédite).

303. — Sans date. — Sravana-Belgola; sur une statue. — Sk.
Voir *supra*, n° 301.

Ecaṇa (*ou* Boppa), fils de Gaṅgarâja, fonde un temple.

L. Rice, *EC*, II, *Sr.-Bel. ins.*, n° 66, t. et tr.
F. Kielhorn, *ISI*, n° 407.

304. — Sans date. — Sravana-Belgola; sur pierre. — Sk. et C.
Voir *supra*, n° 301.

Banma, frère aîné de Gangarâja, avait épousé Bâgaṇabbe, adepte laïque de Bhânukîrti. Leur fils, Eca ou Ecirâja, avait fait construire plusieurs temples jainas, dont un à Çravaṇa-Belgola.

Ecirâja étant mort, son cousin Boppa, fils de Gangarâja, lui élève une tombe et fait une donation en sa mémoire à Mâdhavacandra, disciple de Çubhacandra, du Mûla saṅgha, Deçi gaṇa, Pustaka gaccha. D'autres donations sont faites par Ecikabbe, veuve d'Ecirâja et adepte laïque de Çubhacandra.

L. Rice, *EC*, II, *Sr.-Bel. ins.*, n° 144, t. et tr.
F. Kielhorn, *ISI*, n° 406.

305. — Ç. 1059 = 1137 ap. J.-C. - Belur; sur pierre. – C.

Biṭṭiyaṇa, ministre de Viṣṇuvardhana et adepte de Çrîpâla, du Draviḷa saṅgha, construit et dote un temple à Dorasamudra.

L'inscription donne la liste chronologique suivante : Samantabhadra, Pâtrakeçarin, Vakragrîva, Vajranandin, Sumati-bhaṭṭâraka, Akalaṅka, Candrakîrti, Karmaprakṛti; Vimalacandra, guru d'un roi Pallava; Paravâdimalla, Kanakasena-Vâdirâja, Çrîvijaya, Vâdirâja; Ajitasena, dont le collègue fut Kumârasena; Malliṣeṇa-Maladhâri, fils d'Ajitasena; enfin Çrîpâla, dit l'empereur des logiciens et surnommé Vâdîbhasiṃha.

L. Rice. *EC*, V, Belur tl., n. 17, t. et tr.

306. — S. 1195 = 1138 ap. J.-C. - Ajmer; sur une statue. – Pk.

Dédicace d'une statue de Çântinâtha, qui fut consacrée par Guṇacandra.

J. Prinsep, *JASB*, VII, p. 52, n° 6, t.

307. — Ç. 1060 = 1138 ap. J.-C. - Sindigere; sur un pilier. – Sk. et C.

Le roi Viṣṇuvardhana, après avoir remis à ses ministres Maçiyâne et Bharata le fief de Sindigere, construit un temple jaina dans cette ville, et fait en sa faveur une donation qu'il remet à Madhu-candra, disciple de Gaṇḍavimukta, du Mùla saṅgha, Deçi gaṇa, Pustaka gaccha, Kundakunda anvaya.

Les deux frères Mariyâne et Bharata étaient les fils de Mariyâne, ministre du Hoysaḷa Vîra-Ballâla [Ier], et qui avait reçu de ce roi le fief de Sindigere en Çaka 1025 (=1103 ap. J.-C.). Leur grand-père était un autre Mariyâne, ministre du Hoysaḷa Vinayâditya, de qui il avait également reçu le fief de Sindigere en Çaka 961(?) [=1040 ap. J.-C.]. Le plus jeune des deux frères était Bharata; il était adepte laïque de Mâghanandin.

L. Rice, *EC*, VI, Chik-Magalur tl., n° 161, t. et tr.
L. Rice, *Mysore ins. translated*, n° 174, tr. – F. Kielhorn, *IA*, XXIV, p. 14, n° 185; – Id., *ISI*, n° 401.

308. — Sans date. – Sindigere; sur pierre. – Sk. et C.

Voir l'inscription précédente.

Éloge des ministres Mariyâne et Bharata.

L'épouse de Mariyâne s'appelait Jakkanave, et celle de Bharata était Hariyale, adepte laïque de Mâghanandin.

L. Rice, *EC*, VI, Chik-Magalur tl., n° 160, t. et tr.

309. — Sans date. – Sravana-Belgola; sur roc. – C.

Voir *supra*, n° 307.

Le ministre Bharata construit deux temples et accomplit diverses autres œuvres pieuses.

L. Rice, *EC*, II, *Sr.-Bel. ins.*, n° 115, t. et tr.
F. Kielhorn, *ISI*, n° 402.

310. — Ç. 1061(?)=1139 ap. J.-C. – Sravana-Belgola; dans un temple. – Sk. et C.

Épitaphe de Siṅgimayya, fils de Bâladeva (un des ministres de Viṣṇuvardhana) et de Bâcikabbe. Une tombe lui est élevée par son épouse Siriyadevî, adepte de Prabhâcandra.

L. Rice, *EC*, II, *Sr.-Bel. ins.*, n° 52, t. et a.
F. Kielhorn, *ISI*, n° 403.

311. — Ç. 1061 (?) = 1139 ap. J.-C. — Sravana-Belgola; dans un temple. — Sk. et C.

Mort de Bâladeva, fils de Nâgadeva et petit-fils du ministre Bâladeva (voir l'inscription précédente). Sa mère Nâgiyakkâ et sa sœur Eciyakkâ lui élèvent une tombe et font une donation en sa mémoire à Prabhâcandra, dont il était l'adepte laïque.

L. Rice, *EC*, II, *Sr.-Bel. ins.*, n° 51, t. et a.
F. Kielhorn, *ISI*, n° 404.

312. — [?] – Badami; dans un temple. — C.

La 2e année du règne de Jagadekamalla II, Câlukya de l'Ouest, ses ministres Mahâdeva et Pâladeva assurent une donation annuelle au temple jaina.

J. F. Fleet, *IA*, VI, p. 139-142, n° 33, f.-s., t. et tr.
J. F. Fleet, *PSCI*, n° 44. — F. Kielhorn, *ISI*, n° 229.

313. — Année Kâlayukta. [1139 ap. J.-C. (L. Rice).] — Vudri; sur pierre. — Sk. et C.

Construction d'un temple et donation à Bhânukîrti, disciple de Municandra, lui-même disciple de Padmanandin, et celui-ci de Râmanandin, du Mûla saṅgha, Kundakunda anvaya, Krâṇûr gaṇa, Tintriṇi gaccha. Dans l'invocation sont cités : Samantabhadra, Pûjyapâda et Akalaṅka.

L. Rice, *EC*, VIII, Sorab tl., n° 233, t. et tr.

314. — [?] – Raibag; dans un temple. – Sk. et C.

La 2e année du règne de Jagadekamalla [II], le ministre Dâsi-marasu fait une donation en faveur du temple jaina.

J. F. Fleet, *JB*, X, p. 183-184 [n° 10], a.

315. — Sans date. [Vers 1140 ap. J.-C. (L. Rice).] – Mont Sivaganga; sur un pilier. – Sk. et C.

Biṭṭideva (Viṣṇuvardhana) fait construire des temples, dont quelques-uns jainas.

L. Rice, *EC*, IX, Nelamangala tl., n° 84, t. et tr.

316. — Sans date. – Mugulur; sur le piédestal d'une statue. – C.

Deux adeptes laïques de Çrîpâla construisent et dotent un temple en l'honneur de Pârçvanâtha.

L. Rice. *EC*, V, Hassan tl., n° 129, t. et tr.

317. — Ç. 1063 = 1142 ap. J.-C. – Anjaneri, près Nasik; sur pierre. – Sk.

Le roi Seuṇadeva, de la dynastie Yâdava, fait une donation en faveur du temple de Candraprabha, et d'autres donations sont accomplies par des marchands. L'inscription fut écrite par Divâkara, fils de Kolaçvara.

Bhagwânlâl Indrajî, *IA*, XII, p. 126-128, f.-s., t. et tr.
J. Burgess and H. Cousens, *Revised Lits ant. rem. Bombay* (*ASI*, XVI), p. 46, a. – F. Kielhorn, *IA*, XXIV, p. 4, n° 14; – Id., *ISI*, n° 332.

318. — Ç. 1064 = 1142 ap. J.-C. – Kasalagere; sur pierre. – Sk. et C.

Construction et dotation d'un temple par Sâmanta-Soma,

feudataire de Viṣṇuvardhana et adepte laïque de Bhânukîrti, du Sûrastha gaṇa.

L. Rice, *EC*, IV, Nagamangala tl., nᵒˢ 94 et 95, t. et tr.

319. — Date effacée. - Bogadi; sur pierre. - Sk. et C. - Mutilée.

Donation à un temple par Viṣṇuvardhana.

On peut lire les noms des maîtres suivants du Draviḷa saṅgha : Samantabhadra, Akalaṅka, Vakragrîva, Kanakasena, Vâdirâja, Çrîvijaya, Ajitapâla, Ajitasena, Kumârasvâmin, Malliṣeṇa-Maladhâri, Çrîpâla.

L. Rice, *EC*, IV, Nagamangala tl., nᵒ 100, t. et tr.

320. — Ç. 1065 = 1143 ap. J.-C. - Kolhapur; sur pierre. - Sk. et C.

· Le Çilâhâra Vijayâditya fait une donation de terrain à Mâṇikya-nandin, disciple de Mâghanandin, du Deçi gaṇa, Pustaka gaccha, en faveur d'un temple de Pârçvanâtha construit par Vâsudeva, un autre disciple de Mâghanandin.

F. Kielhorn, *EI*, III, nᵒ 27, t. et a.
Maj. Graham, *Kolhapoor*, p. 358, f.-s. et a. - B. Gangadhar Shastri, *JB.* II, p. 265-266, a. - F. Kielhorn, *IA*, XXIII, p. 127, nᵒ 86; - Id., *ISI*, nᵒ 321.

321. — Ç. 1065 = 1143 ap. J.-C. - Mattavara; sur pierre. - C.

Épitaphe de Dekkave, épouse de Devendra-paṇḍita.

L. Rice, *EC*, VI, Chik-Magalur tl., nᵒ 162, t. et tr.

322. — Année Dundubhi. [1143 ap. J.-C. (L. Rice).] — Hire-Avali; sur pierre. - Sk. et C.

Épitaphe de Mânikyasena, collègue de Virasena dans le Mûla
saṅgha, Sena gaṇa, Pogari gaccha.

L. Rice, *EC*, VIII, Sorab tl., n° 125, t.

323. — Ç. 1068, 10ᵉ jour de la quinzaine claire d'Âçvina =
1145 ap. J.-C., 27 septembre (Kielhorn). — Sravana-Belgola; dans
un temple. – Sk. et C.

Mort de Prabhâcandra-Siddhântadeva, disciple de Meghacandra-
Traividyadeva et collègue de Viranandin, fils du même Meghacandra, du Mûla saṅgha, Kundakunda anvaya, Deçi gaṇa, Pustaka
gaccha.

La reine Çàntaladevî avait été adepte laïque de ce maître, dont
voici la généalogie spirituelle : Mahâvîra, Gautama, Padmanandin
(Kundakunda), Umâsvâti ou Gṛdhrapiccha, Balâkapiccha; Guṇanandin, dont le principal disciple fut Devendra, qui eut lui-même
pour disciple Kaladhautanandin, dont le fils fut Madanaçaṅkara;
puis Viranandin, Gollâcârya, Traikâlya-yogi, Abhayanandin, Somadeva, et enfin Meghacandra, guru de Prabhâcandra, et qui eut
pour collègue Çubhakîrti, fils de Bâlacandra.

L. Rice, *EC*, II, *Sr.-Bel. ins.*, n° 50, t. et a.
F. Kielhorn, *IA*, XXIII, p. 127, n° 87; – Id., *ISI*, n° 408.

324. — **Année Krodhana.** [1145 ap. J.-C. (L. Rice).] — Yallada-
halli; sur pierre. – Sk. et C.

Devarâja, ministre du Hoysaḷa Narasimha [Iᵉʳ], construit et dote
un temple en l'honneur de Pârçvanâtha. Il était adepte de Municandra, du Deçi gaṇa, Pustaka gaccha, Kundakunda anvaya, dont
la généalogie spirituelle est ainsi rappelée : Vardhamâna, Samantabhadra, Akalaṅka, Gṛdhrapiccha; puis le pontife Sâgaranandin,
dont le disciple fut Arhanandin, qui eut lui-même pour disciple
Narendrakîrti, collègue de Municandra.

L. Rice, *EC*, IV, Nagamangala tl., n° 76, t. et tr.

325. — S. 1203 = 1146 ap. J.-C. — Mahoba; sur le piédestal d'une statue brisée. — Sk.

Dédicace d'une statue.

A. Cunningham, *Reports*, XXI, p. 73, a.

326. — Ç. 1069 = 1147 ap. J.-C. — Humcha; sur un pilier. — Sk. et C.

Le prince Vikrama-Çântara et sa sœur Pampâdevî font des donations en faveur du temple dit *Urvî-tilaka*, fondé en Çaka 999 par Caṭṭaladevî (voir *supra*, nᵒˢ 213 et 214). Ils étaient tous deux adeptes d'Ajitasena, surnommé Vâdîbhasiṃha, du Draviḷa saṅgha, Nandi gaṇa, Aruṅgaḷa anvaya.

La paṭṭâvalî suivante est rappelée : Mahâvîra, Gautama, Kundakunda, Bhadrabâhu, Samantabhadra, Siṃhanandin, Akalaṅka, Kanakasena, surnommé Vâdirâja et guru du roi Râcamalla; Çrivijaya; Dayâpâla, auteur de la *Rûpa-siddhi;* Vâdirâja, Kamalabhadra; enfin Ajitasena, dont les collègues furent Kumârasena et Çreyâmsa. D'autre part : [Malliṣeṇa-] Maladhâri, Çrîpâla, Anantavîrya, et Vâsupûjya à qui furent remises les donations en question.

L. Rice, *EC*, VIII, Nagar tl., nᵒ 37, t. et tr.

327. — **Année Prabhava.** [1147 ap. J.-C. ? (L. Rice).] — Mugulur; sur pierre. — Sk. et C. — Mutilée.

Le roi Hoysaḷa Narasiṃha [Iᵉʳ] fait, en faveur d'un temple, une donation à Vâsupûjya, disciple de Çrîpâla.

De la paṭṭâvalî contenue dans cette inscription, on ne peut lire que quelques noms : Samantabhadra, Kanakasena, Vâdirâja, Dhanapâla (?), [Malliṣeṇa-]Maladhâri, Çrîpâla, Vâsupûjya.

L. Rice, *EC*, V, Hassan tl., nᵒ 130, t. et tr.

328. — **Année Prabhava ou Pârthiva (?).** — Basti; sur un pilier. — C. — **Mutilée.**

Donation à un temple par un certain Somayya.

L. Rice, *EC*, IV, Krisnarajapet tl., n° 36, t. et tr.

329. — S. 1205 = 1148 ap. J.-C. – Khajuraho; sur une statue.
– Sk.

Inscription d'une seule ligne, mentionnant les membres suivants de la famille Grahapati : Pànidhara et ses fils, Trivikrama, Âlhana et Laksmîdhara.

F. Kielhorn, *EI*, I, n° xix, n° 7 (p. 153), t. et a.
F. Kielhorn, *INI*, n° 125.

330. — Sans date. – Khajuraho; sur une statue. – Sk. – Mutilée.
Voir l'inscription précédente.

On lit le nom de Pànidhara, de la famille Grahapati.

F. Kielhorn, *EI*, I, n° xix, n° 6 (p. 152-153), a.

331. — S. 1205 = 1148 ap. J.-C. – Khajuraho; dans un temple.
– Sk.

Dédicace d'une statue (?).

A. Cunningham, *Reports*, XXI, p. 68, o, a.

332. — S. 1207 = 1150 ap. J.-C. – Chitor (Rajputana); sur pierre. – Sk. – Mutilée.

Lors d'une visite à Citrakûta, le Caulukya Kumàrapâla fait des donations en faveur du temple de Çiva.
Cette inscription n'est pas jaina; mais elle fut composée par Ràmakîrti, disciple de Jayakîrti et pontife des Digambaras.

F. Kielhorn, *EI*, II, n° xxxiii (p. 421-424), t. et a.
F. Kielhorn, *INI*, n° 129.

333. — Ç. 1072 = 1150 ap. J.-C. – Kaidala; sur plusieurs pierres. – Sk. et C.

Gûḷibâchi, vassal du Hoysaḷa Narasiṃha [Ier], édifie et dote un temple de Pârçvanâtha, au nom de son épouse Bhîmale.

L. Rice, *EC*, XII, Tumkur tl., n° 9, t. et tr.

334. — Ç. 1073 = 1150 ap. J.-C. – Bamani; sur pierre. – Sk. et C.

Le Çilâhâra Vijayâditya fait, en faveur du temple de Pârçvanâtha, une donation de terrain à Arhanandin, disciple de Mâghanandin, lui-même disciple de Kuḷacandra, du Kundakunda anvaya.

F. Kielhorn. *EI*, III, n° 28, t. et a.
Maj. Graham, *Kolhapoor*, p. 381, a. – F. Kielhorn, *ISI*, n° 323.

335. — Sans date. [Vers le milieu du xiie s. ap. J.-C. (Kielhorn).] – Konnur; sur pierre. – Sk.

Éloge de Meghacandra-Traividyadêva et de son fils Vîranandin. Celui-ci est dit avoir recopié sur pierre la charte sur cuivre par laquelle le roi Amoghavarṣa Ier avait fait une donation de terrain en faveur du temple de Konnûr, en Çaka 782 (voir *supra*, n° 127).

F. Kielhorn, *EI*, VI, n° 4 (iie partie), t. et tr.
F. Kielhorn, *ISI*, n° 74.

336. — S. 1208 = 1152 ap. J.-C. – Londres (Musée Horniman); sur le piédestal d'une statue. – Sk.

Dédicace d'une statue de Neminâtha par des membres de la famille Grahapati de M[aṇ]ḍilapura (Bundelkhand).

F. Kielhorn, *JRAS*, 1898, p. 101-102. f.-s., t. et tr.
F. Kielhorn, *INI*, n° 695.

337. — S. 1211 = 1154 ap. J.-C. – Mahoba; sur le piédestal d'une statue. – Sk.

Dédicace d'une statue de Neminâtha.

A. CUNNINGHAM, *Reports*, XXI, p. 73, t.; pl. XXIII, D, f.-s.

338. — Année Çrîmukha. [1154 ap. J.-C. (L. RICE).] – Holalkere; sur plaque de cuivre. – Sk.

Réparation du temple de Çàntinatha, et donation par Pârçva-sena-bhaṭṭâraka.

L. RICE, *EC*, XI, Holalkere tl., n° 1, t. et tr.

339. — Ç. 1077 = 1155 ap. J.-C. – Heragu; sur pierre. – Sk. et C.

Jakkave, épouse de Câvimayya, ministre et général de Nara-siṃha [Ier], édifie et dote un temple en l'honneur de Pârçvanâtha. Elle était adepte de Nayakìrtì, du Mûla sangha, Deçi gaṇa, Pustaka gaccha, Kundakunda anvaya.

L. RICE, *EC*, V, Hassan tl., n° 57, t. et tr.

340. — S. 1212 = 1155 ap. J.-C. – Khajuraho; sur la base d'une statue. – Sk.

Dédicace d'une statue de Mahâvira.

A. CUNNINGHAM, *Reports*, XXI, p. 68, P, a.

341. — S. 1213 = 1156 ap. J.-C. – Mahoba; sur le piédestal d'une statue. – Sk.

Dédicace d'une statue de Sumatinâtha.

A. CUNNINGHAM, *Reports*, XXI, p. 73, a.

342. — S. 1215 = 1158 ap. J.-C. – Mahoba; sur le piédestal d'une statue. – Sk.

Dédicace d'une autre statue de Sumatinâtha.

V. A. Smith and F. C. Black, *JASB*, XLVIII, p. 288, a.; pl. xv, f.-s.

343. — S. 1215 = 1158 ap. J.-C. – Khajuraho; sur la base d'une statue. – Sk.

Dédicace d'une statue de Çambhavanâtha, par un marchand nommé Sâlhe, fils de Pâhilla, de la famille Grahapati.

F. Kielhorn, *EI*, I, n° xix, n° 8 (p. 153), t. et a.
A. Cunningham, *Reports*, II, p. 435, tr.; XXI, p. 61-62, t. et tr.; pl. xx, D, f.-s. – F. Kielhorn, *INI*, n° 139.

344. — S. 1215 = 1158 ap. J.-C. – Khajuraho; dans un temple. – Sk.

Dédicace d'une statue (?).

A. Cunningham, *Reports*, XXI, p. 68, Q, a; pl. xvi, D, f.-s.

345. — S. 1215 = 1158 ap. J.-C. – Girnar; dans des temples en ruine. – Sk.

Sur l'ordre de Devasena, de vieux temples sont restaurés, et de nouveaux construits.

J. Burgess, *Ant. Kâṭhiâwâḍ and Kachh* (*ASWI*, II), p. 169, tr.

346. — S. 1215 = 1158 ap. J.-C. – Girnar; dans un temple. – Sk.

Dédicace de diverses statues, dont une de la déesse Ambikâ, dans le temple de Neminâtha.

J. Burgess and H. Cousens, *Revised Lists ant. rem. Bombay* (*ASI*, XVI), p. 356, n° 16, t. et tr.
J. Burgess, *Ant. Kâṭhiâwâḍ and Kachh* (*ASWI*, II), p. 167, t. et tr. –
F. Kielhorn, *IA*, XIX, p. 29, n° 32; – Id., *INI*, n° 138.

347. — — Ç. **1080** = 1 1 58 ap. J.-C. — Karugunda; sur pierre. —
Sk. et C.

A la mort de Pârisayya, ministre de Narasiṃha [Ier] et adepte
de Vâsupûjya, son fils édifie et dote un temple. D'autres donations
sont faites à Mallisena-paṇḍita, disciple de Vâsupûjya. Dans le Draviḷa saṅgha, Nandi gaṇa, Aruṅgaḷa anvaya, la généalogie spirituelle
de ce dernier maître est rappelée ainsi qu'il suit : Mahâvîra, Gautama, Bhadrabâhu, Akaḷaṅka, Vakragrîva, Siṃhanandin, Kanakasena-Vâdirâja, Vâdirâja, Ajitasena, Mallisena-Maladhâri, Çrîpâla
le logicien, et Vâsupûjya.

L. Rice, *EC*, V, Arsikere tl., n° 141, t. et tr.

348. — Ç. **1081** = 1 159 ap. J.-C. — Sravana-Belgola; dans un
temple. — Sk. et C.

Huḷḷa, ministre et trésorier de Narasiṃha [Ier], fait construire
le temple dit *Bhaṇḍâra,* en faveur duquel le roi fait une donation.
Huḷḷa était adepte de Maladhârideva.

L. Rice, *EC*, II, *Sr.-Bel. ins.*, n° 138, t. et tr.
F. Kielhorn, *IA*, XXIII, p. 117, n° 23; — Id., *ISI*, n° 409.

349. — Ç. **1081** = 1 159 ap. J.-C. — Herekere; sur pierre. —
Sk. et C.

Donation en faveur d'un temple faite à Bhânukîrti, du Mûla
saṅgha, Krâṇûr gaṇa, Tintriṇi gaccha.

L. Rice, *EC*, VIII. Sagar tl., n° 159, t. et tr.

350. — S. **1217** = 1 160 ap. J.-C. — Palanpur; sur pierre. —
Sk. et Guzerati.

Donation en faveur d'un temple de Mahâvîra.

J. Kirste, *EI*, II, n° v, n° 10 (p. 28), t. et a.

351. — Ç. 1082 = 1160 ap. J.-C. — Kabali; sur pierre. — Sk. et C.

Fondation et dotation d'un temple par le Hoysaḷa Narasiṃha [Ier].
Éloge du Draviḷa saṅgha, Aruṅgaḷa anvaya, en la personne de
Bhûtabali, Puṣpadanta, Samantabhadra, Akalaṅka, Vakragrîva,
Vajranandin, Kanakasena-Vâdirâja, Çrîvijaya, Dayâpâla, Vâdirâja,
Ajitasena et son disciple Mallisena-Maladhâri, Çripâla le logicien,
et Vâsupûjya, fils de Candraprabha.

L. Rice, *EC*, VI, Kadur tl., n° 69, t. et tr.

352. — Sans date. — Panditarahalli; sur pierre. — Sk. et C.

Sous le Hoysaḷa Narasiṃha [Ier]. L'épouse d'un notable, nommée Mâciyakkâ, construit et dote un temple. Elle était adepte
laïque de Gaṇḍavimukta, du Pustaka gaccha, Deçi gaṇa, Kundakunda anvaya.

L. Rice, *EC*, XII, Tumkur tl., n° 38, t. et tr.

353. — Sans date. — Didaguru; sur le piédestal d'une statue. — C.

Construction d'un temple en l'honneur de Supârçvanâtha. Une
donation est faite à Bâlacandra, du Krâṇûr gaṇa, Meṣapâṣâṇ
gaccha.

L. Rice, *EC*, VII, Honnali tl., n° 5, t. et tr.

354. — Sans date. — Sravana-Belgola; sur roc. — C.
Voir *supra*, n° 348.

Le ministre Huḷḷa fait donation d'un village en faveur du sanctuaire de Çravaṇa-Belgola.

L. Rice, *EC*, II, Sr.-Bel. ins., n° 80. t. et tr.
F. Kielhorn, *ISI*, n° 411.

355. — Sans date. – Sravana-Belgola; dans un temple. –
Sk. et C.

Voir *supra*, n° 348.

Énumération des principales œuvres pieuses du ministre Huḷḷa,
adepte de Maladhârideva.

Il reconstruisit, à Baṅkâpura, deux grands temples en ruine. Il
fit des donations de terrain à Kopaṇa. Il restaura le temple de Kellaṅgere (près Kolhâpur?) et fonda cinq autres grands temples dans
la même cité. Enfin il édifia à Çravaṇa-Belgoḷa un magnifique
temple consacré aux vingt-quatre Tîrthakaras (probablement le
Bhaṇḍâra, cf. *supra*, n° 348).

Le roi Narasiṃha [Iᵉʳ] fait une donation en faveur de ce dernier
temple, à la tête duquel il place Nayakîrti, disciple de Guṇacandra,
du Mûla saṅgha, Pustaka gaccha, Kundakunda anvaya. La donation est remise par le ministre Huḷḷa à Bhânukîrti, fils de Nayakîrti.

L. Rice, *EC*, II, *Sr.-Bel. ins.*, n° 137 *a*, t. et a.

F. Kielhorn, *ISI*, n° 410.

356. — Ç. 1083 = 1161 ap. J.-C. – Heggere; sur pierre. – Sk.
et C.

Sous le Hoysaḷa Narasiṃha Iᵉʳ. Le mahâsâmanta Govideva fait
construire un temple à la mémoire de son épouse. Il était adepte
de Candrâyaṇadeva, du Deçi gaṇa, Pustaka gaccha, Kundakunda
anvaya.

Diverses donations sont faites en faveur de ce temple. – Éloge
de Mâṇikyanandin, disciple de Guṇacandra. – L'inscription fut
composée par Devabhadramuni.

L. Rice, *EC*, XII, Chik-Nayakanhalli tl., n° 21, t. et tr.

L. Rice, *Mysore ins. translated*, n° 173, tr.

357. — S. 1218 = 1161 ap. J.-C. – Nadole (Rajputana); sur
plaques de cuivre. – Sk.

Le roi Âlhaṇadeva, de la dynastie Câhamâna, fait une donation de 5 drachmes, qui doit se répéter chaque mois à perpétuité, pour le service du temple de Mahâvîra appartenant au Saṇḍeraka gaccha. Le roi avait pour premier ministre Sukarman, de la tribu des Poravâls.

H. H. Dhruva, *JB*, XIX, p. 26-34, t. et tr.
Col. Tod, *Annals and Antiquities of Rajast'han*, vol. I, p. 804, n° vii, tr. – F. Kielhorn, *EI*, IX, n° 9, a, t. et a.; – Id., *IA*, XIX, p. 30, n° 35; – Id., *INI*, n° 141.

358. — S. 1218 = 1161 ap. J.-C. – Nadole; sur plaques de cuivre. – Sk.

Donation pécuniaire en faveur du temple de Mahâvîra, par Kîrtipâla, fils du roi Âlhaṇadeva.

F. Kielhorn, *EI*, IX, n° 9, b, t. et a.

359. — S. 1220 = 1163 ap. J.-C. – Khajuraho; sur la base d'une statue. – Sk.

Dédicace d'une statue d'Ajitanâtha.

A. Cunningham, *Reports*, XXI, p. 69, r, a.

360. — S. 1220 = 1163 ap. J.-C. – Mahoba; sur le piédestal d'une statue. – Sk.

Dédicace d'une statue d'Ajitanâtha, par Ratnapâla, fils d'un marchand.

A. Cunningham, *Reports*, XXI, p. 74, a.

361. — Sans date. – Mahoba; sur la base d'une statue. – Sk.
Voir l'inscription précédente.

Mention de Ratnapâla, avec son épouse et ses quatre fils.

A. Cunningham, *Reports*, XXI, p. 74, t.

362. — Ç. 1085, 9ᵉ jour de la quinzaine claire d'Âṣâḍha = 1163 ap. J.-C., 12 juin (KIELHORN). – Sravana-Belgola; dans un temple. – Sk. et C.

Mort de Devakîrti-muni.

L. RICE, *EC*, II, *Sr.-Bel. ins.*, nᵒ 39, t. et a.

F. KIELHORN, *IA*, XXIII, p. 117, nᵒ 24; – ID., *ISI*, nᵒ 412.

363. — Sans date. – Sravana-Belgola; dans le même temple que la précédente. – Sk. et C.

Voir l'inscription précédente.

Le ministre Hulla élève à la mémoire de Devakîrti une tombe que consacrent trois disciples de ce maître : Lekhanandin, Mâdhava et Tribhuvanadeva.

Liste de maîtres du Nandi gaṇa, donné comme une subdivision du Deçi gaṇa, dans le Mûla saṅgha :

Mahâvîra, Gautama; Bhadrabâhu le çrutakevalin, et son disciple Candragupta (Guptigupta?); Padmanandin ou Kundakunda; Umâsvâti ou Gṛdhrapiccha; son disciple Balâkapiccha; Samantabhadra; Devanandin ou Pûjyapâda, ou encore Jinendrabuddhi, auteur du *Jainendra-vyâkaraṇa*, de la *Sarvârtha-siddhi* et du *Samâdhiçataka*. – Ensuite Akalaṅka; Gollâcârya, guru de Traikâlyayogin, dont le disciple fut Padmanandin ou Kumâradeva; celui-ci eut pour disciple Kulabhûṣaṇa, dont le collègue était le célèbre logicien Prabhâcandra. – Kulabhûṣaṇa eut pour disciple Kulacandra, et celui-ci Mâghanandin qui fut prêtre à Kolhâpura et étendit la renommée du Kundakunda anvaya. Le disciple de Mâghanandin fut Gaṇḍavimukta, qui compta comme disciples Bhânukîrti et Devakîrti, et comme adepte laïque le ministre Bharata; il eut en outre pour collègue Çrutakîrti, auteur du *Râghava-pâṇḍavîya*, et dont les frères étaient Kanakanandin et Devacandra. Ces derniers eurent pour collègues Mâghanandin, Çubhacandra, disciple de Devakîrti, et Gaṇḍavimukta-Râmacandra.

Enfin les ministres Maṛiyâne et Bharata, ainsi que les chefs Bûcimayya et Korayya, sont donnés comme adeptes laïques d'un Akalaṅka. L'inscription se termine par un éloge du ministre Hulla, qui
rebâtit à Kellaṅgere des temples dépendant de Kolhâpura, où
était prêtre son guru Rûpanârâyaṇa, du Mûla saṅgha, Kundakunda
anvaya, Deçi gaṇa, Pustaka gaccha.

L. Rice, *EC*, II, *Sr.-Bel. ins.*, n° 40, t. et a.
F. Kielhorn, *ISI*, n° 413.

364. — Ç. **1085** = 1163 ap. J.-C., 10ᵉ jour de la quinzaine
claire d'Âṣâḍha. – Heggere; sur pierre. – C.

Mort de Meghacandra, disciple de Mâṇikyanandin, du Deçi
gaṇa, Pustaka gaccha, Kundakunda anvaya.

L. Rice, *EC*, XII, Chik-Nayakanhalli tl., n° 23, t. et tr.

365. — S. **1221** = 1164 ap. J.-C. – Mahoba; sur la base d'une
statue. – Sk. – Mutilée.

Dédicace d'une statue.

A. Cunningham, *Reports*, XXI, p. 74, a; pl. xxiii, c, f.-s.

366. — Ç. **1086** = 1164 ap. J.-C. – Bail-Hongal (d. Belgaum);
sur pierre. – C.

Construction et dotation d'un temple.

J. F. Fleet, *IA*, IV, p. 116, n° 2, a.

367. — **Année Târaṇa.** [1164 ap. J.-C. (L. Rice).] – Angadi;
sur pierre. – C. – Mutilée.

Donation par le Hoysaḷa Narasiṃha [Iᵉʳ].

L. Rice, *EC*, VI, Mudgere tl., n° 15, t. et tr.

368. — S. 1222 = 1165 ap. J.-C. – Girnar; sur un mur. – Sk.

Un adepte laïque, Âmbâka, fils de Râniga, de la tribu des Çrì-
mâlìs, fait installer les empreintes des pieds d'un Tîrthakara.

J. Burgess and H. Cousens, *Revised Lists ant. rem. Bombay (ASI*, XVI),
p. 359, n° 27, t. et tr.

369. — S. 1223 = 1166 ap. J.-C. – Girnar; sur pierre. – Sk.

Inscription analogue à la précédente.

J. Burgess and H. Cousens, *Op. cit.*, p. 369, n° 30, t. et tr.

370. — S. 1223 = 1166 ap. J.-C. – Bawaganj (Malwa); sur
pierre. – Sk.

Éloge de Râmacandra-muni, qui fait construire un temple.

E. Impey, *JASB*, XVIII, p. 950-952, n° 1, t. et tr.

371. — S. 1223 = 1166 ap. J.-C. – Bawaganj; sur pierre. – Sk.

Généalogie spirituelle de Râmacandra-muni : il était disciple de
Lokânanda-muni, descendant lui-même de Devânanda-muni.

E. Impey, *JASB*, XVIII, p. 951-952, n° 2, t. et tr.

372. — Ç. 1089 = 1167 ap. J.-C. – Kambadahalli; dans un
temple. – C.

Réparation et dotation d'un temple par un certain Pârçvadeva.

L. Rice, *EC*, IV, Nagamangala tl., n° 20, t. et tr.

373. — Ç. 1090 = 1168 ap. J.-C. – Bandur; sur pierre. – Sk.
et C.

Des adeptes laïques de Vâsupûjya édifient un temple en l'honneur
de Pârçvanâtha.

Vâsupûjya appartenait au Dravila saṅgha, Nandi gaṇa, Aruṅ-gaḷa anvaya. Ses ancêtres spirituels sont ainsi énumérés : Mahâvîra, Gautama, Bhadrabâhu; Bhûtabali et Puṣpadanta; Ekasandhi-sumati, Samantabhadra, Akalaṅka, Vakragrîva, Vajranandin, Simhanandin, Çrîpâla surnommé Paravâdimalla, Kanakasena-Vâdirâja, Çrîvijaya, Vâdirâja, Ajitasena, Malliṣeṇa-Maladhâri; Çrîpâla le logicien, et son disciple Vâsupûjya, dont deux disciples sont également cités : Puṣpasena et Vṛṣabhapaṇḍita.

L. Rice, *EC*, V, Arsikere tl., n° 1, t. et tr.

374. — S. 1226 = 1170 ap. J.-C. — Bijoli; sur roc. — Sk.

Someçvara, père de Pṛthvîrâja [II], Câhamâna d'Ajmer, fait donation d'un village en faveur du temple de Pârçvanâtha. Quatre Tîrthakaras sont invoqués : Çântinâtha, Neminâtha, Pârçvanâtha et Mahâvîra.

Shyâmal Dâs, *JASB*, LV, p. 27-32, tr.; p. 40-46, t.
A. Führer, *Arch. Survey, North Western Provinces and Oudh, Annual Report 1892-1893*, p. 21, a. – F. Kielhorn, *IA*, XX, p. 133, n° 114; – Id., *INI*, n° 154.

375. — Sans date. [Vers 1170 ap. J.-C. (L. Rice).] – Muda-halli; sur un pilier. – Sk. – Mutilée.

Ajitasena devient âcârya du Dravila saṅgha, Nandi gaṇa, Aruṅ-gaḷa anvaya.

L. Rice, *EC*, III, Nanjangud tl., n° 133, t. et tr.

376. — Sans date. – Hulligere; sur un pilier. – Sk.

Jinacandra interdit les sacrifices [d'êtres vivants].

L. Rice, *EC*, III, Mandya tl., n° 34, t. et tr.

377. — [?] – Tevarateppa; sur pierre. – Sk. et C.

La 4e année du règne du Kalacurya Sovideva. Le fils d'un feudataire de ce prince, Lokagavuṇḍa, fonde un temple et fait une donation à Bhânukîrti, disciple de Municandra, du Mûla saṅgha, Kundakunda anvaya, Krâṇûr gaṇa, Tintriṇi gaccha.

L. Rice, *EC*, VIII, Sorab tl., n° 345, t. et tr.

378. — Ç. 1094 = 1172 ap. J.-C. – Angadi; sur pierre. – Sk. et C. – Mutilée.

Donation à un temple (?).

L. Rice, *EC*, VI, Mudgere tl., n° 12, t. et tr.

379. — Ç. 1095 = 1173 ap. J.-C. – Markuli; sur pierre. – Sk. et C. – Mutilée.

Bûcimayya, ministre du Hoysaḷa Vîra-Ballâḷa [II], fonde un temple en faveur duquel il fait donation d'un village à Vâsupûjya, disciple de Çrîpâla, du Draviḷa saṅgha, Nandi gaṇa, Aruṅgaḷa anvaya.

L. Rice, *EC*, V, Hassan tl., n° 119, t. et tr.

380. — Année Udgâri(?). – Mugulur; sur pierre. – Sk. et C. – Mutilée.

Voir l'inscription précédente.

Mention de Vâsupûjya, disciple de Çrîpâla, et de Pârçvadeva, disciple de Vajranandin, dans le Draviḷa saṅgha, Nandi gaṇa, Aruṅgaḷa anvaya.

L. Rice, *EC*, V, Hassan tl., n° 128, t.

381. — Ç. 1095 = 1173 ap. J.-C. – Bekka; sur pierre. – Sk. et C.

Le Hoysaḷa Vîra-Ballâḷa [II] fait donation d'un village en faveur du temple de Pârçvanâtha. Il remet cette donation à Bhânukîrti, disciple de Nayakîrti, descendant spirituel de Guṇabhadra, du Mûla saṅgha, Deçi gaṇa, Pustaka gaccha, Kundakunda anvaya.

L. Rice, *EC*, V, Channarayapatna tl., n° 146, t. et tr.

382. — S. 1231 = 1174 ap. J.-C. – Dohad; sur la base d'une statue. – Sk. – Mutilée.

Consécration d'une statue de Neminâtha par Ânandasûri. Mention de Harṣasûri.

H. H. Dhruva, *IA*, X, p. 158, t.

383. — Sans date. [1174 ap. J.-C. ? (L. Rice).] – Karadalu; sur un pilier. – C.

Mort de Hariyale, une adepte laïque.

L. Rice, *EC*, XII, Tiptur tl., n° 93, t. et tr.

384. — Année Jaya. [1174 ap. J.-C. ? (L. Rice).] – Karadalu; sur le même pilier que la précédente. – C.

Mort de Hariharadevî, une adepte de Candrâyaṇadeva, du Kundakunda anvaya.

L. Rice, *EC*, XII, Tiptur tl., n° 94, t. et tr.

385. — Année Jaya. [1174 ap. J.-C. ? (L. Rice).] – Heragu; sur pierre. – Sk. et C.

Vîra-Ballâḷa [II] fait une donation de terrain en faveur du temple de Pârçvanâtha construit par Jakkave, épouse du ministre Câvimayya (cf. n° 339).

L. Rice, *EC*, V, Hassan tl., n° 58, t. et tr.

386. — S. 1232 = 1175 ap. J.-C. – Bijoli; sur roc. – Sk.

Cette inscription est une kathâ en vers, intitulée *Uttama-çikhara-*

purâṇa. Ce poème fut composé par Siddhasûri; il comprend
5 chants et 294 stances.

F. Kielhorn, *JRAS*, 1906, p. 700-701.
Col. Tod, *Annals and Antiquities of Rajast'han*, vol. II, p. 744. – A. Cunningham, *Reports*, VI, p. 240. – A. Führer, *Arch. Survey, North Western Provinces and Oudh, Annual Report 1892-1893*, p. 21. – *Arch. Survey Western
India, Progress Report 1904-1905*, p. 152.

387. — **Année Manmatha.** [1175 ap. J.-C. (L. Rice).] – Kyatanahalli; sur pierre. – C.

Sous le Hoysaḷa Vîra-Ballâḷa [II]. Donation de terrain en faveur
d'un temple.

L. Rice, *EC*, III, Seringapatam tl., n° 146, t. et tr.

388. — **Ç. 1099, 14ᵉ jour de la quinzaine claire de Vaiçâka** =
1176 ap. J.-C., 24 avril (Kielhorn). – Sravana-Belgola; dans un
temple. – Sk. et C.

Mort de Nayakîrtideva, disciple de Guṇacandra et guru du ministre Huḷḷa. Une tombe lui est élevée par un autre de ses adeptes
laïques, le ministre Nâgadeva.

L'inscription contient la paṭṭâvalî suivante du Nandi gaṇa :
Mahâvîra, Gautama; Padmanandin ou Kundakunda; Umâsvâti ou
Gṛdhrapiccha; son disciple Balâkapiccha; son disciple Guṇanandin,
poète, grammairien et logicien. Guṇanandin eut 300 disciples,
dont 72 principaux, parmi lesquels le plus éminent fut Devendra.
Devendra eut pour disciple Kaladhautanandin, qui fut le guru de
l'astronome Sampûrṇacandra. Le disciple de celui-ci fut Dâmanandin, dont le fils aîné Çrîdharadeva fut aussi son principal disciple,
en même temps que Maladhârideva. Le disciple de Çrîdharadeva
fut Mâghanandin, et le disciple de ce dernier, Guṇacandra. Guṇacandra eut pour collègues Maghacandra, Candrakîrti et Udayacandra, et pour disciple Nayakîrti, qui est dit ici avoir appartenu

au Kundakunda anvaya, Deçi gaṇa et Pustaka gaccha. Nayakîrti
avait pour collègue Mâṇikyanandin, fils de Guṇacandra. Il laissa
en outre un disciple, Meghacandra, dont les collègues furent Maladhâri, Çrîdharadeva, Dâmanandin, Bhânukîrti et Bâlacandra.
Sont en outre mentionnés : Meghacandra, Mâghanandin et Prabhâcandra. Ce dernier eut pour collègues Padmanandin et Nemicandra.

L. Rice, *EC*, II, *Sr.-Bel. ins.*, n° 42, f.-s., t. et a.
F. Kielhorn, *IA*, XXIII, p. 128, n° 89; – Id., *ISI*, n° 414.

389. — Ç. 1099 = 1177 ap. J.-C. – Elevala; sur pierre. – C. –
Mutilée.

Construction d'un temple en l'honneur de Çântinâtha, par un
adepte de Bhânukîrti, disciple de Municandra, du Mûla saṅgha,
Kundakunda anvaya, Krâṇûr gaṇa, Tintriṇi gaccha.

L. Rice, *EC*, VIII, Sorab tl., n° 384, t. et tr.

390. — **Année Durmukhi.** [1177 ap. J.-C. (L. Rice).] – Heragu;
sur pierre. – Sk. et C.

Remise de taxes en faveur du temple de Pârçvanâtha.

L. Rice, *EC*, V, Hassan tl., n° 59, t. et tr.

391. — **S. 1234** = 1177 ap. J.-C. – Ajmer; sur le piédestal
d'une statue. – Pk.

Dédicace d'une statue de Pârçvanâtha.

J. Prinsep, *JASB*, VII, p. 52, n° 3, t.

392. — **S. 1234** = 1177 ap. J.-C. – Khajuraho; sur le piédestal
d'une statue. – Sk.

Dédicace d'une statue.

A. Cunningham, *Reports*, XXI, p. 69, s, a.

393. — **Année Hebaṇandi** (*sic*). [1177 ap. J.-C. ? (L. Rice).] – Sravana-Belgola; sur roc. — Sk. et C.

Pèlerinage à la statue colossale de Gomaṭeçvara.

Dans le Kundakunda anvaya, Deçi gaṇa, Pustaka gaccha, sont cités :

Moines : Bhânucandra, Somacandra, Caturmukha-bhaṭṭâraka, Siṃhanandin, Çântibhaṭṭâraka, Kanakacandra-Maladhâri et Nemicandra-Maladhâri.

Nonnes : Gauraçrî, Somaçrî, Devaçrî et Kanakaçrî.

L. Rice, *EC*, II, *Sr.-Bel. ins.*, n° 113, t. et tr.

394. — Ç. 1100 = 1178 ap. J.-C. — Hatna; sur pierre. – Sk. et C.

Soviseṭṭi, feudataire de Vîra-Ballâḷa [II], fonde et dote un temple en l'honneur de Pârçvanâtha.

Sont cités dans le Deçi gaṇa, Pustaka gaccha, Kundakunda anvaya : Guṇacandra; son fils Nayakîrti; le disciple de celui-ci, Dâmanandin, dont le frère était Bâlacandra.

L. Rice, *EC*, IV, Nagamangala tl., n° 70, t. et tr.

395. — Sans date. – Sravana-Belgola; sur roc. – C.

Donations diverses en faveur du culte de Gomaṭa, par Nâgadeva, fils du ministre Bammadeva et adepte laïque de Nayakîrti, du Kundakunda anvaya. Sont cités comme disciples de Nayakîrti : Bhânukîrti, Prabhâcandra, Nemicandra et Bâlacandra.

L. Rice, *EC*, II, *Sr.-Bel. ins.*, n° 122, t. et a.

396. — Sans date. – Sravana-Belgola; dans un temple. – C.

Panégyrique de Gomaṭa ou Bâhubali, par le poète Boppa, surnommé Sujanottaṃsa, et sous la direction de Bâlacandra, disciple de Nayakîrti. Il est rappelé que la statue colossale de Gomaṭa fut élevée par le ministre Câmuṇḍarâja.

L. Rice, *EC*, II, *Sr.-Bel. ins.*, n° 85, t. et tr.
F. Kielhorn, *ISI*, n° 137.

400. — Sans date. – Sravana-Belgola; sur un pilier.   C.

Un chef du nom de Kaṇṇa élève une statue de Yakṣa.

L. Rice, *EC*, II, *Sr.-Bel. ins.*, n° 110, t. et tr.

398. — Sans date. – Sravana-Belgola; dans un temple. – C.

Des joailliers de Çravaṇa-Belgoḷa font des donations en faveur de Gomaṭa et de Pârçvanâtha.

L. Rice, *EC*, II, *Sr.-Bel. ins.*, n° 91, t. et tr.

399. — Sans date. – Sravana-Belgola; sur le piédestal d'une siatue. – C.

Bammaseṭṭi fait élever une statue de Yakṣiṇî. Il était adepte de Bâlacandra, disciple de Nayakîrti.

L. Rice, *EC*, II, *Sr.-Bel. ins.*, n° 104, t. et tr.

400. — Sans date. – Sravana-Belgola; dans un temple. – C.

Des marchands font des donations de terrain en faveur du culte de Gomaṭa.

L. Rice, *EC*, II, *Sr.-Bel. ins.*, n° 92, t. et a.

401. — Ç. 1103 = 1181 ap. J.-C. – Maleyur; sur pierre. – Sk. et C.

Éloge d'Acyuta-Vîrendra-Çikyapa, un adepte laïque, dont l'é- pouse, Cikkaṭayî, avait fait une donation en faveur d'un temple.

L. Rice, *EC*, IV, Chamarajnagar tl., n° 158, t. et tr.

402. — Ç. 1104 = 1181 ap. J.-C. – Terdal; sur pierre, dans un temple. – C.

Des membres de la secte Vîrabaṇañju (consacrée spécialement au culte de Padmâvatî) font une donation en faveur du temple de Neminâtha fondé en Çaka 1045 (= 1123 ap. J.-C.) par le feudataire Goṅka (cf. n° 280). Ils remettent cette donation à Prabhâcandra, le prêtre du temple.

K. B. Pâṭhak, *IA*, XIV, p. 14-26 (lignes 56-68), t. et tr.
F. Kielhorn, *IA*, XXIII, p. 129, n° 100; – Id., *ISI*, n° 256.

403. — Ç. 1104 = 1181 ap. J.-C. – Sravana-Belgola; dans un temple. – Sk. et C.

Le roi Vîra-Ballâḷa [II] fait une donation au temple de Pârçvanâtha construit par Âciyakkâ ou Âcaladevî, épouse de son ministre Candramauli (lequel était un Brâhmane).
Âcaladevî était adepte de Bâlacandra, fils de Candrasiddhânta et disciple de Nayakîrti, en même temps que Bhânukîrti, Prabhâcandra, Mâghanandin, Padmanandin et Nemicandra, dans le Mûla saṅgha, Deçi gaṇa, Pustaka gaccha, Kundakunda anvaya.

L. Rice, *EC*, II, *Sr.-Bel. ins.*, n° 124, t. et tr.
F. Kielhorn, *IA*, XXIV, p. 1, n° 123; – Id., *ISI*, n° 416.

404. — Sans date. – Sravana-Belgola; dans un temple. – C.
Voir l'inscription précédente.

Autre donation par Vîra-Ballâḷa [II], à la requête d'Âcaladevî.

L. Rice, *EC*, II, *Sr.-Bel. ins.*, n° 107, t. et tr.
F. Kielhorn, *ISI*, n° 417.

405. — Sans date. – Sravana-Belgola; dans un temple. – Sk. et C.

Vîra-Ballâla [II], à la requête du ministre Hulla, confirme des donations faites aux Jainas, et particulièrement en faveur du culte de Gomaṭa, par ses ancêtres Viṣṇuvardhana et Narasiṃha Ier.

Le ministre Hulla avait été adepte laïque de Nayakîrti, fils de Guṇacandra, et dont l'éloge est rappelé.

Enfin les œuvres pieuses du célèbre ministre Gangarâja sont célébrées.

L. Rice, *EC*, II, *Sr.-Bel. ins.*, n° 90, t. et tr.
F. Kielhorn, *ISI*, n° 415.

406. — Sans date. – Sravana-Belgola; sur pierre. – C. – Mutilée.

Mention de Guṇacandra, de son disciple Nayakîrti qui eut lui-même pour disciples Dâmanandin, Bhânukîrti et Bâlacandra.

L. Rice, *EC*, II, *Sr.-Bel. ins.*, n° 70, t. et tr.

407. — Sans date. – Sravana-Belgola; sur pierre. – C. – Mutilée.

Mention de Bâlacandra.

L. Rice, *EC*, II, *Sr.-Bel. ins.*, n° 69, t. et tr.

408. — Ç. [1]104 = 1182 ap. J.-C. – Chikka-Magadi; sur pierre. – Sk. et C.

Donation en faveur du temple de Çàntinâtha par Recarasa, ministre du Kalacurya Âhavamalladeva. Cette donation est remise à Bhânukîrti, du Krâṇûr gaṇa, Tintriṇi gaccha, dont la généalogie spirituelle est ainsi rappelée : Râmanandin; son disciple Padmanandin; son disciple Municandra, commentateur et grammairien; son disciple Bhânukîrti, qui eut lui-même pour disciple Nayakîrti.

L. Rice, *EC*, VII, Shikarpur tl., n° 197, t. et tr.

409. — Ç. 1104 = 1182 ap. J.-C. — Bommanahalli; sur pierre. — Sk. et C.

Vîra-Ballâla [II] fait donation d'un village en faveur du temple de Pârçvanâtha fondé a Çravana-Belgola par Âcaladevî, épouse de son ministre Candramauli (cf. n° 403). Le bénéficiaire de cette donation est Bâlacandra, disciple de Nayakîrti, lequel était le fils et le disciple de Gunacandra, dans le Mûla sangha, Deçi gana, Pustaka gaccha, Kundakunda anvaya.

L. Rice, *EC*, V, Channarayapatna tl., n° 150, t. et tr.

410. — Ç. 1105 = 1183 ap. J.-C., 10° jour de la quinzaine claire de Bhâdrapada. — Basavanapur; sur pierre. — Sk. et C. — Mutilée.

Mort par inanition du maître Candraprabha, du Dravila sangha, Nandi gana, Arungala anvaya.

Après un éloge de Mahâvîra et du ganadhara Gautama, la pattâvalî de la secte est donnée de la façon suivante :

1. Samantabhadra, qui défit ses contradicteurs à Vâranâsî; 2. Kumârasena; 3. Cintâmani, auteur d'un poème canara du même nom; 4. Cûlâmani, auteur d'un autre poème canara, intitulé de même *Cûlâmani*; 5. Maheçvara, qui fut victorieux dans sept discussions; 6. Çântideva; 7. Akalanka; 8. Puṣpasena; 9. Vimalacandra; 10. Indranandin, auteur du *Pratiṣthâ-kalpa* et du *Jvâlini-kalpa*; 11. Paravâdimalla.

Une lacune interrompt ici la série historique. Ensuite on lit encore quelques noms : Ajitasena; Vâsupûjya, disciple de Traividya-vidyâpati; et enfin Candraprabha, qui était le disciple de Samaya-divâkara, et qui eut lui-même pour disciple Ajitasenadeva.

L. Rice, *EC*, III, Tirumakudlu-Narasipur tl., n° 105, t. et tr.

411. — Ç. 1105 = 1183 ap. J.-C. — Alesandra; sur pierre. — Sk. et C.

Bharatimayya et Bâhubali, ministres de Vîra-Ballâḷa [II]. ayant fait construire un temple, le roi gratifie ce temple d'une donation qu'il remet à Devacandra. disciple de Devakîrti, lui-même disciple de Gaṇḍavimukta, dont le guru Mâghanandin avait été prêtre de Kolhâpura et faisait partie du Deçi gaṇa. Kundakunda anvaya. Iṅgaleçvara bali.

L. Rice, *EC*, IV, Nagamangala tl., n° 32, t. et tr.

412. — **Année Krodhana.** [1184 ap. J.-C. (L. Rice).] — Chik-Magalur; sur pierre. – C.

Sous Vîra-Ballâḷa [II]. Épitaphe d'un adepte laïque du nom de Bammayya.

L. Rice, *EC*, VI, Chik-Magalur tl., n° 5, t. et tr.

413. — **S. 1243 = 1186 ap. J.-C.** – Ajmer; sur une statue. – Pk.

Dédicace d'une statue de Vâsupûjya.

J. Prinsep, *JASB*, VII, p. 52, n° 2, t.

414. — **Ç. 1109 = 1187 ap. J.-C.** – Terdal; sur pierre, dans un temple. – C.

Bhâyideva, gouverneur de district, fait une donation en faveur du temple de Neminâtha construit par Goṅka (cf. n° 280).

K. B. Pâṭhak, *IA*, XIV, p. 14-26 (lignes 68 à 85). t. et tr.
F. Kielhorn, *IA*, XXIV, p. 15, n° 190; – Id., *ISI*, n° 258.

415. — **S. 1245 = 1188 ap. J.-C.** – Mont Abu; dans le temple d'Âdinâtha. – Sk.

Dédicace d'une statue de Çântinâtha par un membre de la tribu des Poravâls.

H. H. Wilson, *Asiat. Res.*, XVI. p. 312. n° XXII. a.

416. --- S. 1245 = 1188 ap. J.-C. -- Mont Abu; dans le temple d'Âdinâtha. -- Sk.

Dédicace d'une statue d'Aranâtha par le même Poravâl et sa famille.

H. H. Wilson, *Asiat. Res.*, XVI, p. 312, n° xxii, a.

417. — S. 1246 = 1189 ap. J.-C. — Ajmer; sur une statue. — Pk.

Dédicace d'une statue de Mallinâtha.

J. Prinsep, *JASB*, VII, p. 52, n° 1, t.; pl. ii, f.-s.

418. — S. 1246 = 1189 ap. J.-C. — Ajmer; sur une statue. — Pk.

Consécration d'une statue par Somadeva, disciple de Mâṇikyadeva.

J. Prinsep, *JASB*, VII, p. 52, n° 5, t.

419. — Date effacée. - Talgund; sur pierre. – C. – Mutilée.

Tablette mémoriale.

L. Rice, *Mysore ins. translated*, n° 101.
J. F. Fleet, *PSCI*, n° 213. – F. Kielhorn, *ISI*, n° 1045.

420. — [?] – Balagamve; sur pierre. – Sk. et C.

La **16° année** de Vîra-Ballâḷa [II]. Suicide de Padmave, épouse de Mâḷiseṭṭi.

L. Rice, *EC*, VII, Shikarpur tl., n° 148, t. et tr.

421. — S. 1247 = 1190 ap. J.-C. – Ajmer; sur une statue. – Pk.

Dédicace d'une statue de Pârçvanâtha.

J. Prinsep, *JASB*, VII, p. 52, n° 4, t.

422. — Date effacée. – Chikka-Magadi; sur pierre. - C. – Mutilée.

Épitaphe de deux adeptes laïques.

L. Rice, *EC*, VII, Shikarpur tl., n° 201, t. et tr.

423. — Sans date. - Chikka-Magadi; sur pierre. - C. - Mutilée.

Épitaphe de Çântiyakkâ, une adepte de Nayakîrti.

L. Rice, *EC*, VII, Shikarpur tl., n° 200. t. et tr.

424. — [?] – Chikka-Magadi; sur pierre. – C.

La 21° année de Vîra-Ballâla [II]. Épitaphe d'un adepte de Sakalacandra.

L. Rice, *EC*, VII, Shikarpur tl., n° 202, t. et tr.

425. — Ç. 1118 – 1196 ap. J.-C. – Gundlupet; sur pierre. – Sk. et C.

Un chef nommé Biṭṭigavuṇḍa édifie et dote un temple en faveur de l'Aruṅgaḷa anvaya, Nandi gaṇa, Draviḷa saṅgha.

L. Rice, *EC*, IV, Gundlupet tl., n° 27, t. et tr.

426. — **Année Nala.** [Ç. 1118 = 1196 ap. J.-C. (Kielhorn).] – Halebid; sur pierre. – C.

Des donations en faveur du temple de Çântinâtha sont faites par des marchands à Râmacandra, disciple de Bâlacandra, du Mûla saṅgha, Deçi gaṇa, Vakra gaccha.

L. Rice, *EC*, V, Belur tl., n° 129, t. et tr.
L. Rice, *Mysore ins. translated*, n° 118, tr. – J. F. Fleet, *PSCI*, n° 233. – F. Kielhorn, *ISI*, n° 426.

427. — [?] – Chikka-Magadi; sur un pilier. – Sk. et C.

La 23ᵉ année de Vîra-Ballâḷa [II]. Suicide de Jakkave, une adepte laïque d'Anantakîrti.

L. Rice, *EC*, VII, Shikarpur tl., n° 196, t. et tr.

428. — Ç. 1118 = 1196 ap. J.-C. – Sravana-Belgola; dans un temple. – Sk. et C.

Nâgadeva, fils du ministre Bammadeva, achève le temple construit par Âcaladevî (cf. n° 403) et en édifie un autre. Il élève en outre un monument à la mémoire de son guru, Nayakîrti, du Mûla sangha, Deçi gaṇa, Pustaka gaccha, Kundakunda anvaya, qui avait été grand prêtre à Çravaṇa-Belgoḷa, et dont les disciples furent Dâmanandin, Bhânukîrti, Bâlacandra, Prabhâcandra, Mâghanandin, Mantravâdi et Nemicandra.

L. Rice, *EC*, II, *Sr.-Bel. ins.*, n° 130, t. et tr.
F. Kielhorn, *ISI*, n° 423.

429. — Sans date. – Sravana-Belgola; sur roc. – C.

Un riche marchand du village de Mosaḷe, nommé Basavaseṭṭi, et dont le guru avait été Nayakîrti, fait élever en compagnie de ses fils un sanctuaire en l'honneur des vingt-quatre Jinas.

L. Rice, *EC*, II, *Sr.-Bel. ins.*, n° 78, t. et tr.

430. — Sans date. – Sravana-Belgola; sur pierre. – C.

Donation collective par les habitants du village de Mosaḷe, en faveur du sanctuaire des vingt-quatre Jinas construit par leur compatriote Basavaseṭṭi.

L. Rice, *EC*, II. *Sr.-Bel. ins.*, n° 86 et 87, t. et a.

431. — Ç. 1119 = 1197 ap. J.-C. – Udri; sur pierre. – Sk. et C.

Mahâdeva, ministre du Ganga Ekkala [II], fonde un temple en

l'honneur de Çàntinàtha et le dote en compagnie du roi et de divers particuliers. Il était adepte de Sakalacandra, disciple de Kulabhûṣaṇa, disciple de Municandra, disciple de Ràmanandin, disciple de Padmanandin, du Mùla saṅgha, Krâṇùr gaṇa, Tintriṇi gaccha.

L. Rice, *EC*, VIII. Sorab tl.. n° 140. t. et tr.

432. — Sans date. – Yidaguru; sur pierre. – C. – Mutilée.

Épitaphe de Gummaseṭṭi, adepte laïque de Kumudacandra, disciple de Ratnasiddhântadeva.

L. Rice, *EC*, XII, Gubbi tl., n° 36, t. et tr.

433. — Sans date. – Bandalike; sur pierre. – Sk. et C. – Mutilée.

Mort de Somaladevi, une adepte de Çubhacandra.

L. Rice, *EC*, VII, Shikarpur tl., n° 232, t. et tr.

434. — Sans date. – Tirumalai; près d'une grotte, sur un mur. – Sk. et Tamoul.

Des statues de Yakṣa et de Yakṣiṇî avaient jadis été élevées par Eḷiṇi, un roi de Cera (Malabar). Un descendant d'Eḷiṇi, Vyâmuktaçravaṇojjvala ou Viḍugâḍaḷagiya-Perumâl, fils de Râjarâja, les fait restaurer.

E. Hultzsch, *EI*, VI, n° 34, a, t. et tr.
E. Hultzsch, *South-Indian ins.*, vol. I. n°s 75 et 76 (p. 106-107). t. et tr. – F. Kielhorn. *ISI*, n° 834.

435. — Sans date. [Vers 1200 ap. J.-C. (Fleet).] – Ablur; sur pierre. – Sk. et C.

Cette inscription rappelle la controverse soutenue à Ablur contre les Jainas par Ekântada-Râmayya, le fondateur de la secte çivaïte des Lingâyats.

J. F. Fleet, *EI*, V, n° 25, ᴇ, f.-s., t. et tr.

436. — Sans date. – Ablur; sur pierre. – C.

Voir l'inscription précédente.

Ekântada-Râmayya détruit le temple jaina et fait élever un linga.

J. F. Fleet, *EI*, V, n° 25, ꜰ, t. et tr.

437. — Sans date. – Kumbenahalli; sur pierre. – Sk. et C.

Un ministre de Vîra-Ballâla [II], Kammaṭa-Mâcayya, fait une donation en faveur d'un temple construit par Vâdirâja, disciple de Çrîpâla le logicien, lui-même disciple de Malliṣeṇa-Maladhâri.

L. Rice, *EC*, V, Channarayapatna tl., n° 151, t. et tr.

438. — Sans date. – Bandalike; sur un pilier. – Sk. et C.

Cârukîrti, disciple d'Abhayacandra, fait restaurer un temple.

L. Rice, *EC*, VII, Shikarpur tl., n° 227, t. et tr.

439. — Sans date. – Nitturu; sur pierre. – C.

Voir ci-dessous, n° 466 (?).

Épitaphe de Mâlavve, mère de Mallisetti, et, d'autre part, de Cauḍiyakkâ, belle-fille de Mâlavve et descendante de Mâliyakkâ qui avait été une adepte laïque de Bâlacandra, disciple d'Abhayacandra, du Mûla saṅgha, Deçi gaṇa, Pustaka gaccha, Kundakunda anvaya.

L. Rice, *EC*, XII, Gubbi tl., n° 5, t. et tr.

440. — Sans date. – Nitturu; sur la même pierre que la précédente. – C.

Épitaphe de Bûchave, épouse de Râmiseṭṭi, lequel était fils de Mâḷavve.

L. Rice, *EC*, XII, Gubbi tl., n° 6, t. et tr.

441. — Sans date. – Nitturu; sur la même pierre que les deux précédentes. – C.

Épitaphe de Malliseṭṭi, père de Mâḷavve.

L. Rice, *EC*, XII, Gubbi tl., n° 7, t. et tr.

442. — **Année Khara.** [xii° ou xiii° s. ap. J.-C. (Fleet).] – Kadakol; sur pierre. – C.

Épitaphe du fils d'un marchand.

J. F. Fleet, *IA*, XII, p. 101, n° 3, t. et tr.

443. — **Année Vyaya.** [xii° ou xiii° s. ap. J.-C. (Fleet).] – Siggamve (d. Dharwar); sur pierre. – C.

Épitaphe d'un marchand, adepte laïque de Bâlacandra, du Deçi gaṇa.

J. F. Fleet, *IA*, XII, p. 102, n° 5, t. et tr.

444. — Sans date. [xii° ou xiii° s. ap. J.-C. (Fleet).] – Aihole; sur pierre. – C.

Épitaphe de Râmiseṭṭi, un marchand, adepte de Kumudandu (Kumudacandra ?), du Balâtkâra gaṇa.

J. F. Fleet, *IA*, XII, p. 99, t. et tr.
Bhau Dâjî, *JB*, IX, p. 315, n° 4, a. – J. Burgess, *Operations in Belgâm and Kaladgi districts* (*ASWI*, I), p. 40, a; – Id., *Antiquities in Bidar and Aurangabad districts* (*ASWI*, III), p. 128, t. et tr. de J. F. Fleet. – J. F. Fleet, *IA*, VIII, p. 245-246, n° 56, t. et tr.; – Id., *PSCI*, n° 74.

445. — Sans date. – Girnar; dans une chapelle. – Sk. – Mutilée.

Un descendant de Padmasiṃha, frère de Kumârasiṃha, lequel
avait été officier du Caulukya Kumârapâla, fait construire un temple
de Neminâtha, que consacre ...danasûri, successeur de Jayâ-
nandasûri. L'inscription fut composée par Jayasiṃhasûri, disciple
de Dhaneçvara, de la Pippalîya çâkhâ, du Bṛhad gaṇa.

J. Burgess and H. Cousens, *Revised Lists ant. rem. Bombay* (*ASI*, XVI), p. 351-
352, n° 8, t. et tr.

446. — Ç. 1124 = 1201 ap. J.-C. – Raibag; dans un temple.
– Sk.

Le Raṭṭa Kârtavîrya IV et son frère Mallikârjuna font, en faveur
du temple jaina, des donations qu'ils remettent à Çubhacandra.

J. F. Fleet, *JB*, X, p. 183, n° 9, a.
Maj. Graham, *Kolhapoor*, p. 415, n° 94. – F. Kielhorn, *ISI*, n° 264.

447. — S. 1259 = 1202 ap. J.-C. – Roho; sur un pilier. – Sk.
et Guzerati.

Inscription mutilée. La date seule est lisible.

J. Kirste, *EI*, II, n° v, n° 12 (p. 28-29), t. et tr.

448. — Ç. 1125 = 1203 ap. J.-C. – Bandalike; sur pierre. –
Sk. et C.

Kammaṭa, ministre de Vîra-Ballâḷa [II] fait une donation en faveur du temple de Çântinâtha. Ce temple était dirigé par Çubhacandra, du Krâṇûr gaṇa, fils de Lalitakîrti, ce dernier ayant été
disciple de Municandra.

L. Rice, *EC*, VII, Shikarpur tl., n° 225, t. et tr.

449. — Ç. 1127 = 1204 ap. J.-C. — Kalholi; dans un temple.
— C.

Le Raṭṭa Kàrtavîrya IV et son frère Mallikàrjuna font une donation en faveur du temple de Çàntinàtha. Le donataire est Çubhacandra, pontife de la section de Panasoge du Kundakunda anvaya. et dont la généalogie spirituelle est ainsi donnée : Maladhàrideva, son disciple Nemicandra, guru de Çubhacandra, qui eut lui-même pour disciple Lalitakîrti.

J. F. Fleet, *JB*, X, p. 173-175, a.; p. 220-228, t.; p. 229-239. tr. (ins. n° 5).
J. F. Fleet, *PSCI*, n° 95. — F. Kielhorn, *IA*, XXIII, p. 128, n° 90; – Id., *ISI*, n° 265.

450. — **Année Raktâkṣa.** [1204 ap. J.-C. (L. Rice).] – Purale; sur la base d'un liṅga. – C. – Mutilée.

Donation à l'àcàrya Nemicandra par Vîra-Ballàḷa [II].

L. Rice, *EC*, VII, Shimoga tl., n° 65, t. et tr.

451. — Sans date. – Gogga; dans un temple. – C.
Voir ci-dessous, n° 456.

Ecaṇa (ministre du roi Sinda Mallidevarasa) fait construire un temple.

L. Rice, *EC*, VII, Shikarpur tl., n° 317, t. et tr.

452. — Ç. 1127 = 1205 ap. J.-C. – Vakkalagere; sur pierre. – Sk. et C.

Amitaya, ministre de Vîra-Ballàḷa [II], fait une donation en faveur du temple de Çàntinàtha. Il était adepte de Nayakîrti, disciple de Jinacandra, lequel était le fils de Prabhàcandra, disciple de Meghacandra.

L. Rice, *EC*, VI, Kadur tl., n° 36, t. et tr.

453. — Ç. 1127 = 1205 ap. J.-C. – Balagamve; sur pierre. – C.

Donation au prêtre Candradeva, en faveur du temple de Çântinâtha.

W. H. Wathen. *JRAS*, 1835, p. 387-388. n° 7, a.; 1839, p. 174-176,
n° 6 (*sic*). tr.

454. — Ç. 1127 = 1205 ap. J.-C. – Belgaum; dans un temple.
– C.

Donation à Çubhacandra, en faveur du temple jaina, par le
Ratta Kârtavîrya IV et son frère Mallikârjuna.

J. F. Fleet, *JB*, X, p. 184-185, n°ˢ 11 et 12, a.

455. — Date effacée. – Gogga; sur pierre. – C. – Mutilée.

Voir l'inscription suivante.

Donation par Sovaladevî, épouse du ministre Ecana.

L. Rice, *EC*, VII, Shikarpur tl., n° 321, t. et tr.

456. — Ç. 1130 = 1208 ap. J.-C. — Gogga; sur pierre. – C. –
Mutilée.

Construction et dotation d'un temple en l'honneur de Çântinâtha,
par le ministre Ecana et son épouse Sovaladevî. Une liste de maîtres
jainas était donnée, mais on ne lit guère que le nom de Candraprabha.

L. Rice, *EC*, VII, Shikarpur tl., n° 320, t. et tr.

457. — Ç. 1130 (?) = 1208 ap. J.-C. – Sorab; sur un pilier. –
Sk. et C.

Construction et dotation d'un temple en l'honneur de Çântinâtha, par Nemiseṭṭi, un adepte de Guṇacandra, du Mùla saṅgha, Krâṇûr gaṇa.

L. Rice, *EC*, VIII, Sorab tl., n° 28, t. et tr.

458. — **Année Prajâpati.** [1211 ap. J.-C. (L. Rice).] – Anaveri; sur pierre. – Sk. et C. – Mutilée.

Sous Vîra-Ballâḷa [II]. Donation à un temple.

L. Rice, *EC*, VII, Shimoga tl., n° 103, t. et tr.

459. — **Année Çrîmukha** [1213 ap. J.-C. (L. Rice)], 4ᵉ jour de la quinzaine sombre de Caitra. – Bandalike; sur pierre. – Sk. et C. – Mutilée.

Mort de Çubhacandra, disciple de Lalitakîrti, du Krâṇûr gaṇa, Tintriṇi gaccha.

L. Rice, *EC*, VII, Shikarpur tl., n° 226, t. et tr.

460. — Sans date. – Holalkere; sur pierre. – Sk. et C.

Donation en faveur du temple de Çântinâtha.

L. Rice, *EC*, XI, Holalkere tl., n° 2, t. et tr.

461. — Sans date. – Sravana-Belgola; sur roc. – C. – Mutilée.

Pèlerinage à la statue de Gomaṭa.

L. Rice, *EC*, II, *Sr.-Bel. ins.*, n° 120, t. et tr.

462. — S. 1272 = 1215 ap. J.-C. – Siyal-Bet; sur pierre. – Sk.

Consécration d'une statue de Mahâvîra par Hariprabhasûri, disciple de Çântiprabhasûri, du Cândra gaccha.

J. Burgess and H. Cousens, *Revised Lists ant. rem. Bombay (ASI, XVI)*, p. 254, t.

463. — **Année Îçvara.** [1217 ap. J.-C.? (L. Rice).] – Sravana-
Belgola; sur roc. – C. – Mutilée.

Pèlerinage à la statue de Gomaṭa et donation.

L. Rice, *EC*, II, *Sr.-Bel. ins.*, n° 73, t. et tr.

464. — **S.** 1[276] (?) = 1219 ap. J.-C. – Girnar; sur un mur.
– Sk. – Mutilée.

Mention des maîtres suivants : Dhaneçvarasûri, son disciple
Çîlabhadra, et le disciple de celui-ci, Bhadrasûri (*ou* Candrasûri ?).

J. Burgess, *Ant. Kâṭhiâwâḍ and Kachh* (*ASWI*, II), p. 167-168, t. et tr.
J. Burgess and H. Cousens, *Revised Lists ant. rem. Bombay* (*ASI*, XVI), p. 355,
n° 14, t. et tr.

465. — **Ç. 1141** = 1219 ap. J.-C. – Arsikere; sur pierre. – Sk.
et C.

Vîra-Ballâḷa [II] fonde et dote un temple.
Sont cités, dans le Mûla saṅgha, Deçi gaṇa, Pustaka gaccha,
Iṅgaleçvara bali : Mâghanandin, son disciple Çubhacandra, et le
disciple de celui-ci, Sâgaranandin.

L. Rice, *EC*, V, Arsikere tl., n° 77, t. et tr.

466. — **Année Pramâthi.** [1219 ap. J.-C.? (L. Rice).] – Nitturu; sur pierre. – C. – Mutilée.

Dédicace de statues par Mallisetṭi, fils de Mâḷavve, laquelle avait
été adepte laïque de Padmaprabha, du Mûla saṅgha, Deçi gaṇa,
Pustaka gaccha, Kundakunda anvaya.

L. Rice, *EC*, XII, Gubbi tl., n° 8, t. et tr.

467. — Date effacée. – Humcha; sur pierre. – C. – Mutilée.

Mort d'un disciple de Municandra, du Mûla saṅgha, Deçi gaṇa,
Kundakunda anvaya.

L. Rice, *EC*, VIII, Nagar tl., n° 54, t. et tr.

468. — Ç. 114. = vers 1220 ap. J.-C. - Danasale; sur pierre.
- Sk. et C. - Mutilée.

Mort d'un adepte de Padmaprabha.

L. Rice, *EC*, VIII, Tirthahalli tl., n° 191, t. et tr.

469. — **Année Vyaya.** [1227 ap. J.-C. ? (L. Rice).] - Purale;
sur un pilier. – C.

Épitaphe de Bâlacandra [du Krâṇûr gaṇa].

L. Rice, *EC*, VII, Shimoga tl., n° 66, t. et tr.

470. — Ç. 1151 = 1229 ap. J.-C. - Saundatti; sur pierre. – C.

Donations par le Raṭṭa Lakṣmîdeva [II], à la requête de son guru
Municandradeva. Sont en outre nommés : Çubhacandra, Prabhâcandra, et deux disciples de ce dernier, Indrakîrti et Çrîdharadeva.

J. F. Fleet, *JB*, X, p. 176-179, a.; p. 260-272, t.; p. 273-286, tr. (ins.
n° 7).
Bhau Dâjî, *JB*, IX, p. 324, n° 27, a. – J. Burgess, *Operations in Belgâm and
Kaladgi districts* (*ASWI*, I), p. 11-12, a.; – Id., *Ant. Kâṭhiâwâḍ and Kacch* (*ASWI*,
II), p. 223-232, tr. de J. F. Fleet; pl. LXXIII, f.-s.; – Id., *Ant. Bidar and
Aurangabad* (*ASWI*, III), p. 107-114, t. – J. F. Fleet, *PSCI*, n° 89. –
F. Kielhorn, *ISI*, n° 268.

471. — S. 1287 = 1230 ap. J.-C. - Mont Abu; dans le temple
de Neminâtha. - Sk.

Tejaḥpâla fait construire le temple de Neminâtha, l'orne de statues et l'entoure de sanctuaires pour les Tîrthakaras. La consécration fut accomplie par son guru, Vijayasena.

Tejaḥpâla était ministre de Vîradhavala, fils de Lavaṇaprasâda, Caulukya de la branche Vâghelâ. Il était originaire d'Aṇahilapura et appartenait à la tribu des Prâgvâṭas ou Poravâls. Sa généalogie est la suivante :

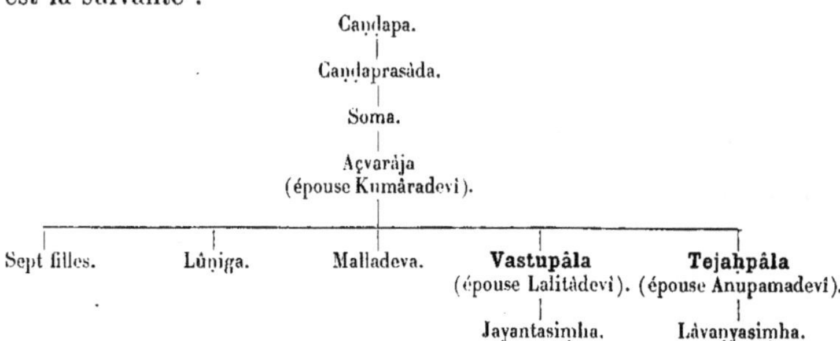

Les gurus de la famille appartenaient au Nâgendra gaccha. La succession en fut la suivante : Mahendrasûri, Çântisûri, Ânandasûri, Amarasûri (*ou* Amaracandra), Haribhadrasûri, Vijayasenasûri et Udayaprabhasûri.

H. Lüders, *EI*, VIII, n° 21, n° 1. f.-s., t. et tr.

H. H. Wilson, *Asiat. Res.*, XVI, p. 288-290, a.; p. 302-309, tr. (ins. n° xviii). – A. V. Kathavate, Éd. *Kîrtikaumudî*, Appendix A, t. et tr. – *Bhavnagar Ins.*, p. 174-184, t. et tr. – F. Kielhorn, *INI*, n° 210.

472. — S. 1287 = 1230 ap. J.-C. – Mont Abu; dans le temple de Neminâtha. – Sk.

Construction du temple de Neminâtha par Tejaḥpâla.

Cette inscription est analogue à la précédente. Elle contient en outre les clauses suivantes :

1° Le soin de régler l'exercice du culte dans le temple appartient aux trois frères Malladeva, Vastupâla et Tejaḥpâla, ainsi qu'aux représentants masculins de la famille d'Anupamadevî, épouse de Tejaḥpâla. Dans la suite des temps ce soin reviendra à leurs descendants.

2° Chaque année un festival sera célébré à la date de la consécration du temple. Il commencera le troisième jour de la quinzaine sombre de Caitra et durera huit jours. Les adeptes laïques qui y participeront appartiendront aux Poravâls dans la proportion de la moitié, et ensuite aux Osvâls, aux Çrîmâlis et aux Dharkaṭas.

3° Chaque année aussi seront célébrées les dates de la conception, de la naissance, de l'initiation, de l'illumination et du nirvâṇa de Neminâtha.

4° Enfin une liste est donnée des personnes chargées de l'entretien du temple.

H. Lüders, *EI*, VIII, n° 21, n° 2, f.-s., t. et a.
H. H. Wilson, *Asiat. Res.*, XVI, p. 309-310, a. (ins. n° xix). — A. V. Kathavate, Éd. *Kîrtikaumudî*, App. B, t. — *Bhavnagar Ins.*, p. 218-224, t. et tr. — F. Kielhorn, *INI*, n° 209.

Il existe une troisième inscription relative à la fondation du temple de Neminâtha, mais elle n'offre rien de particulier. Cf. H. Lüders, *EI*, VIII, n° 21, n° 3, t. et a.; H. H. Wilson, *Asiat. Res.*, XVI, p. 310, n° xx, a.

473. — S. 1288 = 1231 ap. J.-C. — Mont Abu; dans le temple de Neminâtha. — Sk.

Dédicace d'une statue de Supârçvanâtha par Tejaḥpâla.

H. Lüders, *EI*, VIII, n° 21, n° 12, t.
H H. Wilson, *Asiat. Res.*, XVI, p. 310, n° xx, a.

474. — S. 1288 = 1231 ap. J.-C. — Mont Abu; dans le temple de Neminâtha. — Sk.

Tejaḥpâla édifie une série de chapelles.

H. Lüders, *EI*, VIII. n° 21, n°s 4-11 et 13-18, t.
H. H. Wilson, *Asiat. Res.*, XVI, p. 310, n° xx, a.

475. — Année Khara [= Ç. 1153 = 1231 ap. J.-C. (Kielhorn)]. — Sravana-Belgola. — Sk. et C.

Sous le Hoysaḷa Narasimha [II]. Un marchand, nommé Gomaṭaseṭṭi, fait diverses donations en l'honneur de Gomaṭeçvara et des Tîrthakaras. — Mention de Bâlacandra, disciple de Nayakîrti.

L. Rice. *EC*, II, *Sr.-Bel. ins.*, n° 81, t. et tr.
F. Kielhorn, *ISI*, n° 435.

476. — S. 1288 = 1232 ap. J.-C. — Girnar; dans le temple de Vastupâla-Tejaḥpâla. – Sk.

Vastupâla, frère de Tejaḥpâla et comme lui ministre du Caulukya Vîradhavala, fait construire le grand temple dit de Vastupâla et Tejaḥpâla. La consécration en est accomplie par Vijayasenasûri, guru des deux frères.

Éloge de Vastupâla et de Tejaḥpâla qui bâtirent un grand nombre de temples jainas en des localités variées, entre autres à Stambhatîrtha, Aṇahilapura, Bhṛgupura, Darbhavatî, Çatruñjaya, etc. La généalogie des deux frères est donnée comme au n° 471 *supra*, ainsi que la liste des gurus de leur famille.

L'inscription fut composée par Someçvara, auteur de la *Kîrtikaumudi* et chapelain du roi Vîradhavala.

J. Burgess and H. Cousens, *Revised Lists ant. rem. Bombay* (*ASI*, XVI), p. 328-331, n° 1, t. et tr.
J. Burgess, *Ant. Kâṭhiâwâḍ and Kachh* (*ASWI*, II), p. 170-173, t. et tr.; pl. xxxv, f.-s. — F. Kielhorn, *IA*, XIX, p. 25, n° 14; — Id., *INI*, n° 212 et n. 1.

Il existe cinq autres recensions de cette inscription. Le contenu en est identique à la précédente; le nom des rédacteurs est seul différent. Ces rédacteurs sont : 1° Naracandrasûri; 2° le chapelain Someçvara; 3° Narendrasûri; 4° Naracandrasûri; 5° Udayaprabhasûri, du Nâgendra gaccha.
Cf. J. Burgess and H. Cousens. *Revised Lists*, p. 331-347, n°ˢ 2-6, t. et tr.

477. — Sans date. — Girnar; dans le temple de Pârçvanâtha. – Sk.

Dédicace d'une statue de Lalitâdevî et de Sokhukâ, épouses de Vastupâla.

J. Burgess and H. Cousens. *Revised Lists*, p. 357-358. n°° 21 et 22. t. et tr.
J. Burgess. *Ant. Kâṭhiâwâḍ and Kachh (ASWI*, II). p. 169. t. et tr.

478. — Ç. 1154 = 1232 ap. J.-C. – Mont Nidugallu; sur pierre.
– Sk. et C.

Le Coḷa Iruṅgoḷadeva (Râjarâja III?) fait une donation de terrain en faveur du temple de Pârçvanâtha construit par son ministre (?) Gaṅgeyana-Mâreya. Celui-ci était adepte de Nemipaṇḍita, disciple de Padmaprabha, lui-même disciple de Vîranandin, du Deçi gaṇa, Pustaka gaccha, Kundakunda anvaya, Vâṇada bali.

L. Rice, *EC*, XII, Pavugada tl., n°° 51 et 52, t. et tr.

479. — S. 1288-1289 = 1233 ap. J.-C. – Girnar; sur roc. – Sk.

Pour le bénéfice moral de ses épouses Lalitâdevî et Sokhukâ, et pour le sien propre, le ministre Vastupâla fait construire quatre nouveaux temples.

J. Burgess and H. Cousens. *Revised Lists ant. rem. Bombay (ASI*, XVI). p. 361, n° 34, t. et tr.
J. Burgess, *Ant. Kâṭhiâwâḍ and Kachh (ASWI*, II), p. 173, t. et tr. – F. Kielhorn, *IA*, XIX, p. 358, n° 165; – Id., *INI*, n° 213.

480. — S. 1290 = 1233 ap. J.-C. – Mont Abu; dans le temple de Neminâtha. – Sk.

Tejaḥpâla édifie de nouvelles chapelles.

H. Lüders, *EI*, VIII. n° 21, n°° 19-23, t.
H. H. Wilson, *Asiat. Res.*, XVI, p. 310, n° xx, a.

481. — Ç. 1156 = 1235 ap. J.-C. – Elura; sur la base d'une statue. – Sk.

Cakreçvara, originaire de Vardhanapura, fait élever une statue géante de Pârçvanâtha au sommet de la colline où sont creusées les grottes jainas.

J. Burgess and Bhagwànlàl Indraji. *Ins. Cave-temples Western India*, p. 99-
100, t. et tr. (tr. de G. Bühler).

J. Fergusson and J. Burgess, *Cave Temples of India*, p. 502, tr. de Bühler.
– F. Kielhorn, *IA*, XXIII, p. 118, n° 30; – Id., *ISI*, n° 973.

482. — S. 1293 = 1236 ap. J.-C. – Mont Abu; dans le temple
de Neminâtha. – Sk.

Tejahpâla dédie plusieurs statues que consacre Vijayasenasûri,
du Nâgendra gaccha.

H. Lüders, *EI*, VIII, n° 21, n°s 24-31, t.
H. H. Wilson. *Asiat. Res.*, XVI, p. 310. n° xx. a.

483. — S. 1[2]95 (?) = 1238 ap. J.-C. – Dilmal; sur la base
d'une statue. – Sk. et Guzerati.

Dédicace d'une statue de Pârçvanâtha.

J. Kirste, *EI*, II, n° v, n° 4 (p. 26), t. et tr.

484. — Ç. 1161 = 1239 ap. J.-C. – Herekere; sur pierre. – Sk.
et C.

Mort d'une adepte laïque de Kumârapaṇḍita.

L. Rice, *EC*, VIII, Sagar tl., n° 161, t. et tr.

485. — S. 1296 = 1240 ap. J.-C. – Kiragrama; dans un temple.
– Sk.

Deux marchands, Dolhaṇa et Âlhaṇa, font consacrer une statue
de Mahâvîra par Devabhadrasûri, de la lignée spirituelle de Jinavallabha, et disciple d'Abhayadeva dit Rudrapallîya.

G. Bühler, *EI*, I, n° xvii (p. 118-119), t. et tr.
A. Cunningham, *Reports*, V, p. 183, t. – F. Kielhorn, *IA*, XIX, p. 167,
n° 87; – Id., *INI*, n° 217.

486. — S. 1297 = 1241 ap. J.-C. – Mont Abu; dans le temple
de Neminâtha. – Sk.

Dédicace d'une statue par Tejaḥpāla, en l'honneur de sa seconde épouse Suhaḍādevî.

H. Lüders, *EI*, VIII, n° 21, n° 32, t.
H. H. Wilson, *Asiat. Res.*, XVI, p. 310, n° xx, a.

487. — S. 1299 = 1242 ap. J.-C. - Roho; sur une arche. – Sk. et Guzerati.

Dédicace d'une statue de Neminâtha.

J. Kirste, *EI*, II, n° v, n° 14 (p. 29), t. et tr.

488. — S. 1300 = 1243 ap. J.-C. – Siyal-Bet; sur pierre. – Sk.

Consécration d'une statue de Mallinâtha par Yaçobhadrasûri, disciple de Hariprabhasûri, du Cândra gaccha.

J. Burgess and H. Cousens, *Revised Lists ant. rem. Bombay (ASI, XVI)*, p. 253-254, t.

489. — Ç. 1165 = 1243 ap. J.-C. – Herekere; sur pierre. – Sk. et C.

Mort d'une adepte laïque de Çubhakîrti.

L. Rice, *EC*, VIII, Sagar tl., n° 162, t. et tr.

490. — Ç. 1168 = 1246 ap. J.-C. – Kadakol; sur pierre. – C.

Épitaphe de Somayya, adepte laïque de Nandideva, du Mûla saṅgha, Sûrastha gaṇa.

J. F. Fleet, *IA*, XII, p. 100, n° 1, t. et tr.

491. — Année Dundubhi (?). – Udri; sur pierre. – C. – Mutilée.

Mention de Nandideva, du Sûrastha gaṇa.

L. Rice, *EC*, VIII, Sorab tl., n° 142, t.

492. — **Année Parâbhava.** [1246 ap. J.-C. (L. Rice).] — Sravana-Belgola; sur roc. — C.

Pèlerinage à la statue de Gomaṭa.

L. Rice. *EC*, II, *Sr.-Bel. ins.*, n° 74, t. et tr.

493. — S. 1305 = 1248 ap. J.-C. — Girnar; sur la base d'une statue. — Sk.

Dédicace d'une statue de Pârçvanâtha par les habitants de Paṭṭana. La consécration fut accomplie par Jayânanda, disciple de Mânadevasûri et descendant spirituel de Pradyumnasûri, du Bṛhad gaṇa.

J. Burgess and H. Cousens, *Revised Lists ant. rem. Bombay* (*ASI*, XVI), p. 358, n° 23, t. et tr.

494. — Ç. 1170 = 1248 ap. J.-C. — Humcha; sur pierre. — C. — Mutilée.

Mort d'un adepte laïque.

L. Rice. *EC*, VIII, Nagar tl., n° 50, t. et tr.

495. — Ç. 1170 = 1248 ap. J.-C. — Malalakere; sur pierre. — Sk. et C.

Çânta, ministre et général du roi Hoysaḷa Vîra-Someçvara, répare le temple de Çântinâtha et le dote de terrain. Il était adepte de Mâghanandin, disciple de Bhânukîrti, lui-même disciple d'un autre Mâghanandin, du Mûla saṅgha, Deçi gaṇa, Pustaka gaccha, Kundakunda anvaya.

L. Rice, *EC*, V, Arkalgud tl., n° 12, t. et tr.

496. — Ç. 1170 = 1248 ap. J.-C. — Hirchalli; sur pierre. — Sk. et C. — Mutilée.

Construction et dotation d'un temple. Mention de Vàsupûjya, du Dravila saṅgha, et de son disciple Perumâledeva.

L. Rice, *EC*, V, Belur tl.. n° 138, t. et tr.

497. — Ç. 1172 = 1250 ap. J.-C. - Humcha; sur pierre. - Sk. et C. - Mutilée.

Mort d'un adepte laïque du nom de Pârçvasena.

L. Rice, *EC*, VIII, Nagar tl.. n° 56, t. et tr.

498. — Sans date. - Sravana-Belgola; dans un temple. - Sk. et C.

En présence du ministre-trésorier du Hoysala Vîra-Someçvara, des conventions sont arrêtées entre les àcàryas et les marchands de Çravaṇa-Belgola. Ces conventions furent écrites par Nayakîrti, disciple de Nemicandra, lequel avait été disciple d'un autre Nayakîrti, en même temps que Bhànukîrti, Bâlacandra, Prabhàcandra, Mâghanandin et Padmanandin.

L. Rice, *EC*, II, *Sr.-Bel. ins.*, n° 128, t. et a.
F. Kielhorn, *ISI*, n° 437.

499. — Ç. 1177 = 1255 ap. J.-C. - Halebid; sur pierre. - Sk. et C.

Le Hoysala Narasiṃha [III] fait une donation en faveur du temple de Pârçvanâtha (construit en 1133 ap. J.-C. (?) par Boppa, fils de Gaṅgaràja; *supra*, n° 301) et fait restaurer des constructions accessoires.

L. Rice, *EC*, V, Belur tl., n°ˢ 125 et 126, t. et tr.

500. — **Année Ânanda.** [1255 ap. J.-C.? (L. Rice).]—Humcha; sur pierre. - C.

Mort d'une adepte laïque de Bâlacandra, du Mûla saṅgha, Deçi gaṇa.

L Rice, *EC*, VIII, Nagar tl., n° 53. t. et tr.

501. — **Année Nala.** [1256 ap. J.-C. (L. Rice).] — Sravana-Belgola; sur pierre. — C.

Une donation de terrain en faveur de Gomaṭeçvara est faite à Candraprabha.

L. Rice, *EC*, II, *Sr.-Bel. ins.*, n° 88, t. et tr.

502. — [?] — Chikka-Magadi; sur pierre. — C. — Mutilée.

La **11ᵉ année** du Yâdava Kandâradeva (Kanhara). — Épitaphe d'un adepte laïque.

L. Rice, *EC*, VII, Shikarpur tl., n° 198, t. et tr.
L. Rice, *Mysore ins. translated*, n° 54, tr.

503. — Ç. 1178 = 1256 ap. J.-C. — Humcha; sur pierre. — Sk. et C.

Le 4ᵉ jour de la quinzaine sombre de Pauṣa, mort de Puṣpasena, du Nandi gaṇa. Il était disciple de Vâdirâja, et expira dans les bras de Guṇasena.
Le jour de la pleine lune de Mâgha, mort d'Akalaṅkadeva.

L. Rice, *EC*, VIII, Nagar tl., n° 44, t. et tr.

504. — Ç. 1179 = 1257 ap. J.-C. — Hirehalli; sur pierre. — C.

Construction et dotation d'un temple par un prêtre nommé Perumâḍa. Mention de Vajranandin et de Malliṣeṇadeva.

L. Rice, *EC*, V. Belur tl., n° 139, t. et tr.

505. — **Année Kâlayukta.** [1258 ap. J.-C.? (L. Rice).] – Sravana-Belgola; sur pierre. – C.

Donation de terrain en faveur de Gomaṭa. Le donataire est Candraprabha, disciple de Nayakîrti.

L. Rice, *EC*, II, *Sr.-Bel. ins.*, n° 89, t. et tr.

506. — **S. 1315** = 1258 ap. J.-C. – Siyal-Bet; sur pierre. – Sk.

Un marchand appartenant à la tribu des Poravâls fait consacrer une statue de Pârçvanâtha par Yaçobhadrasûri, du Cândra gaccha.

J. Burgess and H. Cousens, *Revised Lists ant. rem. Bombay* (*ASI*, XVI), p. 254, t.

507. — **S. 1319** = 1262 ap. J.-C. – Mont Sundha (Rajputana); sur pierre. – Sk.

Commémoration de diverses œuvres pieuses accomplies par Câcigadeva, des Câhamânas de Naḍole. L'inscription fut composée par Jayamaṅgala, disciple de Râmacandra, lui-même disciple de Devâcârya, du Bṛhad gaṇa.

F. Kielhorn, *EI*, IX, n° 9, c, t. et a.

508. — **Ç. 1189** = 1268 ap. J.-C. – Kadakol; sur pierre. – C.

Épitaphe d'un adepte laïque de Nandideva, du Mûla saṅgha, Sûrastha gaṇa.

J. F. Fleet, *IA*, XII, p. 101–102, n° 4, t. et tr.
F. Kielhorn, *IA*, XXIV, p. 3, n° 131; – Id., *ISI*, n° 974.

509. — **Année Vibhava.** [1268 ap. J.-C. ? (L. Rice).] – Humcha; sur un pilier. – Sk. et C.

Construction d'un temple.

L. Rice, *EC*, VIII, Nagar tl., n° 55, t. et tr.

510. — S. 132. = vers 1270 ap. J.-C. – Kanthkot; sur un pilier dans le temple de Mahâvîra. – Sk.

Mention de la tribu des Çrîmâlîs.

D. P. Khakhar, *Report on remains in Kachh* (*ASWI. Selections*, n° clii), p. 64, a.; p. 86, t. (ins. n° 30).

511. — **Année Prajâpati.** [1271 ap. J.-C. (L. Rice).] – Betur; sur plaques de cuivre. – C. – Mutilée.

A la requête de Padmasena, Kûcirâja, feudataire du Yâdava Râmacandra, construit et dote un temple de Pârçvanâtha en faveur du Mûla saṅgha, Sena gaṇa, Pogari gaccha. Sont cités les maîtres suivants : Vîrasena, Jinasena, Guṇabhadra, un second Jinasena et Padmasena.

L. Rice, *EC*, XI, Davangere tl., n° 13, t. et tr.
L. Rice, *Mysore ins. translated*, n° 12, tr.

512. — Ç. **1191** (pour 1195 (?) = 1273 ap. J.-C. [Kielhorn]). – Sravana-Belgola; sur pierre. – Sk. et C.

Des marchands font une donation à Candraprabha, disciple de Nayakîrti, en faveur de Gomaṭa et des Jinas.

L. Rice, *EC*, II, *Sr.-Bel. ins.*, n° 96, t. et tr.
F. Kielhorn, *ISI*, n° 446.

513. — [?] – Chikka-Magadi; sur pierre. – C. – Mutilée.

La **28ᵉ année** du Yâdava ...deva(?). Épitaphe d'un adepte laïque, l'orfèvre Bammoja.

L. Rice, *EC*, VII, Shikarpur tl., n° 199, t. et tr.

514. — Ç. **1197**, 12ᵉ jour de la quinzaine claire de Bhâdrapada = 1274 ap. J.-C., 15 août (Kielhorn). – Halebid; dans un temple. – C.

Mort de Bâlacandra-paṇḍitadeva, du Mûla saṅgha, Deçi gaṇa, Pustaka gaccha, Kundakunda anvaya, Iṅgaleçvara bali et Çrî-samudaya. Il était le disciple favori de Mâghanandin, ainsi que de Nemicandra et d'Abhayacandra. Il est donné comme le commentateur de divers ouvrages, entre autres le *Sâra-catuṣṭaya*.

L. Rice, *EC*, V, Belur tl., n°s 131 et 132, t. et tr.

L. Rice, *Mysore ins. translated*, n° 120, tr. – J. F. Fleet. *PSCI*, n° 236. – F. Kielhorn, *IA*, XXIII. p. 128, n° 92; – Id., *ISI*, n° 975.

515. — **Année Bhâva.** [1274 ap. J.-C.? (L. Rice).] – Sravana-Belgola; sur pierre. – C.

Un adepte laïque de Candrakîrti fait une donation de terrain en faveur de Gomaṭa et des Jinas.

L. Rice, *EC*, II, *Sr.-Bel. ins.*, n° 93, t. et a.

516. — **Année Bhâva.** [1274 ap. J.-C.? (L. Rice).] – Sravana-Belgola; sur pierre. – C.

Donations en l'honneur de Gomaṭa par deux adeptes laïques de Prabhâcandra.

L. Rice, *EC*, II, *Sr.-Bel. ins.*. n°s 94 et 97, t. et a.

517. — Sans date. – Sravana-Belgola; sur pierre. – C.

Donation en faveur de Gomaṭa par un adepte laïque.

L. Rice, *EC*, II, *Sr.-Bel. ins.*, n° 95, t. et a.

518. — **S. 1333 = 1276 ap. J.-C.** – Girnar; sur un pilier dans le temple de Neminâtha. – Sk.

Un riche marchand, nommé Haripâla, fait don de 200 drachmes pour le culte de Neminâtha, à la requête de son précepteur Jina-prabodhasûri.

J. Burgess and H. Cousens, *Revised Lists ant. rem. Bombay (ASI. XVI)*, p. 353, n° 10, t. et tr.

519. — S. 1334 = 1277 ap. J.-C. — Chitor (Rajputana); dans un temple. – Sk.

Des adeptes du Bṛhad gaṇa font construire une chapelle annexe au temple de Çàntinàtha.

D. R. Bhandarkar, *Arch. Survey Western India, Progress Report* 1903-1904, p. 59, t.

520. — Ç. 1200 = 1278 ap. J.-C. – Sravana-Belgola; dans un temple. – C.

Donation en faveur du temple dit *Bhaṇḍàra* (cf. *supra*, n° 348) par Municandra, disciple d'Udayacandra; Padmanandin, disciple de Candraprabha, et plusieurs adeptes laïques.

L. Rice, *EC*, II, *Sr.-Bel. ins.*, n° 137 *b*, t. et tr.
F. Kielhorn, *IA*, XXIII, p. 119, n° 37; – Id., *ISI*, n° 976.

521. — Ç. 1200 = 1278 ap. J.-C. – Amarapur; sur pierre. – Sk. et C.

Donation de terrain en faveur d'un temple de Pârçvanâtha par un adepte laïque de Bâlendu-Maladhâri, disciple de Tribhuvana-kîrti, du Deçi gaṇa, Pustaka gaccha, Kundakunda anvaya, Iṅgale-çvara bali.

L. Rice, *EC*, XII, Sira tl., n° 32, t. et tr.

522. — Ç. 1200 = 1278 ap. J.-C. – Kalasa; sur plaque de cuivre. – C.

Donation mixte aux Jainas et aux Çivaïtes.

L. Rice, *EC*, VI, Mudgere tl., n° 67, t. et tr.

523. — S. 1335 = 1278 ap. J.-C. – Girnar; sur un pilier dans le temple de Neminâtha. – Sk.

Donation en faveur du temple de Neminâtha par un membre de la tribu des Çrìmâlîs.

J. Burgess and H. Cousens, *Revised Lists ant. rem. Bombay* (*ASI*, XVI), p. 352-353. n° 9 (ii° partie), t. et tr.

524. — Ç. 1201 = 1279 ap. J.-C. — Halebid; sur pierre. — Sk. et C.

Mort d'Abhayacandra, disciple de Bâlacandra (lui-même mort en Çaka 1197; cf. *supra*, n° 514).

Dans le Kundakunda anvaya, comparé ici à la racine d'un arbre dont le Deçi gaṇa serait le tronc, le Pustaka gaccha une branche, et l'Iṅgaleçvara bali une petite branche, sont mentionnés : d'une part, Kulabhûṣaṇa, dont le disciple Nimbadeva (?) fut aussi celui de Mâghanandin; d'autre part, Gaṇḍavimukta, qui eut pour disciple Çubhanandin, lequel eut à son tour pour disciple Cârukîrti, qui fut le guru de Mâghanandin. Mâghanandin compta lui-même comme disciples Nemicandra et Abhayacandra. Abhayacandra eut pour disciple Bâlacandra (mort en Çaka 1197), qui fut le guru du second Abhayacandra, dont la présente inscription commémore la mort.

L. Rice, *EC*, V, Belur tl., n° 133, t. et tr.

525. — Ç. 1201 = 1279 ap. J.-C. — Kadakol; sur pierre. — C.

Épitaphe d'une adepte laïque de Paḍumasina (Padmasena), du Mûla saṅgha.

J. F. Fleet, *IA*, XII, p. 100-101. n° 2, t. et tr.
F. Kielhorn, *IA*, XXIV, p. 3, n° 133; – Id., *ISI*, n° 977.

526. — Ç. 1202 = 1280 ap. J.-C. — Chik-Magalur; sur pierre. — Sk. et C.

Épitaphe d'un adepte laïque de Çreyâṃsa-bhaṭṭâraka, du Mûla

sangha, Deçi gaṇa, Pustaka gaccha, Kundakunda anvaya, Panasoge bali.

L. Rice, *EC*, VI. Chik-Magalur tl., n° 2, t. et tr.

527. — Ç. 1203 [pour 1201 (?)] = 1281 ap. J.-C. — Sravana-Belgola; dans un temple. — C.

Convention entre les prêtres du Nakhara (*ou* Nagara) Jinâlaya et les habitants de Çravaṇa-Belgola, au sujet de donations de terrain faites en faveur du temple d'Âdideva.

L. Rice, *EC*, II, *Sr.-Bel. ins.*, n° 131 *a*, t. et tr.
F. Kielhorn, *ISI*, n° 978.

528. — Ç. 1205 = 1282 ap. J.-C. — Sravana-Belgola; dans un temple. — Sk. et C.

Donations de terrain en faveur du temple d'Âdideva appartenant aux prêtres du Nakhara Jinâlaya, d'un côté par Bâlacandra, disciple de Nemicandra, lequel était pontife de l'Iṅgaleçvara bali, dans le Mûla saṅgha, Deçi gaṇa; d'un autre côté par des marchands, adeptes laïques du Balâtkâra gaṇa et en particulier de Mâgha-nandin, guru du roi Hoysaḷa [Narasiṃha III?].

L. Rice, *EC*, II, *Sr.-Bel. ins.*, n° 129, t. et a.
F. Kielhorn, *IA*, XXIII, p. 128, n° 94; – Id., *ISI*, n° 980.

529. — S. 1339 = 1282 ap. J.-C. — Girnar; sur un pilier dans le temple de Neminâtha. — Sk.

Donation de 300 drachmes pour une cérémonie dans le temple de Neminâtha en faveur d'une adepte laïque appartenant à la caste des Poravâls.

J. Burgess and H. Cousens, *Revised Lists ant. rem. Bombay* (*ASI*, XVI), p. 352-353, n° 9 (1ʳᵉ partie), t. et tr.

530. — S. 1339 = 1282 ap. J.-C. — Girnar; dans des temples
en ruine. – Sk.

Les temples en ruine sont restaurés, et de nouveaux construits.

J. Burgess, *Ant. Kâthiâwâḍ and Kachh* (*ASWI*, II), p. 169, tr. d'après Tod.

531. — S. 1340 = 1283 ap. J.-C. – Kanthkot, sur un pilier
dans le temple de Mahâvîra. – Sk.

Mention de Lâkhu (Lakṣa) et de Sohi, fils d'Âmradeva [et peut-
être oncles de Jagaḍuçah ?]. (Le temple fut probablement construit
par eux.)

D. P. Khakhar, *Report on remains in Kachh* (*ASWI*, *Selections*, n° clii),
p. 64, a.; p. 86, t. (ins. n° 26).

532. — S. 1343 = 1286 ap. J.-C. – Siyal-Bet; sur pierre. – Sk.

Un Poravâl fait consacrer une statue de Neminâtha par Naya-
candrasûri, disciple de Nemicandrasûri [du Cândra gaccha ?].

J. Burgess and H. Cousens, *Revised Lists ant. rem. Bombay* (*ASI*, XVI),
p. 254, t.

533. — Année Sarvadhâri (= C. 1210 = 1288 ap. J.-C. [Kielhorn]). – Sravana-Belgola; dans un temple. – C.

Donations en faveur du temple d'Âdideva appartenant aux
prêtres du Nagara Jinâlaya.

L. Rice, *EC*, II, *Sr.-Bel. ins.*, n° 131 *b*, t. et tr.
F. Kielhorn, *ISI*, n° 978.

534. — Année Sarvadhâri. [1288 ap. J.-C.?] – Tavanandi;
sur pierre. – C.

Mort d'un adepte laïque de Mâdhavacandra. du Krânûr gana.

L. Rice, *EC*, VIII, Sorab tl., n° 195, t.

535. — **Année Vikṛta.** [1290 ap. J.-C.?]. — Hire-Avali; sur pierre. — Sk. et C.

Mort d'un adepte laïque de Maladhârideva.

L. Rice, *EC*, VIII, Sorab tl., n° 113, t.

536. — **S. 1350 = 1293 ap. J.-C.** — Mont Abu; dans le temple d'Âdinâtha. — Sk.

Fixation de certaines redevances à payer aux temples jainas.

H. H. Wilson, *Asiat. Res.*, XVI, p. 311, n° xxii, a.

537. — **S. 1350 = 1293 ap. J.-C.** — Girnar; sur pierre. — Sk. — Mutilée.

Dédicace de statues par des membres de la tribu des Poravâls.

J. Burgess and H. Cousens, *Revised Lists ant. rem. Bombay* (*ASI*, XVI), p. 360-361, n° 33, t. et tr.

538. — [?] — Hire-Avali; sur pierre. — C.

La 22e année du Yâdava Râmacandra. Épitaphe d'un adepte laïque de Kantarasena, du Mûla saṅgha, Kundakunda anvaya, Sena gaccha.

L. Rice, *EC*, VIII, Sorab tl., n° 124, t.

539. — **S. 1352 = 1295 ap. J.-C.** — Cambay; dans le temple de Pârçvanâtha. — Sk. — Mutilée.

Construction d'un temple en l'honneur de Pârçvanâtha par un Banya nommé Khalla ou Khela.

Bhavnagar Ins., p. 227-233, t. et tr.
F. Kielhorn, *INI*, n° 249.

540. — [?] — Tavanandi; sur pierre. — C.

La **23ᵉ année** du Yâdava Râmacandra. Mort d'un adepte laïque de Mâdhavacandra, du Krânûr gaṇa.

L. Rice, *EC*, VIII, Sorab tl., n° 198, t. et tr.

541. — [?] – Hire-Avali; sur pierre. - C.

La **23ᵉ année** du Yâdava Râmacandra. Épitaphe d'un adepte laïque de Devanandin, du Mûla saṅgha, Kundakunda anvaya, Sûrastha gaṇa.

L. Rice, *EC*, VIII, Sorab tl., n° 101, t. et tr.

542. — Ç. 1218 = 1296 ap. J.-C. – Humcha; sur pierre. – Sk. et C.

Mort d'un adepte laïque de Guṇasena.

L. Rice, *EC*, VIII, Nagar tl., n° 43, t. et tr.

543. — **Année Durmukhi.** [1296 ap. J.-C.? (L. Rice).] – Sravana-Belgola; dans un temple. – C.

Les *mahâ-maṇḍalâcâryas* (chefs de districts religieux) du Mûla saṅgha instituent un règlement au sujet de l'emploi des fonds destinés à des festivals.

L. Rice, *EC*, II, *Sr.-Bel. ins.*, n° 137 o, t. et tr.

544. — **Année Durmukhi.** [1296 ap. J.-C.? (L. Rice).] – Hire-Avali; sur pierre. – Sk. et C.

Épitaphe d'un adepte laïque de Râmacandra-Maladhârideva, du Mûla saṅgha, Deçi gaṇa.

L. Rice, *EC*, VIII, Sorab tl., n° 114, t.

545. — Ç. 1220 = 1298 ap. J.-C., 11ᵉ jour de la quinzaine claire de Kârttika. – Heggere; sur pierre. – C.

Mort de Candrakîrti, fils de Bâlacandra et disciple de Tribhuvanakîrti, du Deçi gaṇa.

L. Rice, *EC*, XII, Chik-Nayakanhalli tl., n° 24, t. et tr.

**546. — S. 1356 = 1299 ap. J.-C. – Girnar; sur la base d'une
statue. – Sk.**

Dédicace d'une statue de Munisuvrata par l'épouse d'un Poravâl.

J. Burgess and H. Cousens, *Revised Lists ant. rem. Bombay* (*ASI*, XVI),
p. 363, n° 37, t. et tr.

**547. — Année Vikâri. [1299 ap. J.-C.? (L. Rice).] – Hire-
Avali; sur pierre. – C.**

Épitaphe d'un adepte laïque de Guṇanandin, du Mûla saṅgha,
Deçi gaṇa, Kundakunda anvaya.

L. Rice, *EC*, VIII, Sorab tl., n° 122, t.

**548. — Ç. 1222 = 1300 ap. J.-C. – Halebid; sur pierre. –
Sk. et C.**

Mort de Râmacandra-Maladhârideva, du Mûla saṅgha, Deçi
gaṇa, Pustaka gaccha, Kundakunda anvaya, Iṅgaleçvara bali, Çrî-
samudaya. Il était le disciple de Bâlacandra, commentateur du
Sâra-catuṣṭaya et autres ouvrages, qui avait été lui-même le disciple
à la fois de Mâghanandin, Nemicandra et Abhayacandra. D'autre
part, Râmacandra avait été le guru de Çubhacandra.

L. Rice, *EC*, V, Belur tl., n° 134, t. et tr.

549. — Sans date. – Halebid; sur un pilier. – C.

Cette inscription donne les dimensions d'une statue de Çântinâtha.

L. Rice, *EC*. V, Belur tl., n° 127. t. et tr.

550. — S. 1360 = 1303 ap. J.-C. — Mont Abu; dans le temple de Neminâtha. — Pk.

Donation au temple de Neminâtha.

H. H. Wilson, *Asiat. Res.*, XVI, p. 311, n° xx, a.

551. — Ç. 1225 = 1303 ap. J.-C. — Honnenahalli; sur pierre. — C.

Padmanandin, disciple de Bâhubali-Maladhâri, du Deçi gaṇa, Pustaka gaccha, Kundakunda anvaya, Panasoge bali, est appelé à la direction du temple jaina.

L. Rice, *EC*, IV, Hunsur tl., n° 14, t. et tr.

552. — Ç. 1235, 14e jour de la quinzaine sombre de Çrâvaṇa = 1313 ap. J.-C., 21 août (Kielhorn). — Sravana-Belgola; dans un temple. — C.

Mort de Çubhacandra-muni. Il avait été, à l'origine, chef d'une corporation d'artisans sur cuivre, et s'appelait en conséquence *Bogâra-râja*. Il appartenait au Mûla sangha, Deçi gaṇa, Pustaka gaccha, Kundakunda anvaya. Il avait eu pour guru Râmacandra-Maladhâri, auteur de la *Guru-pañcaka-smṛti*, qui lui-même avait été disciple de Vîranandin, et celui-ci de Meghacandra.

Gommaṭarâya, gouverneur de Beḷukere et adepte laïque de Râmacandra-Maladhâri, éleva à la mémoire de Çubhacandra une tombe que consacrèrent Mâdhavacandra et Padmanandideva, ce dernier disciple de Çubhacandra.

D'autres maîtres sont encore mentionnés à la fin de l'inscription, savoir : Kulabhûṣaṇa; son disciple Mâghanandin; son disciple Çubhacandra; son disciple Çârukîrti; son disciple Mâghanandin; son disciple Abhayaçâçin, et enfin le disciple de ce dernier, Bâlendu-paṇḍita.

L. Rice, *EC*, II, *Sr.-Bel. ins.*, n° 41, t. et a.
F. Kielhorn, *IA*, XXIII, p. 125, n° 75; — Id., *ISI.* n° 981.

553. — S. 1370 = 1313 ap. J.-C. – Girnar; sur marbre. – Sk.

Dédicace d'une statue d'Âdinâtha.

J. Burgess and H. Cousens, *Revised Lists ant. rem. Bombay* (*ASI*, XVI), p. 362, n° 36, t. et tr.

554. — S. 1379 = 1322 ap. J.-C. – Mont Abu; dans le temple d'Âdinâtha. – Sk.

Réparations au temple d'Âdinâtha construit en Samvat 1088 (= 1031 ap. J.-C.) par Vimalaçah [un marchand d'Anhilvâd].

H. H. Wilson, *Asiat. Res.*, XVI, p. 312, n° xxii, a.

555. — **Année Citrabhânu.** [1342 ap. J.-C.? (L. Rice).] – Kuppaturu; sur pierre. – Sk. et C.

Mort de Candraprabha, prêtre du temple fondé par les Kâdambas (cf. *supra*, n° 209).

L. Rice, *EC*, VIII, Sorab tl., n° 263, f.-s., t. et tr.

556. — **Année Vyaya.** [1346 ap. J.-C.? (L. Rice).] – Hire-Avali; sur pierre. – C.

Épitaphe d'un adepte laïque de Râmacandra-Maladhâri.

L. Rice, *EC*, VIII, Sorab tl., n° 123, t.

557. — [?] – Tirumalai; sur un mur, au pied d'un rocher. – Tamoul.

La 12ᵉ année du [Cola] Râjanârâyana-Çambuvarâja. – Installation d'une statue sur le mont Vaigai.

E. Hultzsch, *South-Indian ins.*, vol. I, n° 70 (p. 101-102), t. et tr.
F. Kielhorn, *ISI.* n° 873, et n. 3.

558. — **Année Vijaya.** [1353 ap. J.-C. (L. Rice).] — Hire-Avali; sur pierre. — Sk. et C.

Épitaphe d'un autre adepte laïque de Râmacandra-Maladhâri.

L. Rice, *EC*, VIII, Sorab tl., n° 110, t.

559. — Ç. 1276 = 1354 ap. J.-C. — Hire-Avali; sur pierre. — Sk. et C.

Épitaphe de deux époux, adeptes laïques.

L. Rice, *EC*, VIII, Sorab tl., n° 104, t. et tr.

560. — Ç. 1277 = 1355 ap. J.-C. — Maleyur; sur un mur. — Sk. et C.

Âdideva, disciple de Hemacandradeva, du Deçi gaṇa, Pustaka gaccha, Kundakunda anvaya, et Lalitakîrti, disciple de Lalitakîrti, font élever une statue de Tîrthakara sur le mont Kanaka.

L. Rice, *EC*, IV, Chamarajnagar tl., n° 153, t. et tr.

561. — Ç. 1284 = 1362 ap. J.-C. — Kanave. — Sk. et C.

Bukkarâya [Ier], roi de Vijayanagara, règle un différend survenu au sujet de terrains qu'il s'agissait d'attribuer à un temple de Pârçvanâtha.

Mention de Cârukîrti-paṇḍita, du Mûla saṅgha, Deçi gaṇa, Pustaka gaccha, Kundakunda anvaya.

L. Rice, *EC*, VIII, Tirthahalli tl., n° 197, t. et tr.

562. — Ç. 1226 (*sic*), année Pârthiva (date irrégulière). [1366 ap. J.-C. ? (L. Rice).] — Hire-Avali; sur pierre. — C.

Voir l'inscription précédente.

Sous Bukkarâya [Ier?] de Vijayanagara. – Épitaphe d'un adepte laïque de Siddhântadeva.

L. Rice, *EC*, VIII, Sorab tl., n° 102, t. et tr.

563. — Ç. 1289 = 1367 ap. J.-C. – Kuppaturu; sur pierre. – Sk. et C.

Mort de Devacandra-muni, disciple de Çrutamuni et guru d'Âdideva, du Deçi gaṇa.

L. Rice, *EC*, VIII, Sorab tl., n° 260, t. et tr.

564. —— Année Plavaṅga. [1367 ap. J.-C. (L. Rice).] – Hire-Avali; sur pierre. – C.

Épitaphe d'un adepte laïque de Vîrasenadeva, du Mûla saṅgha.

L. Rice, *EC*, VIII, Sorab tl., n° 109, t.

565. —— Ç. 1290 = 1368 ap. J.-C. – Sravana-Belgola; dans un temple. – C.

Bukkarâya [Ier] de Vijayanagara réconcilie les Jainas et les Vichnouites et met fin à la persécution dont les premiers étaient l'objet de la part des seconds. La même liberté est accordée aux uns et aux autres pour l'accomplissement de leurs cérémonies religieuses. La statue de Gomaṭa est confiée à une garde spéciale de vingt hommes et les temples jainas détruits seront reconstruits.

L. Rice, *EC*, II, *Sr.-Bel. ins*, n° 136, t. et tr.
C. Mackenzie, *Asiat. Res.*, IX, p. 270-271, tr. – L. Rice, *IA*, XIV, p. 233-235, t. et tr. – F. Kielhorn, *ISI*, n° 461.

566. — Ç. 1290 = 1368 ap. J.-C. – Kalya; sur pierre. – Sk. et C. – Mutilée.

A la requête des Jainas, que persécutaient les Vichnouites,

Bukkarâya [Ier] de Vijayanagara spécifie aux uns et aux autres des droits déterminés.

L. Rice, *EC*, IX, Magadi tl., n° 18, t. et tr.

Cette inscription est une copie de la précédente.

567. — Ç. 1292 = 1370 ap. J.-C., 15e jour de la quinzaine claire de Mârgaçîrṣa. – Echiganahalli; sur pierre. – C.

Mort de Meghacandra. Son disciple Mâṇikyadeva lui élève une tombe. Sont en outre mentionnés Bâhubali-vrati et Pârçvadeva.

L. Rice, *EC*, III, Nanjangud tl., n° 43, t. et tr.

568. — Ç. 1292 = 1370 ap. J.-C. – Tavanandi; sur pierre. – C.

Mort d'un adepte laïque de Mâdhavacandra-Maladhâri.

L. Rice, *EC*, VIII, Sorab tl., n° 201, t. et tr.

569. — Ç. 1293 = 1371 ap. J.-C. – Tavanandi; sur pierre. – Sk. et C.

Épitaphe d'un adepte laïque de Siṃhanandin, âcârya du Balât-kâra gaṇa.

L. Rice, *EC*, VIII, Sorab tl., n° 199, t. et tr.

570. — Ç. 1293 = 1371 ap. J.-C. – Hire-Avali; sur pierre. – Sk. et C.

Épitaphe d'un adepte laïque de Râmacandra-Maladhâri.

L. Rice. *EC*, VIII, Sorab tl., n° 115, t.

571. — Ç. 1294 = 1372 ap. J.-C., 1er jour de la quinzaine claire d'Âṣâḍha. – Hulluhalli; sur pierre. – Sk. et C. – Mutilée.

Mort de Çrutamuni, du Mûla saṅgha, Deçi gaṇa, Kundakunda

anvaya, Iṅgaleçvara bali. Il était le père de Candrakîrti, mort en
Çaka 1278 (= 1356 ap. J.-C.), et eut pour disciples : Mâghanandin,
Çrutakîrti, Municandra, Bâhubalideva, Pârçvadeva et Jinacandra.

Après une invocation à Mahâvîra, on lit encore les noms du
gaṇadhara Gautama, et d'un autre maître, Jayakîrti.

L. Rice, *EC*, III, Nanjangud tl., n° 64, t. et tr.

572. — Ç. **1295** = 1372 ap. J.-C., 3ᵉ jour de la quinzaine claire
de Vaiçâkha. – Sravana-Belgola; sur roc. – Sk. – Mutilée.

Mort de Samayamalladeva, du Mûla saṅgha, Deçi gaṇa. Il était
disciple d'Amalakîrti, lui-même disciple de Dharmabhûṣaṇa,
celui-ci de Çubhakîrti, et ce dernier de Viçâlakîrti. Une tombe
lui est élevée par Vardhamânasvâmin.

L. Rice, *EC*, II, *Sr.-Bel. ins.*, n° 111, t. et tr.
F. Kielhorn, *IA*. XXIII, p. 129, n° 95; – Id., *ISI*, n° 982.

573. — Sans date. – Sravana-Belgola; sur roc. – C.

Épitaphe de Hemacandrakîrti, disciple de Çâ . . .kîrti.

L. Rice, *EC*, II, *Sr.-Bel. ins.*, n° 112, t. et tr.

574. — Ç. **1298** = 1376 ap. J.-C. – Hire-Avali; sur pierre. – C.

Épitaphe d'un adepte laïque de Râmacandra-Maladhâri.

L. Rice, *EC*, VIII, Sorab tl., n° 106, t. et tr.

575. — **Année Nala** [1376 ap. J.-C. (L. Rice)], 1ᵉʳ jour de la
quinzaine claire de Caitra. – Sravana-Belgola; sur pierre. – C.

Mort de Padmanandideva, disciple de Traividyadeva, du Mûla
saṅgha, Deçi gaṇa, Pustaka gaccha, Kundakunda anvaya.

L. Rice, *EC*, II, *Sr.-Bel. ins.*, n° 114, t. et tr.

576. —- Sans date. – Girnar; sur un mur. – Sk. – Mutilée.

Liste des rois de la dynastie Çûḍàsamà, depuis Maṇḍalika [III], qui fit construire un temple en l'honneur de Neminàtha, jusqu'à son huitième successeur, Maṇḍalika [IV]. Ensuite, éloge d'un nommé Çâṇa qui édifia des temples çivaïtes et jainas.

J. Burgess and H. Cousens, *Revised Lists ant. rem. Bombay* (*ASI. XVI*), p. 347-351, n° 7, t. et tr. – J. Burgess, *Ant. Kâṭhiâwâḍ and Kachh* (*ASWI, II*), p. 159-164, t. et tr. de G. Bühler; pl. xxv, f.-s.

577. — Ç. 1301 = 1379 ap. J.-C. – Tavanandi; sur pierre. – C. – Mutilée.

Mort d'un adepte laïque de Râ[macandra]-Maladhàri.

L. Rice, *EC*, VIII, Sorab tl., n° 200, t. et tr.

578. — Ç. 1301 = 1379 ap. J.-C. – Tavanandi; sur pierre. – Sk. et C. – Mutilée.

Mort d'un adepte laïque.

L. Rice, *EC*, VIII, Sorab tl., n° 196, t. et tr.

579. — Ç. 1302 = 1380 ap. J.-C. – Udri; sur pierre. – Sk. et C. – Mutilée.

Mort de Baicapa, ministre du roi Harihara [II] de Vijayanagara, et adepte de la religion jaina.

L. Rice, *EC*, VIII, Sorab tl., n° 152, t. et tr.

580. — Sans date. – Maleyur; sur pierre. – C.

Éloge de Bâhubali-paṇḍita, fils de Nayakîrti, du Deçi gaṇa, Pustaka gaccha, Kundakunda anvaya.

L. Rice, *EC*, IV, Chamarajnagar tl., n° 157, t. et tr.

581. — **Année Dundubhi.** [1382 ap. J.-C. ? (Hultzsch).] — Tirupparuttikkunru (près Conjeeveram); dans un temple. – Tamoul.

Donation d'un village en faveur du temple de Vardhamâna, par Irugapa [ministre de Harihara II de Vijayanagara].

E. Hultzsch, *EI*, VII, n° 15, A, t. et tr.
F. Kielhorn, *EI*, VI, p. 329; – Id., *ISI*, n° 1062.

582. — Ç. 1305 = 1383 ap. J.-C. – Bastipura; sur roc. – C.

Éloge de Sakalacandra, disciple de Vâsupûjya, du Mûla sangha, Kundakunda anvaya, Krânûr gana, Tintriṇi gaccha.

L. Rice, *EC*, III, Seringapatam tl., n° 144, t. et tr.

583. — **Année Udgâri.** [1383 ap. J.-C. (L. Rice).] – Hire-Avali; sur pierre. – C.

Épitaphe d'un adepte laïque de Vîrasenadeva, du Mûla sangha.

L. Rice, *EC*, VIII, Sorab tl., n° 112, t.

584. — Ç. 1306 = 1384 ap. J.-C. – Ravandur; sur pierre. – Sk. et C.

Mort de Çrutakîrti. du Deçi gana, Pustaka gaccha, Kundakunda anvaya. Il était disciple de Prabhendu, celui-ci de Çrutamuni, et ce dernier d'Abhayacandra. Une tombe lui est élevée par Âdidevamuni et toute l'école dite Çruta gana.

L. Rice. *EC*, IV, Hunsur tl., n° 123, t. et tr.

585. — Ç. 1307 = 1386 ap. J.-C. – Vijayanagara; sur un pilier dans un temple. – Sk.

Iruga[pa], fils de Baica[pa] et ministre du roi Harihara II, édifie un temple en l'honneur de Kunthunâtha.

L'inscription contient les noms de quelques maîtres du Mûla saṅgha, Nandi gaṇa, Sarasvatî gaccha, Balâtkâra gaṇa. Le fondateur de cette secte fut Padmanandin ou Kundakunda, qui s'appelait encore Vakragrîva, Mahâmati, Elâcârya et Gṛdhrapiccha. Sont cités ensuite : Dharmabhûṣaṇa ; son disciple Amarakîrti ; son disciple Siṃhanandin, qui eut pour successeur un second Dharmabhûṣaṇa, qui fut suivi de Vardhamâna, lequel eut pour disciple un autre Dharmabhûṣaṇa.

E. Hultzsch, *South-Indian ins.*, vol. I, n° 152 (p. 155-160), t. et tr.

E. C. Ravenshaw, *Asiat. Res.*, XX, p. 36, t.; p. 20-21. tr. (n° 1). – F. Kielhorn, *IA*, XXIII, p. 126. n° 77; – Id., *ISI*, n° 469.

586. — S. 1443 = 1386 ap. J.-C. – Masar; sur le piédestal de statues. – Sk.

Dédicace de statues de Jinas, sous le pontificat de Kamalakîrti, du Kâṣṭha saṅgha.

A. Cunningham, *Reports*, III, p. 68-69, n° 1-3, t. et a.; pl. xxiv, n° 1-3, f.-s.
F. Kielhorn, *INI*, n° 274.

587. — Année Prabhava. [Ç. 1309 = 1387 ap. J.-C. (Hultzsch et Kielhorn).] – Tirupparuttikkunru. – Sk.

A la requête de Puṣpasena, le ministre Irugapa complète le temple de Vardhamâna.

E. Hultzsch, *EI*, n° 15, b, t. et tr.
F. Kielhorn, *ISI*, n° 1063.

588. — Année Vibhava [1388 ap. J.-C. (L. Rice)], 4ᵉ jour de la quinzaine claire de Caitra. – Udri; sur pierre. – Sk. et C.

Mort de Munibhadradeva, du Sena gaṇa, disciple de Candrasena, lui-même disciple de Lakṣmîsena, un descendant spirituel de

Vîrasena et de Jinasena. Il avait bâti un temple à Hisugal et agrandi celui de Mulgunda. Son disciple Vîrasena lui éleva une tombe.

L. Rice, *EC*, VIII, Sorab tl., n° 146, t. et tr.

589. — Ç. 1311 = 1389 ap. J.-C. — Hire-Avali; sur pierre. — C.

Épitaphe d'un adepte laïque de Munibhadra-svâmin.

L. Rice, *EC*, VIII, Sorab tl., n° 116, t.

590. — Ç. 1313 = 1391 ap. J.-C. — Mullur; dans un temple. — Sk. et C. — Mutilée.

Une princesse Koṅgâḷva fait une donation en faveur du temple de Candraprabha, que dirige un maître (dont le nom est effacé) du Deçi gaṇa, Pustaka gaccha, Kundakunda anvaya, disciple de Vijayakîrti, et celui-ci de Çubhendu.

L. Rice, *EC*, IX. Coorg tl., n° 39, t. et tr.

591. — Sans date. — Sravana-Belgola; dans un temple. — C.

Maṅgâyî, une adepte laïque d'Abhinava-Cârukîrti, du Mûla saṅgha, Deçi gaṇa, Pustaka gaccha, Kundakunda anvaya, fonde et dote un temple qui, pour cette raison, reçoit le nom de *Maṅgâyî*, ou de *Tribhuvana-cûḷâmaṇi*.

L. Rice, *EC*, II, *Sr.-Bel. ins.*, n°ˢ 132 et 133, t. et tr.

592. — **Année Âṅgirasa.** [1392 ap. J.-C. (L. Rice).] — Hire-Avali; sur pierre. — C.

Épitaphe d'un adepte laïque de Çubhacandra, du Mûla saṅgha.

L. Rice, *EC*, VIII, Sorab tl., n° 111, t.

593. — Ç. 1317 = 1395 ap. J.-C. — Hale-Sorab; sur pierre. — Sk. et C.

Épitaphe d'un adepte laïque de Siddhântadeva.

L. Rice, *EC*, VIII, Sorab tl., n° 52. t. et tr.

594. — Année Bhâva. [1395 ap. J.-C. (L. Rice).] – Hire-Avali; sur pierre. – Sk. et C.

Sous le règne de Harihara [II] de Vijayanagara. Épitaphe d'une adepte laïque d'un prêtre nommé Siddhântiyaçîça.

L. Rice, *EC*, VIII, Sorab tl., n° 103. t. et tr.

595. — Ç. 1319 = 1397 ap. J.-C. – Hire-Avali; sur pierre. – Sk. et C.

Épitaphe d'un adepte laïque de Mâdhavacandra-Maladhâri.

L. Rice, *EC*, VIII, Sorab tl., n° 121. t.

596. — Ç. 1320 = 1398 ap. J.-C. (date irrégulière dans les détails). – Sravana-Belgola; sur un pilier dans un temple. – Sk.

Mort de Purupaṇḍita, à qui son disciple Abhinavapaṇḍita élève une tombe.

Cette inscription renferme une longue et très importante paṭṭâvalî, dont voici les éléments : Invocation aux vingt-quatre Tîrthakaras, et spécialement à Mahâvîra. – Les onze gaṇadharas : Indrabhûti, Agnibhûti, Vâyubhûti, Akampana, Maurya, Sudharman, Putra, Maitreya, Maṇḍya, Andhavala et Prabhâsaka. – A la mort de Mahâvîra, trois seulement des onze gaṇadharas existaient encore; ce sont les kevalins : Gautama, Sudharman et Jambû. – Les cinq çrutakevalins : Viṣṇu, Aparâjita, Nandimitra, Govardhana et Bhadrabâhu. – Les daçapûrvins : Kṣatriya, Proṣṭhila, Raṅgadeva, Jayasena, Sudharman (?), Vijaya, Viçâkha, Buddhila, Dhṛtiṣeṇa, Nâgasena et Siddhârtha. – Les ekadaçâṅgins : Nakṣatra, Pâṇḍu, Jayapâla, Kaṃsâcârya, et aussi Dhṛtiṣeṇa (?). – Les âcârâṅgas (? *sic*): Loha, Subhadra, Jayabhadra et Yaçobâhu. – Puis une série de maîtres, savoir : Kumbha. Vinîta ou Avinîta, Haladhara, Vâsudeva, Acala, Merudhîra, Sarvajña, Sarvagupta, Mahidhara, Dhanapâla, Mahâvîra et Vîra.

Ensuite vécut Kundakunda, fondateur du Kundakunda anvaya. Les maîtres successifs de cette secte furent : Umâsvâti ou Gṛdhra-piccha, auteur du *Tattvârtha-sûtra;* son disciple Balâkapiccha; Samantabhadra; son disciple Çivakoṭisûri, auteur d'un commentaire sur le *Tattvârtha-sûtra;* Devanandin ou Pûjyapâda; Akalaṅka; Jinasenasûri; Guṇabhadra; puis. . . . . (*lacune*), dont les disciples furent Puṣpadanta et Bhûtabali.

A cette époque, Arhadbalin partagea le Kundakunda anvaya en quatre gaṇas : Sena, Nandi, Deva et Siṃha. Il réalisa de la sorte une plus grande harmonie dans la secte et la différencia plus nette-ment d'avec les Çvetâmbaras.

Le Nandi gaṇa, Deçi gaṇa, Pustaka gaccha, compta une ligne spéciale, appelée Iṅgaleçvara bali. Les représentants de cette école furent : Nâgadeva, Udayaravi, Jina, Meghaprabha, Bâlacandra, Bhânucandra, Çruta, Naya, Guṇadharma et autres. Puis : Candra-dharma et autres; Vidyâdhâmendra, Padma, et Mâṇikyanandin. Ensuite : Nemicandra; Mâghanandin; son disciple Abhayacandra; son fils, le pontife Çrutamuni, dont un descendant fut Abhinava-Çrutamuni. D'autre part, un second Abhayacandra eut un frère nommé Çrutakîrti, qui eut lui-même pour fils Cârukîrti, pontife de la secte. Est enfin nommé Abhayasûri ou Siṃhanârya, qui guérit d'une grave maladie le Hoysala Vîra-Ballâla [III?]. Abhayasûri eut pour disciple Cârukîrti-paṇḍita ou Purupaṇḍita, qui avait fixé sa résidence à Çravaṇa-Belgoḷa, et dont la présente inscription, com-posée par Arhaddâsa, relate la mort.

L. Rice, *EC*, II, *Sr.-Bel. ins.*, n° 105, t. et tr.

F. Kielhorn, *ISI*, n° 983.

597. — Ç. 1321 = 1399 ap. J.-C. — Humcha; sur pierre. — Sk. et C.

Épitaphe d'un adepte laïque.

L. Rice, *EC*, VIII, Nagar tl., n° 51, t. et tr.

598. — Ç. **1321** = 1399 ap. J.-C. – Hire-Avali; sur pierre. – Sk. et C.

Mort d'une adepte laïque de Vijayakîrti.

L. Rice, *EC*, VIII, Sorab tl., n° 105, t. et tr.

599. — Sans date. – Udri; sur pierre. – Sk. et C. – Mutilée.

Mort d'un adepte laïque de Munibhadra.

L. Rice, *EC*, VIII, Sorab tl., n° 153, t. et tr.

600. — **Année Pramâthi.** [1400 ap. J.-C. ? (L. Rice).] – Maleyur; sur un mur. – Sk. et C.

Dédicace d'une statue de Candraprabha par Candrakîrti, disciple de Çubhacandra et de Çrutamuni, du Deçi gaṇa, Pustaka gaccha, Kundakunda anvaya, Iṅgaleçvara bali.

L. Rice, *EC*, IV, Chamarajnagar tl., n° 151, t. et tr.

601. — Ç. **1325** = 1403 ap. J.-C. – Hire-Avali; sur pierre. – Sk. et C.

Épitaphe d'un adepte laïque de Bâlacandra-Maladhâri.

L. Rice, *EC*, VIII, Sorab tl., n° 117, t.

602. — **Année Târaṇa,** 10° jour de la quinzaine sombre de Bhâdrapada (= Ç. 1326 = 1404 ap. J.-C., 30 août? [Kielhorn].) – Sravana-Belgola; sur un mur. – C.

Mort de Harihararâya (Harihara II?) de Vijayanagara.

L. Rice, *EC*, II, *Sr.-Bel. ins.*, n° 126, t. et tr.
F. Kielhorn, *ISI*, n° 478.

603. — Ç. **1327** = 1405 ap. J.-C. — Hale-Sorab; sur pierre. — Sk. et C.

Épitaphe d'une adepte laïque.

L. Rice, *EC*, VIII, Sorab tl., n° 51, t. et tr.

604. — Ç. **1329** = 1407 ap. J.-C. — Hire-Avali; sur pierre. — Sk. et C.

Épitaphe d'un chef de village, adepte de Munibhadradeva.

L. Rice, *EC*, VIII, Sorab tl., n° 107, t. et tr.

605. — Ç. **1330** = 1408 ap. J.-C. — Kuppaturu; sur pierre. — Sk. et C.

Épitaphe d'adeptes laïques. Mention de Siddhântâcârya, du Deçi gaṇa.

L. Rice, *EC*, VIII, Sorab tl., n° 261, t. et tr.

606. — Date effacée (?). — Hire-Avali; sur pierre. — C. — Mutilée.

Sous Devarâya [Ier de Vijayanagara ?]. — Épitaphe d'un adepte laïque.

L. Rice, *EC*, VIII, Sorab tl., n° 108, t. et tr.

607. — Ç. **1331** = 1409 ap. J.-C. — Sravana-Belgola; dans un temple. — Sk. et C.

Donation en faveur de Gomaṭeçvara, par Mâyaṇṇa, originaire du pays canara et adepte laïque de Candrakîrti.

L. Rice, *EC*, II, *Sr.-Bel. ins.*, n° 106, t. et tr.
F. Kielhorn, *IA*, XXIII, p. 126, n° 78; — Id., *ISI*, n° 984.

608. — S. 1467 = 1410 ap. J.-C. - Chaitnath (Gwalior); sur la base d'une statue colossale. – Pk. -- Mutilée.

La date seule reste lisible.

Râjendralâla Mitra, *JASB*, XXXI, p. 404, t.; p. 422. tr.; pl. iii, n° 16, f.-s. F. Kielhorn, *INI*, n° 282.

609. — Date effacée. – Dharmapur; sur pierre. – Sk. et C. – Mutilée.

Il ne reste de cette inscription que le début, célébrant Devarâya [Ier] de Vijayanagara.

L. Rice, *EC*, XI, Hiriyur tl.. n° 28, t. et tr.

610. — Ç. 1337 = 1415 ap. J.-C. – Bharangi; sur pierre. – Sk. et C.

Mort d'un adepte laïque de Panditâcârya et de Çrutamuni. D'autres maîtres sont mentionnés, savoir : Vâdirâja, Jayakîrti, Siddhântavrati, Siddhântadeva et Abhayacandra.

L. Rice, *EC*, VIII, Sorab tl., n° 329, t. et tr.

611. — Ç. 1339 = 1417 ap. J.-C. – Hire-Avali; sur pierre. – Sk. et C.

Épitaphe d'un adepte laïque de Munibhadra, du Sena gaṇa.

L. Rice, *EC*, VIII, Sorab tl., n° 119, t.

612. — Année Hemalambi. [1417 ap. J.-C. (L. Rice).] – Hadikallu. – Sk. et C. – Mutilée.

Mort d'un adepte laïque de Guṇasena.

L. Rice, *EC*, VIII, Tirthahalli tl., n° 121, t. et tr.

613. — Ç. 1343 = 1421 ap. J.-C. — Hire-Avali; sur pierre. — C. — Mutilée.

Épitaphe d'un adepte laïque.

L. Rice. *EC.* VIII, Sorab tl., n° 120. t.

614. — Ç. 1343 = 1421 ap. J.-C. — Hire-Avali; sur pierre. — Sk. et C.

Mort d'un autre adepte de Munibhadra, du Sena gaṇa.

L. Rice. *EC.* VIII, Sorab tl., n° 118. t.

615. — Ç. 1344 = 1422 ap. J.-C. — Maleyur; sur pierre (n° 144) et sur plaques de cuivre (n° 159). — Sk. et C.

Le roi de Vijayanagara Harihararâya (Vîravijaya?), fils de Devarâya [Ier], fait donation du village de Maleyûr en faveur du temple construit sur le mont Kanaka.

L. Rice. *EC,* IV. Chamarajnagar tl., n°s 144 et 159, t. et tr.

616. — **Année Çubhakṛt.** [Ç. 1344 (**Kielhorn**) = 1422 ap. J.-C.] — Sravana-Belgola; dans un temple. — Sk.

Irugapa [II], neveu de Irugapa [Ier] qui avait été ministre du roi Harihara II de Vijayanagara, fait une donation en l'honneur de Gomaṭa, et la remet à Çrutamuni, encore appelé Paṇḍitârya. La généalogie d'Irugapa est donnée comme il suit :

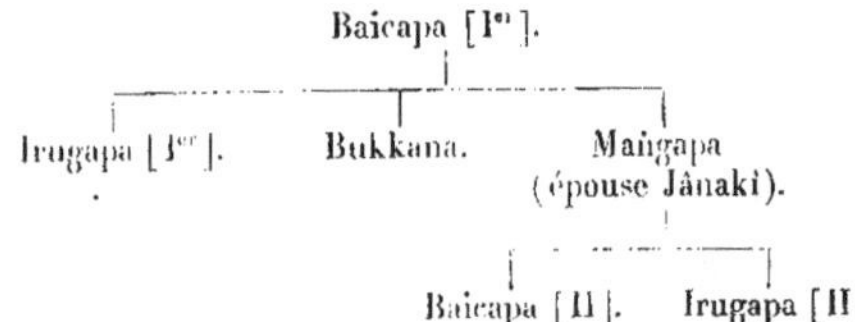

H. Lüders. *EI.* VIII. n° 4, t. et tr.

L. Rice. *EC.* II, *Sr.-Bel. ins.,* n° 82. t. et a. — E. Hultzsch, *EI,* VII, p. 115. n. 2. — F. Kielhorn. *ISI.* n° 486.

617. — S. 1481 et Ç. 1346 = 1424 ap. J.-C. — Deogarh; sur pierre. — Sk.

Consécration de deux statues par un prêtre nommé Holi, avec le concours de Guṇakîrti, Harapati, Vardhamâna, Nandana, Sunandana, et d'autres prêtres non désignés. Cette cérémonie fut accomplie sur l'ordre de Çubhacandra, disciple de Padmanandin, lui-même disciple de Prabhâcandra, celui-ci de Ratnakîrti, et ce dernier de Dharmacandra. L'inscription fut composée par un Jaina nommé Vardhamâna.

Râjendralâla Mitra, *JASB*, LII, p. 67-80, t. et tr.
A. Führer. *Ant. and Ins. in North-Western Provinces and Oudh* (*ASI*, II), p. 120, a. — F. Kielhorn, *IA*, XIX, p. 32, n° 45; — Id., *INI*, n°s 285 et 374.

618. — Ç. 1346 = 1424 ap. J.-C. — Saraguru. — Sk. et C. — Mutilée.

Donation en faveur du culte de Gomateçvara, à Çravaṇa-Belgola.

L. Rice, *EC*, IV, Heggadadevankote tl., n° 1, t., tr. et f.-s.

619. — Ç. 1346 = 1424 ap. J.-C. — Varangana; sur plaques de cuivre. — Sk. et C.

Le roi de Vijayanagara Devarâya [II] fait une donation en faveur du temple de Neminâtha.

R. Sewell, *Ins. of Southern India* (*ASSI*, II), p. 14, n° 89, a.

620. — Ç. 1348 = 1426 ap. J.-C. — Vijayanagara; dans un temple. — Sk.

Le roi Devarâya [II] construit un temple en l'honneur de Pârçvanâtha.

E. Hultzsch. *South-Indian ins.*, vol. I, n° 153 (p. 160-167), t. et tr.
E. C. Ravenshaw. *Asiat. Res.*, XX, p. 38, t.; p. 22-24, tr. (n° 3). — F. Kielhorn, *ISI*, n° 490.

621. — Ç. 1349 = 1427 ap. J.-C. – Begur; sur pierre. – Sk. et
C. – Mutilée.

Donation de terrain par un adepte laïque. Mention de Çubhacandra, du Deçi gaṇa, Kundakunda anvaya, Pustaka gaccha.

L. Rice, *EC*, IX, Bangalore tl., n° 82, t. et tr.

622. — **S. 1485** = 1428 ap. J.-C. – Girnar; sur un pilier. – Sk.

Hommage à Neminàtha par une adepte laïque.

J. Burgess and H. Cousens, *Revised Lists ant. rem. Bombay* (*ASI*, XVI), p. 354-
355, n° 12, t. et tr.

623. — **Année Sâdhâraṇa.** [1430 ap. J.-C.? (L. Rice).] – Anevalu; sur le mur d'un temple. – Sk. et C.

Fondation d'un temple jaina.

L. Rice, *EC*, IV, Hunsur tl., n° 62, t. et tr.

624. — Ç. 1353 = 1432 ap. J.-C. – Karkala; sur les côtés de la
statue colossale. – Sk. et C.

Sur l'avis de Lalitakîrti, du Deçi gaṇa, Panasoge bali, le prince
Vîrapâṇḍya, fils de Bhairavendra, fait élever la statue colossale de
Gomaṭeçvara.

E. Hultzsch, *EI*, VII, n° 14, c et d, t. et tr.
A. C. Burnell, *IA*, II, p. 353-354, t. et tr. — L. Rice, *EC*, II, *Sr.-Bel.
ins.*, Introd., p. 31-32, t. et tr. – F. Kielhorn, *IA*, XXIII, p. 119, n° 42; –
Id., *ISI*, n° 985.

625. — Ç. 1355, 9ᵉ jour de la quinzaine claire d'Âṣâḍha II =
1432 ap. J.-C., 7 juillet (Kielhorn). – Sravana-Belgola; sur un
pilier. – Sk.

Mort de Çrutamuni, disciple de Purupaṇḍita.

Son épitaphe fut composée par le poète Mangarâja. Elle contient
une paṭṭâvalî dont voici les éléments : Vardhamâna, Gautama;
Bhadrabâhu et son disciple Candragupta(?); Kundakunda, Umâsvâti, Balâkapiccha, Samantabhadra, Pûjyapâda, Akalaṅka. C'est
dans la lignée de ce dernier que prirent naissance les quatre gaṇas
désignés sous les noms de Deva, Nandi, Siṃha et Sena.

Dans le Nandi gaṇa, Deçi gaṇa, Pustaka gaccha, une subdivision
fut appelée l'Iṅgaleçvara bali. C'est à cette école qu'appartinrent :
Çrutakîrti; Cârukîrti, à qui est ici attribuée la guérison du roi
Hoysaḷa Ballâḷa (cf. *supra*, n° 596); et Purupaṇḍita, qui fit de Çravaṇa-Belgoḷa un sanctuaire sans égal, et qui compta Çrutamuni
parmi ses disciples.

L. Rice, *EC*, II, *Sr.-Bel. ins.*, n° 108, t. et tr.
F. Kielhorn. *IA*, XXIII. p. 129, n° 96; – Id.. *ISI*, n° 986.

626. –– **Année Pramâdîca.** [1433 ap. J.-C.? (L. Rice).] – Anevalu; sur une statue brisée. – C.

Dédicace d'une statue d'Anantanâtha.

L. Rice, *EC*, IV, Hunsur tl., n° 60, t. et tr.

627. — Ç. 1358 = 1436 ap. J.-C. – Karkala; sur un pilier en
face de la statue colossale. – C.

Le prince Vîrapâṇḍya, fils de Bhairavendra, fait élever un pilier
surmonté d'une statue de Brahmâ en tant qu'acolyte d'un Tîrthakara.

E. Hultzsch, *EI*, VII, n° 14, e, t. et tr.
F. Kielhorn, *ISI*, n° 987.

628. — S. 1493 et Ç. 1358 = 1436 ap. J.-C. – Deogarh. – Sk.

Copie d'une inscription jaina communiquée à M. Kielhorn par
M. J. Burgess, mais dont l'analyse n'est pas donnée.

F. Kielhorn, *IVI*, n° 287 et 375.

629. — S. 1494 — 1437 ap. J.-C. — Mont Abu; dans un temple en ruine. — Sk.

Construction d'un temple par plusieurs membres de la communauté çvetàmbara.

H. H. Wilson, *Asiat. Res.*, XVI. p. 313, n° xxv. a.

630. — S. 1494 — 1438 ap. J.-C. — Nagada; sur la base d'une statue. — Sk.

Dédicace d'une statue de Çântinâtha par un riche marchand nommé Sahaṇapâla. La consécration fut accomplie par Sâgarasûri, successeur de Candrasûri, lequel avait été précédé par Vardhamâna, et celui-ci par Râjasûri, dans le Kharatara gaccha.

Bhavnagar Ins., p. 112-113. t. et tr.
F. Kielhorn. *INI*, n° 288.

631. — S. 1496 = 1439 ap. J.-C. — Girnar; sur un mur. — Sk.

Pèlerinage au temple de Neminâtha par une famille d'adeptes laïques du Kharatara gaccha.

J. Burgess and H. Cousens, *Revised Lists ant. rem. Bombay* (*ASI*, XVI), p. 355, n° 13. a, t. et tr.

632. — S. 1496 = 1440 ap. J.-C. — Ranapur (d. Jodhpur); sur un pilier. — Sk.

Consécration d'un temple par Somasundarasûri, du Bṛhat-Tapâ gaccha. Ce maître avait été canonisé chef du Purandara gaccha par Devasundarasûri, descendant spirituel de Jagaccandrasûri et de Devendrasûri.

Bhavnagar Ins., p. 113-117, t. et tr.
F. Kielhorn. *INI*, n° 290.

633. — **S. 1497** = 1440 ap. J.-C. — Gwalior; sur le piédestal d'une statue. – Pk.

Consécration d'une statue d'Âdinâtha. Mention de Kîrtideva, successeur de Guṇakîrtideva, du Puskara gaccha et de la communauté de Kâñcî.

Râjendralâla Mitra, *JASB.* XXXI, p. 404, a.; p. 422-423, t. et tr.; pl. iii, n° 18, f.-s.

F. Kielhorn, *INI*, n° 291.

634. — **S. 1497** = 1440 ap. J.-C. — Mont Abu; dans le temple d'Âdinâtha. – Pk.

Donations en faveur d'Âdinâtha.

H. H. Wilson, *Asiat. Res.*, XVI, p. 313, n° xxvii, a.

635. — **Année Kṣaya** (= Ç. 1368 = 1446 ap. J.-C. [Kielhorn]). – Sravana-Belgola; sur un mur. – Sk.

Mort de Pratâpa-Devarâya (frère cadet de Devarâya II de Vijaya-nagara?).

L. Rice, *EC*, II, *Sr.-Bel. ins.*, n° 125 et 127, t. et tr.
F. Kielhorn, *IA*, XXV, p. 346, n° 5; – Id., *ISI*, n° 495.

636. — **S. 1503** = 1446 ap. J.-C. — Munich; sur une statue en bronze. – Sk.

Dédicace d'une statue de Pârçvanâtha, qui fut consacrée par Udayacandrasûri, disciple de Çâlibhadrasûri, de la secte Jîrâpallîya.

J. Klatt, *IA*, XXIII, p. 183, t. et tr.

637. — Sans date. [Vers 1450 ap. J.-C.? (L. Rice).] – Mont Nidugallu; sur pierre. – C.

Épitaphe d'une adepte laïque de Vṛṣabhasena, appartenant au Mûla saṅgha.

L. Rice, *EC*, XII, Pavugada tl.. n° 56, t. et tr.

638. — S. 1509 = 1452 ap. J.-C. – Mont Abu; sur une statue. – Sk.

Donation en faveur des temples d'Âdinâtha et de Neminâtha.

H. H. Wilson. *Asiat. Res.*, XVI, p. 311, n° xxi, a.

639. — S. 1510 = 1453 ap. J.-C. – Tonk (Rajputana); sur la base de statues. – Pk.

Dédicace de onze statues de Tîrthakaras, par un riche parti-culier, nommé Lâpû, son épouse ainsi que ses deux fils et leurs épouses. Ils appartenaient à la tribu des Khandârvâls, professaient la foi digambara et étaient adeptes de Jinacandra.

Hîrânanda Shâstri, *Arch. Survey Panjab and United Provinces, Annual Report 1903-1904*, p. 61-62. a.

640. — S. 1510 = 1454 ap. J.-C. – Gwalior; dans un temple. – Pk.

Mention de Kṣemakîrti, de son successeur Hemakîrti, et du suc-cesseur de celui-ci Kamalakîrti, de la communauté de Kâñcî.

Râjendralâla Mitra, *JASB*, XXXI, p. 404, a.; p. 423-424, t. et tr.
F. Kielhorn, *IA*, XIX, p. 374, n° 199; – Id., *INI*, n° 294.

641. — Année Dhâtu. [1456 ap. J.-C. (L. Rice).] – Bharangi; sur pierre. – Sk. et C.

Mort d'une adepte laïque.

L. Rice, *EC*, VIII, Sorab tl., n° 331, t. et tr.

642. — S. 1514 = 1457 ap. J.-C. – Chitor; sur pierre. – Sk.

Consécrations d'empreintes des pieds de Vṛṣabha (?) par Âmradeva, de la secte Bhartṛpurîya.

D. R. Bhandarkar, *Arch. Survey Western India, Progress Report 1903-1904*,
p. 59, t.

643. — S. 1516 = 1459 ap. J.-C. – Bawaganj (Malva); sur le
portail d'un temple. – Sk.

Ratnakîrti, disciple de Kamalakîrti, lui-même disciple de Hemakîrti, et celui-ci de Kṣemakîrti, fait réparer le temple jaina de
Bawaganj, au moment où la secte Kâṣṭha s'apprêtait à un pèlerinage à Mathurâ.

E. Impey, *JASB*, XVIII, p. 951-953. n° 3, t. et tr.

644. — S. 1518 = 1461 ap. J.-C. – Mont Abu; sur le portail du
temple de Caturmukha. – Sk.

Dédicace de statues d'Âdinâtha et de Çântinâtha.

H. H. Wilson, *Asiat. Res.*, XVI, p. 298-299, n°ˢ XIII et XIV, a.

645. — S. 1522 = 1465 ap. J.-C. – Girnar; sur un mur. – Sk.
– Mutilée.

Mention de Harṣakîrti, Padmakîrti et Bhuvanakîrti, du Mûla
saṅgha.

J. Burgess and H. Cousens, *Revised Lists ant. rem. Bombay (ASI, XVI)*,
p. 355, n° 13, *b*, t. et tr.

646. — **Année Pârthiva.** [1466 ap. J.-C. (L. Rice).] – Bharangi;
sur pierre. – Sk. et C.

Mort d'un adepte laïque de Devacandra, disciple de Çrutamuni,
du Mûla saṅgha, Nandi gaṇa, Pustaka gaccha, Deçi gaṇa.

L. Rice, *EC*, VIII, Sorab tl., n° 330, t. et tr.

647. — S. 1525 = 1468 ap. J.-C. – Mont Abu; sur une statue de bronze. — Sk.

Dédicace d'une statue de Vṛṣabha.

H. H. Wilson, *Asiat. Res.*, XVI, p. 301, n° xvii, a.

648. — S. 1529 = 1472 ap. J.-C. – Mont Abu; sur le portail du temple de Caturmukha. — Sk.

Dédicace d'une statue d'Âdinâtha.

H. H. Wilson, *Asiat. Res.*, XVI, p. 299, n° xv, a.

649. — Ç. 1395 = 1473 ap. J.-C. – Yiduvani; sur pierre. – Sk. et C.

Donation de terrain aux temples de Pârçvanâtha et de Neminâtha, à la requête de Viçâlakîrti.

L. Rice, *EC*, VIII, Sagar tl., n° 60, t. et tr.

650. — S. 1536 = 1479 ap. J.-C. – Gedi; sur une statue. – Sk. – Mutilée.

Consécration d'une statue d'Âdinâtha dans le temple de Mahâvîra.

D. P. Khakhar, *Report on remains in Kachh* (*ASWI, Selections*, n° clii), p. 88, n° 40, t.

651. — S. 1538 = 1481 ap. J.-C. – Bhilri; sur la base d'une statue. – Sk. et Guzerati.

Dédicace d'une statue par un Poravâl.

J. Kirste, *EI*, II, n° v, n° 1 (p. 25), t. et tr.

652. — Ç. 1404 = 1482 ap. J.-C. – Harave; sur pierre. – Sk. et C.

Donation de terrain par un adepte laïque.

L. Rice, *EC*, IV, Chamarajnagar tl., n° 189, t. et tr.

653. — S. 1543 et Ç 1408 = 1486 ap. J.-C. – Chitor; sur pierre. – Sk.

Consécration d'une statue de Vṛṣabha par Jinasamudrasûri, du Kharatara gaccha.

D. R. Bhandarkar, *Arch. Survey Western India, Progress Report 1903-1904*, p. 59, t.

654. — Ç. 1409 = 1487 ap. J.-C. – Hógekere; sur pierre. – Sk. et C.

Le prince Sâḷuvendra fonde un temple et donne à son ministre Padma le village d'Ogeyakeṛe en faveur des Jainas.

L. Rice, *EC*, VIII, Sagar tl., n° 163 (1ʳᵉ partie), t. et tr.

655. — Ç. 1412 = 1490 ap. J.-C. – Hogekere. – Sk. et C.

Le gouverneur de Vogeyakeṛe, feudataire du Sâḷuva Indagarasa, fonde et dote un temple en l'honneur de Pârçvanâtha.

L. Rice, *EC*, VIII, Sagar tl., n° 163 (III° partie), t. et tr.

656. — Ç. 1413 = 1491 ap. J.-C. – Bidarur; sur plaque de cuivre. – Sk. et C.

Le prince Sâḷuva Indagarasa fait une donation en faveur du temple de Vardhamâna.

L. Rice, *EC*, VIII, Sagar tl., n° 164, t. et tr.

657. — Ç. 1414 = 1492 ap. J.-C. – Maleyur; sur pierre. – C. – Mutilée.

Donation de terrain en faveur du temple construit sur le mont Kanaka.

L. Rice. *EC*. IV, Chamarajnagar tl., n° 160, t. et tr.

658. — Ç. 1420 = 1498 ap. J.-C. — Hogekere; sur pierre. — Sk. et C.

Le ministre Padma (cf. *supra*, n° 654), adepte laïque de Paṇḍitâcârya, fonde et dote un temple en l'honneur de Pârçvanâtha.

L. Rice, *EC*, VIII, Sagar tl., n° 163 (II° partie), t. et tr.

659. — S. 15.. (fin du xvᵉ s. ap. J.-C.). — Satrunjaya; sur plaque de cuivre. — Pk.

Mention d'un maître nommé Udayasâgarasûri.

G. Bühler, *EI*, II, n° vi, n° 117 (p. 86), a.

660. — S. 1566 = 1509 ap. J.-C. — Mont Abu; dans un temple. — Sk.

Dédicace d'une statue d'Âdinâtha.

H. H. Wilson, *Asiat. Res.*, XVI, p. 298, n° xii, a.

661. — Ç. 1432 = 1510 ap. J.-C. — Sravana-Belgola; sur un pilier. — C.

Le fils de Keçavanâtha, ministre de Kulottuṅga-Caṅgâlva-Mahâdeva, fait réparer les constructions annexes à la statue colossale de Gomaṭeçvara.

L. Rice, *EC*, II, *Sr.-Bel. ins.*, n° 103, t. et a.
F. Kielhorn, *ISI*, n° 988.

662. — S. 1573 = 1516 ap. J.-C. — Bahadurpur (d. Alwar); dans un temple en ruine. — Sk.

Des membres de la tribu des Çrîmâlîs fondent un temple, sous le pontificat de Jinahaṃsasûri, du Kha[ratara] gaccha.

A. Cunningham, *Reports*, XX, p. 119-120, t. et tr.

663. — Ç. 1440 = 1518 ap. J.-C. – Maleyur; sur roc et sur pierre. – Sk. et C.

Un monument est élevé à la mémoire de Municandra du Kâlogra gaṇa, par trois de ses disciples : d'une part, Vṛṣabhadâsa et Vidyânanda; d'autre part, Âdidâsa, également du Kâlogra gaṇa, qui relève en même temps les empreintes des pieds du maître.

L. Rice, *EC*, IV, Chamarajnagar tl., nᵒˢ 147, 148 et 161, t. et tr.

664. — Ç. 1452 = 1529 ap. J.-C. – Kallabasti; sur pierre. – Sk. et C.

Kâlaladevî, sœur de Vîra-Bhairava, prince de Kârakaḷa, fait une donation au temple de Pârçvanâtha.

L. Rice, *EC*, VI, Koppa tl., nᵒ 47, t. et tr.

665. — S. 1587 et Ç. 1453 = 1530 ap. J.-C. – Satrunjaya; sur le portail du grand temple d'Âdîçvara. – Pk.

Karmarâja ou Karmasiṃha, un riche marchand de Citrakûṭa, de la tribu des Osvâls et de la famille Râjakoṣṭhâgâra, ministre de Ratnasiṃha, prince de Citrakûṭa, fait restaurer le temple de Puṇḍarîka et dédie une statue de Vṛṣabha.

Âmarâja, roi de Kanauj (vers 725 ap. J.-C.?), que convertit Bappabhattisûri, est donné comme le fondateur de la tribu des Osvâls.

G. Bühler, *EI*, II, nᵒ vi, nᵒ 1 (p. 42-47), t. – *Bhavnagar Ins.*, p. 134-140, t. et tr.

Le Grand Jacob, *JB*, I, p. 57-59, nᵒ 1, tr. – F. Kielhorn, *IVI*, nᵒˢ 304 et 380.

666. — **S. 1587** et **Ç. 1453** == 1530 ap. J.-C. — Satrunjaya; sur la base de statues. – Pk.

Des membres de la famille Râjakoṣthâgâra, de la grande branche des Osvâls de Citrakûṭa, font élever des statues d'Âdinâtha et de Puṇḍarîka.

G. Bühler, *EI*, II, n" vi. n°ˢ 2 et 3 (p. 47-48). t.

667. — Sans date. [Vers 1530 ap. J.-C. (L. Rice).] —Humcha; sur pierre. – C.

Éloge de Vidyânandasvâmin ou Vâdi-Vidyânanda, chef des munis de Gerasoppe, et auteur du *Buddhêça-bhavana-vyâkhyâna* (en canara).

Il fréquenta la cour de plusieurs rois, entre autres celle du Gangâlva Nañjadeva, du Sâḷuva Kṛṣṇadeva, de Bhairava, prince de Kârakaḷa, des princes de Nagari, et celle de Kṛṣṇarâya de Vijaya-nagara (1508-1530 ap. J.-C.). Il soutint avec succès plusieurs controverses religieuses et fit, en particulier, abjurer la foi franque (*Peringiya-mata* = chrétienne?) à un vice-roi de Çrîranganagara (Seringapatam). Aussi son éloquence est-elle comparée à celle d'Akalaṅka et de Bâṇa.

La liste de ses ascendants spirituels constitue une longue et importante paṭṭâvalî du Kundakunda anvaya, Nandi gaṇa :

Mahâvîra, Gautama, Bhadrabâhu, et Umâsvâti, auteur du *Tattvârtha-sûtra;* Siddhântakîrti; Akalaṅka, auteur d'un bhâṣya sur le *Devâgama-stotra* de Samantabhadra; Vidyânanda, commentateur de l'*Âptamîmâṃsâ* et auteur du *Çloka-vârtikâlaṃkâra;* Mâṇikya-nandin; Prabhâcandra, auteur du [*Prameya-kamala-*]*mârtaṇḍa;* Pûjyapâda, auteur du *Nyâya-kumuda-candrodaya*, d'un nyâsa sur les sûtras de Çâkaṭâyana, du *Jainendra-nyâsa*, du *Çabdâvatâra-nyâsa* sur les sûtras de Pâṇini, du *Vaidya-çâstra* et d'une ṭîkâ sur le *Tattvârtha-sûtra;* Vardhamâna-muni, qui fut guru des rois Hoysaḷas, ainsi que ses successeurs; Vâsupûjya; Çrîpâla; Pâtrakeçarin; Nemicandra,

auteur de plusieurs ouvrages, parmi lesquels le *Triloka-sâra;* Mâdhavacandra, Abhayacandra, Jayakîrti, Jinacandra, Indranandin,
Vasantakîrti, Viçâlakîrti, Çubhakîrti, Padmanandin, Mâghanandin,
Siṃhanandin, Candraprabha, Vasunandin, Mâghacandra, Vîranandin, Dhanañjaya, Vâdirâja l'orateur: Dharmabhûṣaṇa, Siṃhakîrti, Merunandin, Vardhamâna, Prabhâcandra, Amarakîrti, Viçâlakîrti, Nemicandra; Siṃhakîrti, le logicien, qui défit les Bouddhistes
à la cour du sultan Mahamuda de Diḷḷi (peut-être Muḥammad IV,
1434-1443 ap. J.-C.); Viçâlakîrti, pontife du Balâtkâra gaṇa, qui
soutint avec succès une controverse à la cour de Virûpâkṣa [II?] de
Vijayanagara (vers 1480 ap. J.-C.); son fils, Vidyânandamuni,
qui fut honoré par le roi Sâḷuva Mallirâya; le fils de Vidyânandamuni, Devendrakîrti; et enfin Vidyânanda dont l'éloge constitue la
présente inscription.

Les contemporains et successeurs de Vidyânanda furent : Nemicandra, son collègue, qui consacra un temple de Pârçvanâtha à
Pomburcha (Humcha); Viçâlakîrti, fils de Vidyânanda et qui eut
pour collègue Amarakîrti; Devendrakîrti, fils de Viçâlakîrti et qui
eut lui-même pour fils Vardhamâna, auteur de l'inscription.

L. Rice, *EC*, VIII, Nagar tl., n° 46, t. et tr.

668. — **Année Khara.** [1531 ap. J.-C.? (L. Rice).] — Maddagiri; sur pierre. – Sk. et C. – Mutilée.

Donation de terrain. Mention de Jinasenadeva et de Mallinâtha-
svâmin.

L. Rice, *EC*, XII, Maddagiri tl., n° 14, t. et tr.

669. — **Année Nandana.** [1532 ap. J.-C.? (L. Rice).] — Sravana-Belgola; dans un temple. – Sk. et C.

Construction d'une chapelle et réparations à divers temples par
Gommaṭaṇṇa, un adepte laïque.

L. Rice, *EC*, II, *Sr.-Bel. ins.*, n° 134, t. et tr.

670. — Ç. 1459 (pour 1460 [Kielhorn] = 1538 ap. J.-C.). – Sravana-Belgola; sur un pilier. – Sk. et C.

Remise d'hypothèques ayant été consentie à des adeptes laïques, ceux-ci font des donations.

L. Rice, *EC*, II, *Sr.-Bel. ins.*, nᵒˢ 99-102, t. et a.
F. Kielhorn, *ISI*, n° 990.

671. — **Année Vikâri.** [1539 ap. J.-C.? (L. Rice).] – Sravana-Belgola; dans un temple. – C.

Pèlerinage à Çravaṇa-Belgoḷa par de pieuses femmes de Gerasoppe, sous la conduite de [la nonne?] Çrî-Avvegaḷ.

L. Rice, *EC*, II, *Sr.-Bel. ins.*, n° 135, t. et tr.

672. — S. 1597 = 1540 ap. J.-C. – Naralai; dans un temple. – Sk.

Deux adeptes laïques, de la tribu des Osvâls, font consacrer une statue d'Âdinâtha par Îçvarasûri, disciple de Devasundara et pontife du Saṇḍeraka gaccha. Une courte paṭṭâvalî de cette secte est donnée; elle comprend les noms suivants : Yaçobhadrasûri, Çâlisûri, Sumatisûri, Çântisûri et Îçvarasûri.

Bhavnagar Ins., p. 140-143, t. et tr.
F. Kielhorn, *INI*, n° 306 (propose la date S. 1557?).

673. — Ç. 1466 = 1544 ap. J.-C. – Anjanagiri; sur pierre. – C. – Mutilée.

Abhinava-Cârukîrti fait reconstruire en pierre le temple de Çântinâtha qui avait été d'abord édifié en bois en Çaka 1453 (= 1531 ap. J.-C.). Il était, avec Çântikîrti, le disciple de Cârukîrti-paṇḍitadeva, du Deçî gaṇa, Pustaka gaccha, Kundakunda anvaya.

L. Rice, *EC*, I, *Coorg ins.*, n° 10, t. et tr.

F. Kielhorn. *ISI*, n° 991.

674. — Sans date. [Vers 1560 ap. J.-C. (L. Rice).] — Govardhanagiri; sur un pilier de bronze. – Sk. et C.

Sous le roi Sâluva Devarâya, dont le guru fut Paṇḍitarâya. Éloge d'une famille de riches marchands qui bâtirent et dotèrent de magnifiques temples dans plusieurs villes, en particulier à Kṣemapura.

A la requête d'Abhinava-Samantabhadra, des embellissements sont apportés au temple de Neminâtha, à Kṣemapura.

L. Rice, *EC*, VIII, Sagar tl., n° 55, f.-s., t. et tr.

675. — S. 1620 = 1563 ap. J.-C. — Satrunjaya; dans des chapelles. – Pk.

Des adeptes laïques, appartenant aux tribus des Poravâls, des Çrîmâlîs et des Osvâls, font consacrer des statues de Jinas. Sont mentionnés comme étant à la tête du Tapâ gaccha : Vijayadâna et Hîravijaya.

G. Bühler, *EI*, II, n° vi, n°ˢ 4-10 (p. 48-50), t.

676. — S. 1634 = 1577 ap. J.-C. — Sirohi; dans un temple. – Sk.

Construction d'un temple en l'honneur d'Âdinâtha.

H. H. Wilson, *Asiat. Res.*, XVI, p. 316, n° xliii, a.

677. — Ç. 1500 = 1578 ap. J.-C. – Heggere; sur pierre. – C.

Donation de terrain en vue de la restauration d'un temple.

L. Rice, *EC*, XII, Chik-Nayakanhalli tl., n° 22, t. et tr.

678. — **S. 1640** = 1583 ap. J.-C. – Satrunjaya; sur une statue. – Pk.

Un adepte laïque, nommé Tejahpâla, fait consacrer une statue.

G. Bühler, *EI*, II, n° vi, n° 11 (p. 50), t.

679. — **S. 1642** = 1585 ap. J.-C. – Taranga; dans un temple. – Sk. et Guzerati.

Restauration du grand temple. Hîravijaya et Vijayasena sont mentionnés comme pontifes du Tapâ gaccha.

J. Kirste, *EI*, II, n° v, n° 29 (p. 33-34), t. et a.

680. — **Ç. 1508** = 1586 ap. J.-C. – Karkala; sur granit. – Sk. et C.

A la requête de Lalitakîrti, du Deçi gaṇa, Panasoge bali, Bhairava [II], prince de Kârakaḷa, fait construire le temple dit *Caturmukha-basti*, l'orne de statues et le dote du revenu de plusieurs villages.

Krishna Sastri, *EI*, VIII, n° 10, t. et tr.
J. Walhouse, *IA*, V, p. 40-45, t. et tr. – F. Kielhorn, *ISI*, n° 993.

681. — **Ç. 1513** = 1591 ap. J.-C. – Madras(?); sur plaque de cuivre. – C.

Donation de terrain.

R. Sewell, *Ins. of Southern India* (*ASSI*, II), p. 14, n° 91, a.

682. — **S. 1650** = 1593 ap. J.-C. – Satrunjaya; sur le portail du temple d'Âdiçvara. – Pk.

Un adepte laïque, nommé Tejahpâla, après un pèlerinage au mont Çatruñjaya en Samvat 1646 (cf. *supra*, n° 678?), fait restaurer le grand temple d'Âdîçvara, qui ne l'avait pas été depuis Samvat 1588 (= 1531 ap. J.-C.). Les travaux furent achevés en Samvat 1649, et le temple consacré l'année suivante par Hîravijaya, pontife du Tapâ gaccha.

La première partie de l'inscription consiste en une paṭṭâvalî de la secte Tapâ, savoir : Vardhamâna; le gaṇadhara Sudharman; Susthita et Supratibuddha, les fondateurs du Koṭika gaṇa; Vajra, fondateur de la Vajrâ çâkhâ; Vajrasena et ses cinq disciples : Nâga, Indra, Candra, fondateur du Candra kula, Nirvṛti et Vidyâdhara. En Samvat 1285 (= 1228 ap. J.-C.), Jagaccandra fonda le Tapâ gaccha. En Samvat 1582 (= 1525 ap. J.-C.), Ânandavimala imposa une nouvelle discipline à la secte. Il fut suivi par Vijayadâna, et celui-ci eut pour successeur Hîravijaya. Hîravijaya fut un pontife célèbre. L'empereur Akbar l'honorait de son amitié. A son instigation, il promulgua en Samvat 1639 (= 1582 ap. J.-C.) un édit interdisant le meurtre d'animaux pendant six mois, ainsi que la confiscation des biens des personnes décédées; il abolit en outre différentes taxes, mit en liberté un grand nombre de prisonniers, fonda une bibliothèque pour les Jainas et leur donna le mont Çatruñjaya. D'autre part, Hîravijaya fut un habile propagandiste. Il convertit Meghajî, le chef des Lumpâkas, ramena beaucoup d'adhérents au Tapâ gaccha et provoqua de nombreux pèlerinages au Çatruñjaya. Il eut pour disciple Vijayasena qui fut également en relations avec l'empereur Akbar. Celui-ci, à sa requête, promulgua un nouvel édit interdisant de mettre à mort des bœufs et des vaches, de confisquer les biens des défunts et de faire des prisonniers de guerre.

G. Bühler, *EI*, II, n° vi, n° 12 (p. 50-59), t.
Le Grand Jacob, *JB*, I, p. 59-66, tr.; p. 96-103, t. (ins. n°s 2 et 3). — F. Kielhorn, *INI*, n° 308.

683. — **S. 1650** = 1593 ap. J.-C. — Satruñjaya; dans le temple d'Âdîçvara. — Pk.

Vimalaharṣa, disciple de Hîravijaya (pontife du Tapâ gaccha),
conduit au Çatruñjaya un pèlerinage de deux cents moines.

G. Bühler, *EI*, II, n° vi, n° 118 (p. 86), t. et a.

684. — S. 1651-1652 = 1594-1596 ap. J.-C. – Anhilvad-Patan;
dans un temple. – Pk.

Fondation du temple de Vâḍîpura-Pârçvanâtha, par Ratna-
kumyarajî, un adepte laïque de la tribu des Osvâls.

Une paṭṭâvalî du Kharatara gaccha donne les noms de vingt-
quatre pontifes : 1. Uddyotana. – 2. Vardhamâna. – 3. Jineçvara Ier. – 4. Jinacandra Ier. – 5. Abhayadeva, le commentateur.
– 6. Jinavallabha, auteur de la *Piṇḍa-viçuddhi*. – 7. Jinadatta. –
8. Jinacandra II. – 9. Jinapati. – 10. Jineçvara II. – 11. Jinaprabodha. – 12. Jinacandra III. – 13. Jinakuçala. – 14. Jinapadma.
– 15. Jinalabdhi. – 16. Jinacandra IV. – 17. Jinodaya. – 18. Jinarâja. – 19. Jinabhadra. – 20. Jinacandra V. – 21. Jinasamudra. –
22. Jinahaṃsa. – 23. Jinamâṇikya. – 24. Jinacandra VI, le controversiste, qui consacra Jinasiṃha, fut en relations avec l'empereur
Akbar, et provoqua la construction du temple de Pârçvanâtha.

G. Bühler, *EI*, I, n° xxxvii (p. 319-324), t. et a.

J. Burgess and H. Cousens, *Ant. of Northern Gujarat* (*ASI*, XXXII), p. 49-
51, tr. partielle. – F. Kielhorn, *IA*, XX, p. 141, n°s 260 et 261; – Id., *INI*,
n°s 309 et 587.

685. — S. 1652, 2e jour de la quinzaine sombre de Mârgaçîrṣa
= 1595 ap. J.-C., 8 décembre (Kielhorn). – Satrunjaya; dans un
temple. – Pk.

Vijayasena, pontife du Tapâ gaccha, consacre les empreintes des
pieds de son prédécesseur Hîravijaya, qui était mort cette même
année Saṃvat 1652, le 10e jour de la quinzaine claire de Bhâdrapada.

G. Bühler, *EI*, II, n° vi, n° 13 (p. 59-60), t.

F. Kielhorn, *INI*, n° 310.

686. — **S. 1652** = 1595 ap. J.-C. – Anhilvad-Patan; sur la base d'une statue. – Sk.

Consécration d'une statue de Pârçvanâtha par Vijayasena, successeur de Hîravijaya, du Tapà gaccha.

J. Burgess and H. Cousens. *Ant. of Northern Gujarat* (*ASI*, XXXII), p. 44-45, tr.

687. — **S. 1653** = 1596 ap. J.-C. – Sirohi; dans un temple. – Sk.

Dédicace d'une statue par des adeptes laïques.

H. H. Wilson, *Asiat. Res.*, XVI, p. 316. n° xliii. a.

688. — **Ç. 1521** = 1599 ap. J.-C. – Koppa; sur pierre. – Sk. et C.

Le prince de Kârakaḷa [Vira-]Bhairava [II] fait une donation de terrain en faveur du temple de Pârçvanâtha.

L. Rice, *EC*, VI, Koppa tl., n° 50, t. et tr.

689. — **Ç. 1525-1526** = 1604 ap. J.-C. – Venur; sur les côtés de la statue colossale. – Sk. et C.

Sur l'avis de Cârukîrti, maître du Deçi gaṇa et pontife de Çravaṇa-Belgoḷa, un chef nommé Timmarâja, appartenant à la famille Câmuṇḍa, fait élever la statue colossale de Gomaṭeçvara.

E. Hultzsch, *EI*, VII, n° 14, f et g, t. et tr.
L. Rice, *EC*, II, *Sr.-Bel. ins.*, Introd., p. 32, t. et a. – F. Kielhorn, *ISI*, n° 994.

690. — **Ç. 1526** = 1604 ap. J.-C. – Venur; dans des temples. – Sk.

Les épouses d'un chef, Ajilaru, adepte favori de Cârukîrti, font

construire deux sanctuaires en face de la statue colossale de Go-
mala; l'un est dédié à Candraprabha, l'autre à Çântinâtha.

E. Hultzsch, *EI*, VII, n° 14, p. 114, a.
J. Walhouse, *IA*, V, p. 38, n. 2, tr.

691. — Ç. **1530** = 1608 ap. J.-C. – Melige; sur pierre. – Sk.
et C.

Construction d'un temple en l'honneur d'Anantanâtha, par un
riche marchand, adepte de Viçâlakîrti, de la lignée de Vidyânanda,
disciple de Devendrakîrti, du Balâtkâra gaṇa.

L. Rice, *EC*, VIII, Tirthahalli tl., n° 166, t. et tr.

692. — S. **1675** = 1619 ap. J.-C. — Satrunjaya; sur des statues.
– Pk.

Un adepte laïque, Savâ-Somajî, de la petite branche des Poravâls, d'Ahmadâbâd, fait élever quatre statues d'Adinâtha, aux
quatre points cardinaux du temple dit *Caturmukha*.

Une paṭṭavâlî du Kharatara gaccha est rappelée. Elle comprend
les mêmes noms que l'inscription n° 684 *supra*. Jinacandra VI,
est-il dit ensuite, convertit l'empereur Akbar, reçut de lui le titre de
yugapradhâna, et lui fit promulguer un édit interdisant le meurtre
d'animaux pendant huit jours. De plus il ramena le sultan Jahângîr
à des sentiments d'humanité et protégea les prêtres que ce prince
avait bannis. Le successeur de Jinacandra fut Jinasimha. Il entre-
prit plusieurs voyages dans diverses contrées, institua un festival,
fit promulguer plusieurs édits interdisant le meurtre d'animaux, et
obtint du sultan Jahângîr le titre de *yugapradhâna*. Son successeur
fut Jinarâja, un protégé de la déesse Ambikâ, selon la légende.

G. Bühler, *EI*, II, n° VI, n°ˢ 17-20 (p. 61-64), t.
F. Kielhorn, *INI*, n° 313.

Ces quatre inscriptions furent composées par Jinasâgara, Jayasoma, Guṇa-
vinaya, Dharmanidhâna, Ânandakîrti, Bhadrasena et Bhuvanarâja.

693. — S. 1675 = 1619 ap. J.-C. — Satrunjaya; dans des temples. — Pk.

Dédicace de statues par des adeptes laïques appartenant aux tribus des Osvâls et des Poravâls. Sont mentionnés comme pontifes de la secte Kharatara : Jinasiṃhasûri et Jinarâjasûri.

G. Bühler, *EI*, II. n° vi, n°ˢ 14-16 (p. 60-61) et 24 (p. 67), t.
F. Kielhorn, *INI*, n° 313.

694. — S. 1675-1676 et Ç. 1541 = 1619-1620 ap. J.-C. — Satrunjaya; dans un temple. — Pk.

Un Osvâl, nommé Padmasika, fait construire un temple en faveur de l'Añcala ou Vidhipakṣa gaccha.

Une paṭṭâvalî de cette secte, après une invocation à Mahâvîra, contient les noms suivants : Âryarakṣita, Jayasiṃha, Dharmaghoṣa, Mahendrasiṃha, Siṃhaprabha, Ajitasiṃha, Devendra, Dharmaprabha, Siṃhatilaka, Mahendraprabha, Merutuṅga, Jayakîrti, Jayakeçarin, Siddhântasamudra, Bhâvasâgara, Guṇanidhâna, Dharmamûrti, et enfin Kalyâṇasâgara qui était pontife en l'an 1620 ap. J.-C.

L'inscription fut composée par Devasâgara, disciple de Vinayacandra-gaṇi.

G. Bühler, *EI*, II. n° vi, n° 21 (p. 64-66), t.
F. Kielhorn, *INI*, n°ˢ 314 et 383.

695. — S. 1675 = 1619 ap. J.-C. — Satrunjaya; dans une chapelle. — Pk.

Un membre de la tribu des Çrîmâlîs, d'Ahmadâbâd, fait construire une chapelle. Sont cités comme maîtres de l'Añcala gaccha : Dharmamûrti et Kalyâṇasâgara.

G. Bühler, *EI*, II. n° vi, n° 22 (p. 67). t.

696. — S. 1676 = 1620 ap. J.-C. – Satrunjaya; dans un temple.
– Pk.

Dédicace d'une statue de Vimalanâtha par un membre de la tribu des Çrìmâlîs. Vijayadevasûri, successeur de Vijayasenasûri, était pontife du Tapâ gaccha.

G. Bühler, *EI*, II, n° vi, n° 25 (p. 68), l.

697. — S. 1682 = 1625 ap. J.-C. – Satrunjaya; dans un temple.
– Pk.

Un Osvâl de Jesalamer fait consacrer des empreintes des pieds de Puṇḍarîka. Le pontife de la secte Kharatara est Jinarâjasûri.

G. Bühler, *EI*, II, n° vi, n° 26 (p. 68), t.

698. — S. 1683 = 1626 ap. J.-C. – Satrunjaya; dans un temple.
– Pk.

Consécration d'un temple de Candraprabha. L'inscription, composée par Devasâgara, contient une paṭṭâvalî de l'Añcala gaccha analogue à celle du n° 694 *supra*, jusqu'à Kalyâṇasâgara inclusivement.

G. Bühler, *EI*, II, n° vi, n° 27 (p. 68-71), t.
F. Kielhorn, *INI*, n° 316.

699. — Sans date. – Satrunjaya; sur la base d'une statue. –
Pk.

Consécration d'une statue, à la requête de Kalyâṇasâgara, pontife de la secte Añcala.

G. Bühler, *EI*, II, n° vi, n° 116 (p. 86), a.

700. — S. 1683 = 1626 ap. J.-C. – Girnar; sur pierre. – Sk.

A l'occasion d'un pèlerinage, Màṃsiṃhajî-Meghajî, de la caste des Çrìmàlîs, fait réparer le vieux chemin conduisant au mont Girnàr.

J. Burgess and H. Cousens, *Revised Lists ant. rem. Bombay* (*ASI*, XVI), p. 360, n° 31, t. et tr.

701. — S. 1[6]84 = 1627 ap. J.-C. — Satrunjaya; sur la base d'une statue. – Pk.

Dédicace d'une statue d'Âdinàtha par un Çrìmàlî de Pattana.

G. Bühler, *EI*, II, n° vi, n° 28 (p. 72), t.

702. — S. 1686 et Ç. 1551 = 1629 ap. J.-C. — Satrunjaya; dans un temple. – Pk.

Dédicace d'une statue de Çàntinàtha par un habitant d'Ahmadàbàd, appartenant à la grande branche des Vàniyàs.

Dans le Mùla saṅgha, Sarasvatî gaccha, Balàtkàra gaṇa, Kundakunda anvaya, sont cités les maîtres suivants : Sakalakîrti, Bhuvanakîrti, Jñànabhùṣaṇa, Vijayakîrti, Çubhacandra, Sumatikîrti, Guṇakîrti, Vàdibhùṣaṇa, Ràmakîrti, et Padmanandin, qui était pontife à la date de l'inscription.

G. Bühler, *EI*, II, n° vi, n° 30 (p. 72), t.
F. Kielhorn, *INI*, n°ˢ 317 et 384.

703. — S. 1686 = 1629 ap. J.-C. — Satrunjaya; dans un temple. – Pk. – Mutilée.

Dédicace d'une statue par un Çrìmàlî.

G. Bühler, *EI*, II, n° vi, n° 29 (p. 72), t.

704. — S. 1686 = 1629 ap. J.-C. — Nakhaur (Bihar méridional); sur pierre (?). – Sk.

Des adeptes laïques font consacrer des empreintes des pieds de
Gautamasvâmin par Jinarâjasûri, du Brhat-Kharatara gaccha.

H. T. Colebrooke, *Miscell. Essays*, vol. II (1837), p. 318-319, t. et tr.;
pl. vii, f.-s.

705. — Sans date. [Vers 1630 ap. J.-C. (L. Rice).] — Maleyur;
sur pierre. – C. – Mutilée.

Dédicace de statues par un certain Devarasa.

L. Rice, *EC*, IV, Chamarajnagar tl., n° 156, t. et tr.

706. — S. 1689 = 1632 ap. J.-C. – Sarotra; dans un temple. –
Sk. et Guzerati.

Donation en vue de l'achèvement d'un temple. Vijayadeva et
Vijayasimha sont cités comme pontifes du Tapâ gaccha.

J. Kirste. *EI*, II, n° v, n° 20 (p. 31), t. et a.

707. — S. 1689 = 1632 ap. J.-C. – Sarotra; dans le même
temple que la précédente. – Sk. et Guzerati.

Construction d'une chapelle annexe au temple de Mahâvîra. Le
pontife du Tapâ gaccha est Vijayadeva.

J. Kirste, *EI*, II, n° v, n° 21 (p. 31), t. et a.

708. — S. 1689 = 1632 ap. J.-C. – Sarotra; dans le même
temple que les précédentes. – Sk. et Guzerati.

Fondation d'un temple de Pârçvanâtha et donations diverses en
faveur de ce temple. Vijayadeva est pontife de la secte Tapâ.

J. Kirste, *EI*, II, n° v, n°s 22-26 (p. 32-33), t. et a.

709. — Ç. 1556 = 1634 ap. J.-C. – Sravana-Belgola; dans un
temple (n° 84) et copie sur plaque de cuivre (n° 140). – C.

Sur l'intervention de Câmarâja, roi de Mysore, les marchands
qui avaient des hypothèques sur les terrains dépendant des temples
de Çravaṇa-Belgola en font remise à titre de donation. Cet abandon
a lieu en présence du chef de la communauté, Cârukîrti-paṇḍitadeva. Défense est faite aux prêtres, sous peine d'excommunication,
d'hypothéquer à l'avenir ces terrains.

L. Rice, *EC*, II, *Sr.-Bel. ins.*, nᵒˢ 84 et 140, t. et tr.
F. Kielhorn, *IA*, XXIII, p. 121, nᵒ 50; – Id., *ISI*, nᵒ 995.

710. — Ç. **1560** = 1638 ap. J.-C. – Halebid; sur pierre. – Sk.
et C.

Une ordonnance est promulguée au sujet de l'exercice du culte
dans le temple de Pârçvanâtha construit par Boppa, fils du ministre
Gaṅgarâja (cf. nᵒ 301). Cet édit a pour objet de mettre un terme
aux empiétements des Çivaïtes.

L. Rice, *EC*, V, Belur tl., nᵒ 128, t. et tr.
L. Rice, *Mysore ins. translated*, nᵒ 119, tr. – J. F. Fleet, *PSCI*, nᵒ 237.
– F. Kielhorn, *IA*, XXIV, p. 3-4, nᵒ 136; – Id., *ISI*, nᵒ 544.

711. — S. **1696** = 1639 ap. J.-C. – Satrunjaya; dans un temple.
– Pk.

Dédicace d'une statue de Pârçvanâtha. Vijayadeva et Vijayasiṃha
sont mentionnés comme pontifes du Tapâ gaccha. En outre un hommage est rendu à leurs prédécesseurs, Hîravijaya et Vijayasena.

G. Bühler, *EI*, II, nᵒ vi, nᵒ 31 (p. 72-73), t.

712. — Ç. **1565**, 14ᵉ jour de la quinzaine sombre de Pauṣa =
1643 ap. J.-C., 29 décembre (Kielhorn). – Sravana-Belgola; sur
roc. – Sk.

Mort de Cârukîrti-paṇḍitadeva, encore appelé Traividya-cakreçvara.

L. Rice, *EC*, II, *Sr.-Bel. ins.*, n° 142, t. et tr.
F. Kielhorn, *IA*, XXIII, p. 126, n° 72; – Id., *ISI*, n° 996.

713. — Ç. 1570 = 1648 ap. J.-C. – Sravana-Belgola; dans un temple. – Marathi.

Fondation d'un petit temple qui fut consacré par Cârukîrti-Dharmacandra.

L. Rice, *EC*, II, *Sr.-Bel. ins.*, n° 118, t. et a.

714. — S. 1710 = 1653 ap. J.-C. – Satrunjaya; dans un temple. – Pk.

Consécration d'un temple par Vijayasiṃhasûri, pontife du Tapâ gaccha.

G. Bühler. *EI*, II. n° vi, n° 32 (p. 73), t.

715. — S. 1710 = 1653 ap. J.-C. – Satrunjaya; sur une colonne. – Pk.

Un Osvâl fait construire un sanctuaire.

Dans le Tapâ gaccha sont mentionnés : Hîravijaya et Vijayasena; puis Vijayadeva et Vijayaprabha, l'un et l'autre avec les titres d'âcârya et de sûri; enfin Kîrtivijaya-gaṇi, disciple de Hîravijaya, avec le titre de mahopâdhyâya, et Vinayavijaya-gaṇi, avec celui d'upâdhyâya.

G. Bühler, *EI*, II, n° vi, n° 33 (p. 73-74), t.

716. — S. 1718 = 1661 ap. J.-C. – Sirohi; dans un temple. – Sk.

Des adeptes laïques font bâtir un temple en l'honneur de Neminâtha.

H. H. Wilson, *Asiat. Res.*, XVI, p. 316, n° xliii, a.

717. — S. 1721 = 1664 ap. J.-C. – Sirohi; dans un temple.
– Sk.

Dédicace de statues d'Âdinâtha et de Supârçvanâtha.

H. H. Wilson, *Asiat. Res.*, XVI, p. 316, n° xliii. a.

718. — **Année Saumya.** [1669 ap. J.-C. ? (L. Rice).] – Sravana-Belgola; sur roc. – C.

Pèlerinage à la statue de Gomaṭa.

L. Rice, *EC*, II, *Sr.-Bel. ins.*, n° 117, t. et tr.

719. — Ç. 1596 = 1674 ap. J.-C. – Madane; sur pierre. – C.

Devarâja, roi de Mysore, fait donation d'un village en faveur des ascètes placés sous les ordres de Cârukîrti-paṇḍitâcârya, à Çravana-Belgola.

L. Rice, *EC*, V, Channarayapatna tl., n° 273, t. et tr.

720. — Ç. 1596=1674 ap. J.-C. – Maleyur; sur roc. – Sk. et C.

Consécration de Lakṣmîsena-muni. Les empreintes de ses pieds sont relevées par Vijayappaiya.

L. Rice, *EC*, IV, Chamarajnagar tl., n° 149, t. et tr.

721. — S. 1736 = 1679 ap. J.-C. – Sirohi; dans un temple. – Sk.

Dédicace d'une statue de Pârçvanâtha.

H. H. Wilson, *Asiat. Res.*, XVI, p. 316, n° xliii, a.

722. — Ç. 1602 = 1680 ap. J.-C. – Sravana-Belgola; sur roc. – C.

Pèlerinage de deux femmes, adeptes laïques.

L. Rice, *EC*, II, *Sr.-Bel. ins.*, n° 116, t. et a.

723. — Sans date. – Belluru; dans un temple. – Sk. et C.

Voir *supra*, n° 720.

A la requête de Lakṣmìsena, de Çravaṇa-Belgoḷa, un de ses adeptes laïques fait bâtir un temple en l'honneur de Vimalanàtha, sur un terrain donné par Devaràja, roi de Mysore.

L. Rice, *EC*, IV, Nagamangala tl., n° 43, t. et tr.

724. — Ç. 1621 = 1699 ap. J.-C. – Hagalahalli; sur pierre. – C.

Un adepte d'Àdinàtha-paṇḍitadeva, du Mûla saṅgha, Tintriṇi gaccha, fait construire un moulin à huile.

L. Rice, *EC*, III, Malavalli tl., n° 48, t. et tr.

725. — S. 1773 et Ç. 1638 = 1716 ap. J.-C. – Sikra; dans un temple. – Pk.

Construction d'un temple en l'honneur de Vàsupûjya.

D. P. Khakhar, *Report on remains in Kachh* (*ASWI*, *Selections*, n° clii), p. 84, t.; p. 95, a. (ins. n° 23).

726. — Ç. 1621 (pour 1645 = 1723 ap. J.-C.? [Kielhorn]). – Sravana-Belgola; dans un temple. – Sk. et C.

Donations par Kṛṣṇaràja, roi de Mysore.

L. Rice, *EC*, II, *Sr.-Bel. ins.*, n° 83, t. et tr.
F. Kielhorn, *ISI*, n° 1002.

727. — S. 1783 = 1726 ap. J.-C. – Satrunjaya; sur une pierre sculptée. – Pk.

Un *siddhacakra*, offert par un Çrîmâlî, est consacré par Devacandra, disciple de Dîpacandra, lui-même disciple de Jñânadharma,
et celui-ci de Râjasâra, de la lignée de Jinacandrasûri [VI]. du
Kharatara gaccha.

G. Bühler, *EI*, II, n° vi, n° 34 (p. 77), a.

728. — S. 1788 = 1731 ap. J.-C. – Satrunjaya; sur la base de
statues. – Pk.

Un adepte laïque de la secte Kharatara fait consacrer plusieurs
statues par l'upâdhyâya Dîpacandra.

G. Bühler, *EI*, II, n° vi, n°ˢ 35 et 36 (p. 77), a.

729. — S. 1788 et Ç. 1653 = 1731 ap. J.-C. – Satrunjaya; dans
un temple. – Pk.

A la requête de Vijayadâya, bhaṭṭâraka du Tapâ gaccha, une
statue de Candraprabha est offerte par un Çrîmâlî et consacrée par
Sumatisâgara, un autre bhaṭṭâraka de la même secte.

G. Bühler, *EI*, II, n° vi, n° 37 (p. 77), a.

730. — S. 1791 = 1734 ap. J.-C. – Satrunjaya; dans un temple.
– Pk.

Le ministre Ratnasiṃha, de la tribu des Osvâls, qui fit promulguer dans le Guzerate un édit interdisant le meurtre des animaux,
dédie une statue de Pârçvanâtha, que consacre Vijayadâyasûri,
successeur de Vijayakṣamasûri, du Tapâ gaccha.

G. Bühler, *EI*, II, n° vi, n° 38 (p. 77), a.

731. — S. 1794 et Ç. 1659 = 1737 ap. J.-C. – Satrunjaya; dans
un temple. – Pk.

Un Osvâl fait restaurer un temple et dédie une statue que

consacre Devacandra, disciple de Dîpacandra, celui-ci de Jñânadharma, et ce dernier de Râjasâra, sous le pontificat de Jinacandrasûri [VII], du Kharatara gaccha.

G. Bühler, *EI*, II, n° vi, n° 39 (p. 77), a.

732. — **Année Siddhârtha.** [1739 ap. J.-C.? (L. Rice).] – Sravana-Belgola; sur roc. ⟶ C.

Construction d'une chapelle par le fils d'un chef de village.

L. Rice, *EC*, II, *Sr.- Bel. ins.*, n° 121, t. et tr.

733. — **S. 1808** = 1751 ap. J.-C. – Sirohi; dans un temple.
– Sk.

Consécration d'un temple et d'une statue de Pârçvanâtha par
Padmaratnasûri.

H. H. Wilson, *Asiat. Res.*, XVI, p. 316, n° xliii, a.

734. — **S. 1810** = 1753 ap. J.-C. – Satrunjaya; dans un temple.
– Pk.

Consécration d'une statue de Sumatinâtha par Sarvasûri.

G. Bühler, *EI*, II, n° vi, n° 40 (p. 78), a.

735. — **S. 1814** = 1757 ap. J.-C. – Satrunjaya; dans un temple.
– Pk.

Un Poravâl de Râjanagara (Ahmadâbâd) fait construire un
temple que consacre Udayasûri.

G. Bühler, *EI*, II, n° vi, n° 41 (p. 78), a.

736. — **S. 1815** = 1758 ap. J.-C. – Satrunjaya; sur la base d'une
statue. – Pk.

Un habitant de Bhâvanagara fait consacrer une statue de Pârçvanâtha par Râjasâmasûri, du Laghuposâla gaccha.

G. Bühler, *EI*, II, n° vi, n° 42 (p. 78), a.

737. — S. 1821 et Ç. 1686 = 1764 ap. J.-C. — Gedi; sur une statue. — Sk. — Mutilée.

Dédicace d'une statue de Çântinâtha.

D. P. Khakhar, *Report on remains in Kachh* (*ASWI, Selections*, n° clii), p. 88, t.; p. 96, a. (ins. n° 41).

738. — S. 1822 = 1765 ap. J.-C. — Satrunjaya; dans un temple. — Pk.

Dédicace de deux statues.

G. Bühler, *EI*, II, n° vi, n° 43 (p. 78), a.

739. — S. 1829 = 1772 ap. J.-C. — Rajgir; dans un temple. — Sk.

Un Osvâl restaure le temple construit sur le Ratnagiri, et fait consacrer des empreintes des pieds de Pârçvanâtha.

A. M. Broadley, *JASB*, XLI, p. 250, tr.

740. — S. 1843 et Ç. 1708 = 1786 ap. J.-C. — Satrunjaya; dans un temple. — Pk.

Un Çrîmâlî de Râjanagara (Ahmadâbâd) fait consacrer une statue d'Âdinâtha par Vijayajinendrasûri, du Tapâ gaccha.

G. Bühler, *EI*, II, n° vi, n° 44 (p. 78), a.

741. — S. 1845 et Ç. 1710 = 1788 ap. J.-C. — Mandavi; dans un temple. — Pk.

Consécration de statues par Vijayajinendra, du Tapâ gaccha.

J. Burgess and H. Cousens, *Revised Lists ant. rem. Bombay* (*ASI*, XVI), p. 106,
n^ns 2-4, t.

742. — S. 1848 = 1791 ap. J.-C. – Patna; dans un temple. – Sk.

La communauté jaina fait élever en l'honneur de Sthûlabhadra
un temple que consacrent Çrîlota (? *sic*) et Gulâbacandra, du Tapâ
gaccha.

L. A. Waddell, *Discovery of the exact site of Pâṭaliputra* (Calcutta, 1892),
p. 18, t. et tr.

**743. — S. 1848 = 1791 ap. J.-C. – Rajgir; dans un temple. –
Sk.**

Consécration d'une statue sur le mont Vipula, par Amṛta-
dharma.

A. M. Broadley, *JASB*, XLI, p. 249, tr.

**744. — S. 1857 = 1800 ap. J.-C. – Mandavi; dans un temple.
– Pk.**

Construction d'un temple en l'honneur d'Âdinâtha.
Dans le Sarasvatî gaccha, Balâtkâra gaṇa, Kundakunda anvaya,
sont nommés les maîtres suivants : Sakalakîrti, Tîjayakîrti, Nemi-
candradeva, Candrakîrti, Râmakîrti et Yajñakîrti.

J. Burgess and H. Cousens, *Revised Lists ant. rem. Bombay* (*ASI*, XVI),
p. 106, n° 1, t.

**745. — S. 1860 et Ç. 1726 = 1803 ap. J.-C. – Satrunjaya; sur
la base d'une statue. – Pk.**

Dédicace d'une statue de Çântinâtha par un Çrîmâlî.

G. Bühler, *EI*, II, n° vi, n° 45 (p. 78), a.

746. — S. 1860 et Ç. 1726 = 1803 ap. J.-C. — Satrunjaya; sur la base de statues. — Pk.

Des Osvâls de Surat, adeptes laïques de Vijayadevacandrasûri, de l'école de Vijayânandasûri, font consacrer des statues de Pârçvanâtha par Vijayajinendrasûri, du Tapâ gaccha.

G. Bühler, *EI*, II, n° vi. n°ˢ 46 et 47 (p. 78), a. [Voir *EI*, I, p. 377-378, t. et tr.]

747. — S. 1860 et Ç. 1726 = 1803 ap. J.-C. — Satrunjaya; dans un temple. — Pk.

Vijayajinendrasûri, du Tapâ gaccha, consacre des statues élevées par des adeptes laïques à la requête de Puṇyasâgarasûri, de la secte Añcala.

G. Bühler, *EI*, II, n° vi, n°ˢ 48 et 49 (p. 78), a.

748. — S. 1860-1861 = 1803-1804 ap. J.-C. — Satrunjaya; dans un temple. — Pk.

Vîracand, d'Ahmadâbâd, un Poravâl adepte de l'école de Vijayânandasûri, fonde un temple qui fut commencé en Saṃvat 1860 et terminé en Saṃvat 1861.

G. Bühler, *EI*, II, n° vi, n° 50 (p. 79), a.

749. — S. 1861 et Ç. 1726 = 1804 ap. J.-C. — Satrunjaya; sur pierre. — Pk.

Un Çrîmâlî de Surat dédie une statue, sous le pontificat de Puṇyasâgara sûri, successeur de Kîrtisâgarasûri, lui-même successeur d'Udayasâgarasûri, dans l'Añcala gaccha.

G. Bühler, *EI*, II, n° vi, n° 51 (p. 79), a.

750. — Ç. 1731, 4ᵉ jour de la quinzaine sombre de Bhâdrapada

=1809 ap. J.-C., 27 septembre (Kielhorn). — Sravana-Belgola;
sur roc. — C.

Mort d'Aditakîrtideva, du Deçi gaṇa, Kundakunda anvaya. Il
était disciple de Çântikîrtideva, qui l'avait été d'Ajitakîrtideva, et
celui-ci de Cârukîrtipaṇḍitadeva.

L. Rice, *EC*, II, *Sr.-Bel. ins.*, n° 72, t. et tr.
F. Kielhorn, *IA*, XXIII, p. 126, n° 80; — Id., *ISI*, n° 1010.

751. — S. 1867=1810 ap. J.-C. — Satrunjaya; sur un mur. —
Guzerati.

Interdiction, sous réserves déterminées, de construire des temples
dans le Hâthî-pola.

G. Bühler, *EI*, II, n° vi, n° 52 (p. 79), a.

752. — Sans date. [Vers 1810 ap. J.-C. (L. Rice).] — Sravana-
Belgola; sur roc. — C.

Le fils d'un marchand fait construire une chapelle et creuser un
étang.

L. Rice, *EC*, II, *Sr.-Bel. ins.*, n° 123, t. et a.

753. — Ç. 1735=1813 ap. J.-C. — Maleyur; sur roc. — Sk.

Bhaṭṭâkalaṅka-muni, pontife du Deçi gaṇa, Pustaka gaccha,
meurt sur le mont Kanaka.

L. Rice, *EC*, IV, Chamarajnagar tl., n°s 146 et 150, t. et tr.

754. — S. 1875=1818 ap. J.-C. — Satrunjaya; dans une chapelle. — Pk.

Construction d'un petit temple et dédicace de statues.

G. Bühler, *EI*, II, n° vi, n° 53 (p. 79), a.

755. — S. 1876=1819 ap. J.-C. – Masar; sur le piédestal d'une statue. – Sk.

Dédicace d'une statue de Pârçvanâtha par un adepte laïque et ses quatre fils.

Dans le Mûla saṅgha, Kundakunda anvaya, était alors pontife Mahendrabhûṣaṇa, successeur de Jinendrabhûṣaṇa, qui lui-même avait succédé à Viçvabhûṣaṇa.

A. Cunningham, *Reports*, III, p. 70, t. et a.; pl. xxiv, n° 4, f.-s.
F. Kielhorn, *INI*, n° 326.

756. — S. 1881=1824 ap. J.-C. – Pabhosa; sur pierre. – Sk.

Dédicace d'une statue de Pârçvanâtha par un adepte laïque de Lalitakîrti, de l'école de Jagatkîrti, descendant de Lohâcârya, dans le Puskara gaṇa, Mathurâ gaccha, Kâṣṭha saṅgha.

A. Führer, *EI*, II, n° xix, n° 3 (p. 244), f.-s , t. et tr.
F. Kielhorn, *IVI*, n° 327.

757. — Ç. 1748=1827 ap. J.-C. – Sravana-Belgola; sur un pilier. – C.

Donation privée en faveur de Gomateçvara.

L. Rice, *EC*, II, *Sr.-Bel. ins.*, n° 98, t. et a.
F. Kielhorn, *IA*, XXIII, p. 127, n° 82; – Id., *ISI*, n° 1012.

758. — Date effacée (1828 ap. J.-C.? [L. Rice]). - Kelasuru; dans un temple. – Sk.

Le roi Kṛṣṇarâja de Mysore fait réparer plusieurs statues, dont une de Candraprabha.

L. Rice, *EC*, IV, Gundlupet tl., n° 18, t. et tr.

759. — S. 1885=1828 ap. J.-C. – Satrunjaya; dans un temple. – Pk.

Un temple est construit en l'honneur de Candraprabha et consacré par Jinaharṣasûri, du Kharatara gaccha.

G. Bühler, *EI*, II, n° vi, n° 54 (p. 79), a.

760. — S. 1886=1829 ap. J.-C. – Satrunjaya; dans un temple. – Pk.

Un Osvâl de Râjanagara (Ahmadâbâd) fait consacrer une statue de Puṇḍarîka, sous le pontificat de Çântisâgarasûri, du Sâgara gaccha.

G. Bühler, *EI*, II, n° vi, n° 55 (p. 79), a.

761. — S. 1886=1829 ap. J.-C. – Satrunjaya; sur une statue. – Pk.

Un Osvâl de Râjanagara fait élever un temple en l'honneur de Pârçvanâtha, et dédie une statue du même Tîrthakara. La consécration eut lieu sous le pontificat de Râjendrasâgarasûri, de l'Añcala gaccha.

G. Bühler, *EI*, II, n° vi, n° 56 (p. 79), a.

762. — S. 1886=1829 ap. J.-C. – Satrunjaya; dans un temple. – Pk.

Divers ornements, dédiés par un Osvâl de Râjanagara, sont consacrés par le bhaṭṭâraka du Kharatara gaccha.

G. Bühler, *EI*, II, n° vi, n°ˢ 57 et 58 (p. 79), a.

763. — S. 1886 et Ç. 1751=1829 ap. J.-C. – Satrunjaya; dans un temple. – Pk.

Un temple et une statue de Candraprabha, élevés par un Osvâl de Râjanagara, sont consacrés sous le pontificat de Çântisâgarasûri, du Sâgara gaccha.

G. Bühler, *EI*, II, n° vi, n° 59 (p. 80), a.

764. — Ç. **1751**=1829 ap. J.-C. - Narasipur; sur pierre. – Sk. et C.

Donation de terrain à un Jaina nommé Devacandraiya, en récompense d'une action héroïque.

L. Rice, *EC*, IV, Heggadadevankote tl., n° 51, t. et tr.

765. — S. **1887**=1830 ap. J.-C. – Satrunjaya; dans un temple. – Pk.

Un temple et une statue de Kunthunâtha, élevés par un Osvâl d'Ajamera, sont consacrés par Devacandra, sous le pontificat de Jinaharsasûri, du Kharatara gaccha.

G. Bühler, *EI*, II, n° vi, n° 60 (p. 80), a.

766. — S. **1888** et Ç. **1752**=1830 ap. J.-C. – Sravana-Belgola; dans un temple. – Sk.

Le roi de Mysore, Krsnarâja, fait donation de quatre villages en faveur de Gomateçvara. Le donataire est Cârukîrti-pandita, pontife ayant autorité sur Dilli, Hemâdri (Maleyûr), Sudhâ (Canara septentrional), Sangîta (peut-être Venûr, dans le Canara méridional), Svetapura, Ksemavenu (Canara méridional), et enfin Çravana-Belgola.

Cette inscription est encore datée de l'an 2493 de Mahâvîra, ce qui fait remonter la mort de celui-ci à 663 av. J.-C.

L. Rice, *EC*, II, *Sr.-Bel. ins.*, n° 141, t. et a.
F. Kielhorn, *IA*, XXV, p. 346, n° 6; – Id., *ISI*, n° 1013.

767. — S. **1888**=1831 ap. J.-C. – Satrunjaya; dans un temple. – Pk.

Trois statues de Candraprabha, dédiées par un Osvâl d'Ahmadâbâd, sont consacrées par Devacandra, sous le pontificat de Jinaharṣasûri, du Kharatara gaccha.

G. Bühler, *EI*, II, n° vi, n° 61 (p. 80), a.

768. — S. 1889 et Ç. 1755=1832 ap. J.-C. - Satrunjaya; dans des chapelles. - Pk.

Des statues de Dharmanâtha et de Vṛsabhanâtha, ainsi que divers ornements, dédiés par un Osvâl de Râjanagara (Ahmadâbâd), sont consacrés sous le pontificat de Çântisâgarasûri, du Sâgara gaccha.

G. Bühler, *EI*, II, n° vi, n°⁵ 62, 63 et 65 (p. 80), a.

769. — S. 1889 et Ç. 1755=1832 ap. J.-C. - Satrunjaya; dans des temples. - Pk.

Une statue de Candraprabha et divers ornements sont consacrés dans le Tapâ gaccha.

G. Bühler, *EI*, II, n° vi, n°⁵ 64, 66 et 67 (p. 80), a.

770. — S. 1891=1834 ap. J.-C. - Satrunjaya; dans un temple. - Pk.

Une statue de Vṛsabha est consacrée par Devacandra, disciple de Jayavanta, sous le pontificat de Jinaharṣasûri, du Kharatara gaccha.

G. Bühler, *EI*, II, n° vi, n° 68 (p. 81), a.

771. — S. 1892=1835 ap. J.-C. - Satrunjaya; sur la base d'une statue. - Pk.

Consécration de statues, sous le pontificat de Jinaharṣasûri, du Kharatara gaccha, par Devacandra, disciple de Jayabhadra, et celui-ci de Kanakaçekhara.

G. Bühler, *EI*, II, n° vi, n° 69 (p. 81), a.

772. — S. 1893 et Ç. 1758=1836 ap. J.-C. – Satrunjaya; dans des temples. – Pk.

Dédicaces de temples et statues, qui sont consacrés par Çânti-sâgara, du Sâgara gaccha.

G. Bühler, *EI*, II, n° vi, n° 71-73 et 79 (p. 81-82), a.

773. — S. 1893=1836 ap. J.-C. – Satrunjaya; sur la base de statues. – Pk.

Consécration de statues par Jinamahendrasûri, successeur de Jinaharṣasûri, du Kharatara gaccha.

G. Bühler, *EI*, II, n° vi, n° 74 et 80 (p. 81-82), a.

774. — S. 1893 et Ç. 1758=1836 ap. J.-C. – Satrunjaya; sur la base d'une statue. – Pk.

Un Çrîmâlî d'Ahmadâbâd fait consacrer une statue de Pârçva-nâtha, par Padmavijaya-gaṇi, de l'école de Vijayasiṃhasûri, dans la branche dite Saṃvijñaya-mârgîya du Tapâ gaccha.

G. Bühler, *EI*, II, n° vi, n° 75 (p. 81), a.

775. — S. 1893 et Ç. 1758=1836 ap. J.-C. – Satrunjaya; sur la base de statues. – Pk.

Des statues dédiées par des Çrîmâlîs d'Ahmadâbâd sont consa-crées par Rûpavijaya-gaṇi, disciple de Padmavijaya-gaṇi, de l'école de Vijayasiṃhasûri, dans la branche Saṃvijñaya-mârgîya du Tapâ gaccha.

G. Bühler, *EI*, II, n° vi, n° 76 et 77 (p. 81-82), a.

776. — S. 1893 et Ç. 1758=1836 ap. J.-C. – Satrunjaya; dans un temple. – Pk.

Un Osvâl de Mumbâî dédie une statue de Dharmanâtha, que consacre Vijayadhaneçvarasûri, de l'école de Vijayânandasûri, du Tapâ gaccha.

G. Bühler, *EI*, II, n° vi, n° 78 (p. 82), a.

777. — S. 1893 et Ç. 1758 = 1836 ap. J.-C. – Satrunjaya; sur la base de statues. – Pk.

Consécration de statues par Jinamahendrasûri, du Pippalîya-Kharatara gaccha. Mention de Jinacandrasûri, successeur de Jinadevasûri.

G. Bühler, *EI*, II, n° vi, n°' 82-85 (p. 82), a.

778. — Ç. 1760 = 1838 ap. J.-C. – Maleyur; sur roc. – Sk. et Ç.

Devacandra fait écrire la généalogie de ses ancêtres.

Cette inscription est aussi datée de l'an 2501 de Vardhamâna, ce qui place le nirvâna de Mahâvîra en l'an 663 av. J.-C. (cf. *supra*, n° 766).

L. Rice, *EC*, IV, Chamarajnagar tl., n° 154, t. et tr.

D'après M. L. Rice (*Op. cit.*, Intr., p. 33), ce Devacandra pourrait être l'auteur de la *Râjâvali-kathe* et du *Râma-kathâvatâra*.

779. — S. 1897 et Ç. 1763 = 1840 ap. J.-C. – Satrunjaya; sur la base d'une statue. – Pk.

Un Çrîmâlî de Mumbâî fait consacrer une statue, sous le pontificat de Vijayadevendra sûri, du Tapâ gaccha.

G. Bühler, *EI*, II, n° vi, n° 86 (p. 82-83), a.

780. — S. 1900 et Ç. 1765 = 1843 ap. J.-C. – Satrunjaya; dans un temple. – Pk.

Construction d'un temple.

G. Bühler, *EI*, II, n° vi, n° 87 (p. 83), a.

781. — S. 1903 et Ç. 1768=1846 ap. J.-C. – Satrunjaya; sur la base d'une statue. – Pk.

Consécration d'une statue sous le pontificat de Jinamahendrasûri, du Pippalîya-Kharatara gaccha.

G. Bühler, *EI*, II, n° vi, n° 88 (p. 83), a.

782. — S. 1905=1848 ap. J.-C. – Satrunjaya: dans un temple. – Pk.

Consécration de statues sous le pontificat de [Vijaya]-Devendrasûri, du Tapâ gaccha.

G. Bühler, *EI*, II, n° vi, n° 89 (p. 83), a.

783. — S. 1905 et Ç. 1770=1848 ap. J.-C. – Satrunjaya; dans un temple. – Pk.

A la requête de Muktisâgarasûri, de l'Añcala gaccha, des Osvâls, adeptes de cette secte, font construire un temple et consacrer plusieurs statues.

G. Bühler, *EI*, II, n° vi, n° 90 (p. 83), a.

784. — S. 1905=1848 ap. J.-C. – Satrunjaya; dans un temple. – Pk.

Cette inscription, qui rappelle les œuvres pieuses accomplies de Samvat 1864 à 1905 par une famille d'Osvâls, contient la paṭṭâvalî suivante du Sâgara gaccha :

Râja-sâgarasûri; Vṛddhi°; Lakṣmî°; Kalyâṇa°; Puṇya°; Udaya°; Ânanda°; et Çântisâgarasûri, qui était pontife en Samvat 1905.

G. Bühler, *EI*, II, n° vi, n° 91 (p. 83), a.

785. — S. 1908=1851 ap. J.-C. – Satrunjaya; dans un temple. – Pk.

Devendrakuçala, frère d'Ânandakuçala, du Tapâ gaccha, consacre un temple bâti par des Osvâls de Vîkânera.

G. Bühler, *EI*, II, n° vi, n° 92 (p. 83-84), a.

786. — S. 1908=1851 ap. J.-C. – Satrunjaya; dans un temple. – Pk.

Un Çrîmâlî de Râjanagara, adepte laïque de la secte Pâyacanda (Pâçacandra), dédie des statues que consacre Ânandakuçala-paṇḍita, sous le pontificat de Harṣacandra.

G. Bühler, *EI*, II, n° vi, n° 93-95 (p. 84), a.

787. — S. 1910=1853 ap. J.-C. – Satrunjaya; dans un temple. – Pk.

Sous le pontificat de Jinasaubhâgyasûri, successeur de Jinaharṣa-sûri, dans le Kharatara gaccha, un temple bâti par des Osvâls d'Ajamera est consacré par Hemacandra, disciple de Mâmnasun-dara, celui-ci de Harṣakîrti, lui-même disciple de Dâyavilâsa, qui était disciple de Jayabhadra, et ce dernier de Kanakaçekhara.

G. Bühler, *EI*, II, n° vi, n° 96 (p. 84), a.

788. — S. 1911=1854 ap. J.-C. – Satrunjaya; dans un temple. – Pk.

Consécration d'une statue par Ânandakuçala, sous le pontificat de Vijayadevendra, du Tapâ gaccha.

G. Bühler, *EI*, II, n° vi, n° 97 (p. 84), a.

789. — S. 1913=1856 ap. J.-C. – Satrunjaya; dans un temple. – Pk.

Dédicaces de statues.

G. Bühler, *EI*, II, n° vi, n° 98-100 (p. 84), a.

790. — S.1914=1857 ap. J.-C. - Satrunjaya; dans un temple. - Pk.

Dédicaces de statues.

G. Bühler, *EI*, II, n° vi, n°ˢ 101-102 (p. 84), a.

791. — S. 1916=1859 ap. J.-C. - Satrunjaya; dans un temple. - Pk.

Sous le pontificat de [Vijaya]-Vidyânandasûri, successeur de [Vijaya]-Dhaneçvarasûri, dans l'école de [Vijaya]-Ânandasûri du Tapâ gaccha, un temple est consacré par Rangavijaya, disciple de Vîravijaya, lui-même disciple de Dhîravijaya, et celui-ci de Khemâvijaya.

G. Bühler, *EI*, II, n° vi, n° 103 (p. 85), a.

792. — S. 1916 et Ç. 1781=1859 ap. J.-C. - Satrunjaya; dans un temple. - Pk.

Consécration d'une statue sous le pontificat de Vijayadevendrasûri, du Tapâ gaccha.

G. Bühler, *EI*, II, n° vi, n° 104 (p. 85), a.

793. — S. 1918 et Ç. 1763 (*sic* pour 1783)=1861 ap. J.-C. - Kothara; dans un temple. - Sk.

Des Osvâls de Mumbâî, originaires de Kothara, font construire un temple en l'honneur de Çântinâtha. Ratnasâgarasûri est pontife de l'Añcala gaccha.

D. P. Khakhar, *Report on remains in Kachh* (*ASWI, Selections*, n° clii), p. 75-76, t.; p. 91, a (ins. n° 1).

794. — S. 1921 et Ç. 1786=1864 ap. J.-C. - Satrunjaya; dans un temple. - Pk.

Consécration de plusieurs statues par Ratnasâgarasûri, pontife de l'Añcala gaccha.

Une paṭṭâvalî de la secte est donnée. Après un hommage à Mahâvîra, elle rappelle les mêmes noms que l'inscription n° 694, *supra*, auxquels elle ajoute les suivants : Amarasâgara; Vidyâsûri; Udayasâgara; Kîrtisâgara; Puṇyasâgara; Muktisâgara, et enfin Ratnasâgara.

G. Bühler, *EI*, II, n° vi, n° 105 (p. 74-77), t.

795. — S. 1922=1865 ap. J.-C. – Satrunjaya; dans un temple. – Pk.

Une statue, dédiée par un Osvâl de Kâçî, est consacrée par Hîracandra, disciple de Devacandra, à la requête de Jinamuktisûri, du Kharatara gaccha.

G. Bühler, *EI*, II, n° vi, n° 106 (p. 85), a.

796. — S. 1924=1867 ap. J.-C. – Satrunjaya; dans un temple. – Pk.

Consécration d'une statue par Ratnavijaya, sous le pontificat de Vijayadevendra, du Tapâ gaccha.

G. Bühler, *EI*, II, n° vi, n° 107 (p. 85), a.

797. — S. 1928=1871 ap. J.-C. – Satrunjaya; dans un temple. – Pk.

Dédicace d'une statue de Pârçvanâtha.

G. Bühler, *EI*, II, n° vi, n° 108 (p. 85), a.

798. — S. 1930=1873 ap. J.-C. – Satrunjaya; dans un temple. – Pk.

Dédicace d'une statue de Dharmanâtha.

G. Bühler, *EI*, II, n° vi, n° 109 (p. 85), a.

799. — Ç. 1800=1878 ap. J.-C. - Saligrama; sur un pilier. -
Sk. et C.

Un adepte laïque de Lakṣmîsena, du Sena gaṇa, fait construire
un temple en l'honneur d'Anantanâtha.

L. Rice, *EC*, IV, Yedatore tl., n° 36, t. et tr.

800. — S. 1939=1882 ap. J.-C. - Satrunjaya; sur la base
d'une statue. — Pk.

Dédicace d'une statue de Çântinâtha.

G. Bühler, *EI*, II, n° vi, n° 110 (p. 85), a.

801. — S. 1940 et Ç. 1805 = 1883 ap. J.-C. - Satrunjaya; dans
une chapelle. — Pk.

Consécration d'une statue sous le pontificat de Vivekasâgarasûri,
de l'Añcala gaccha.

G. Bühler, *EI*, II, n° vi, n° 111 (p. 85), a.

802. — S. 1940 = 1883 ap. J.-C. — Satrunjaya; dans une chapelle. — Pk.

Consécration de statues par Gulâbavijaya-gaṇi, disciple de Maṇivijaya, de l'école Saṃvijña-pakṣa du Tapâ gaccha.

G. Bühler, *EI*, II, n° vi, n° 112 et 113 (p. 86), a.

803. — S. 1943 = 1886 ap. J.-C. — Satrunjaya; sur la base de
statues. — Pk.

Dédicace de statues.

G. Bühler, *EI*, II, n° vi, n° 114 et 115 (p. 86), a.

APPENDICE.

—

INSCRIPTIONS DE DATE INDÉTERMINÉE.

804. — Sravana-Belgola ; sur roc. – C.

Épitaphe de Nâgamati, une nonne (?), adepte de la lignée de Cittûra.

L. Rice, *EC*, II, *Sr.-Bel. ins.*, n° 2, t. et tr.
L. Rice, *IA*, II, p. 323-324, n° 2, t. et tr.

805. — Sravana-Belgola ; sur roc. – C.

Mort de Caritaçrî sur le mont Kalbappu.

L. Rice, *EC*, II, *Sr.-Bel. ins.*, n° 3, t. et tr.

806. — Sravana-Belgola ; sur roc. – C.

Épitaphe d'une adepte laïque (ou d'une nonne) nommée Jambû.

L. Rice, *EC*, II, *Sr.-Bel ins.*, n° 5, t. et tr.
L. Rice, *IA*, II, p. 323-324, n° 3, t. et tr.

807. –– Sravana-Belgola ; sur roc. – C.

Épitaphe d'un ascète.

L. Rice, *EC*, II, *Sr.-Bel. ins.*, n° 6, t. et tr.
L. Rice. *IA*, II, p. 323-324, n° 4, t. et tr.

808. — Sravana-Belgola ; sur roc. – C.

Épitaphe de Bâladeva, disciple de Dharmasena, de la lignée de Cittûra.

L. Rice, *EC*, II, *Sr.-Bel. ins.*, n° 7, t. et tr.
L. Rice, *IA*, II, p. 324, n° 5, t. et tr.

809. — Sravana-Belgola; sur roc. – C.

Épitaphe d'Ugrasena, disciple de Paṭṭini (?).

L. Rice, *EC*, II, *Sr.-Bel. ins.*, n° 8, t. et tr.
L. Rice, *IA*, II, p. 324, n° 6, t. et tr.

810. —Sravana-Belgola; sur roc. – C.

Épitaphe de Guṇasena.

L. Rice, *EC*, II, *Sr.-Bel. ins.*, n° 9, t. et tr.
L. Rice, *IA*, II, p. 324, n° 7, t. et tr.

811. — Sravana-Belgola; sur roc. – C.

Épitaphe de la nonne Ecî, disciple de Perumâḍa.

L. Rice, *EC*, II, *Sr.-Bel. ins.*, n° 10, t. et tr.
L. Rice, *IA*, II, p. 324, n° 8, t. et tr.

812. — Sravana-Belgola; sur roc. – C. – Mutilée.

Épitaphe d'un maître.

L. Rice, *EC*, II, *Sr.-Bel. ins.*, n° 11, t. et tr.
L. Rice, *IA*, II, p. 324, n° 9, t. et tr.

813. — Sravana-Belgola; sur roc. – C.

Épitaphe d'un ascète, disciple de Kâloci.

L. Rice, *EC*, II, *Sr.-Bel. ins.*, n° 13, t. et tr.
L. Rice, *IA*, II, p. 324, n° 10, t. et tr.

814. — Sravana-Belgola; sur roc. – C.

Épitaphe de Nâgasena, disciple de Vṛṣabhasena.

L. Rice, *EC*, II, *Sr.-Bel. ins.*, n° 14, t. et tr.
L. Rice, *IA*, II, p. 324, n° 11, t. et tr.

815. — Sravana-Belgola; sur roc. – Sk.

Épitaphe de Bâladeva, fils de Kanakasena.

L. Rice, *EC*, II, *Sr.-Bel. ins.*, n° 15, t., tr. et f.-s.

816. — Sravana-Belgola; sur roc. – C.

Épitaphe de l'épouse (?) de Çàntiṣeṇamuni. Mention de Bhadra-bâhu et de Candragupta.

L. Rice, *EC*, II, *Sr.-Bel. ins.*, n° 17, t., tr. et f.-s.

817. — Sravana-Belgola; sur roc. – C. – Mutilée.

Épitaphe d'une adepte laïque.

L. Rice, *EC*, II, *Sr.-Bel. ins.*, n° 20, t. et tr.

818. — Sravana-Belgola; sur roc. – C. – Mutilée.

Épitaphe d'un membre du Sâdviga (?) gaṇa.

L. Rice, *EC*, II, *Sr.-Bel. ins.*, n° 21, t. et tr.

819. — Sravana-Belgola; sur roc. – C. – Mutilée.

Un adepte laïque d'Abhayanandin fait un pèlerinage à la statue de Gomaṭeçvara.

L. Rice, *EC*, II, *Sr.-Bel. ins.*, n° 22, t. et tr.

820. — Sravana-Belgola; sur roc. – C. – Mutilée.

Épitaphe d'un ascète mort sur le mont Kaḷbappu.

L. Rice, *EC*, II, *Sr.-Bel. ins.*, n° 23, t. et tr.

821. — Sravana-Belgola; sur roc. – C. – Mutilée.

Dédicace d'une statue.

L. Rice, *EC*, II, *Sr.-Bel. ins.*, n° 25, t. et tr.

822. — Sravana-Belgola ; sur roc. - C.

Épitaphe de Nandisena.

L. Rice, *EC*, II, *Sr.-Bel. ins.*, n° 26, t., tr. et f.-s.
L. Rice, *IA*, II, p. 265-266, t., tr. et f.-s. ; -- Id., *Mysore ins. translated*, n° 162, tr.

823. — Sravana-Belgola ; sur roc. – C. – Mutilée.

Épitaphe d'un ascète appartenant à la communauté de Navilûra ou Mayûra.

L. Rice, *EC*, II, *Sr.-Bel. ins.*, n° 27, t. et tr.

824. — Sravana-Belgola ; sur roc. – C.

Épitaphe d'Anantamati, une nonne du Navilûra gaccha.

L. Rice, *EC*, II, *Sr.-Bel. ins.*, n° 28, t. et tr.

825. — Sravana-Belgola ; sur roc. – Sk. – Mutilée.

Épitaphe de Saundarya, du Mayûra gaccha.

L. Rice, *EC*, II, *Sr.-Bel. ins.*, n° 29, t. et tr.

826. — Sravana-Belgola ; sur roc. – C.

Épitaphe d'un maître nommé Aṅgali.

L. Rice, *EC*, II, *Sr.-Bel. ins.*, n° 30, t. et tr.

827. — Sravana-Belgola ; sur roc. – C.

Épitaphe de l'aïeule de Vṛṣabhanandin, disciple de Guravanandin, lequel avait été le chef du Navilûra gaccha.

L. Rice, *EC*, II, *Sr.-Bel. ins.*, n° 31, t. et tr.

828. - Sravana-Belgola; sur roc. – C.

Épitaphe de Devasena.

L. Rice, *EC*, II, *Sr.-Bel. ins.*, n° 32, t. et tr.

829. — Sravana-Belgola; sur roc. – C.

Épitaphe d'un maître appartenant à la communauté de Keḷatûr.

L. Rice, *EC*, II, *Sr.-Bel. ins.*, n° 33, t. et tr.

830. — Sravana-Belgola; sur roc. – C.

Épitaphe d'une nonne appelée Sasirmati, morte sur le mont Kaḷbappu.

L. Rice, *EC*, II, *Sr.-Bel. ins.*, n° 35, t. et tr.

831. — Tirumalai; dans un petit temple, près d'une grotte. – Tamoul.

Dédicace d'une statue de Yakṣiṇî, à la requête d'Ariṣṭanemi-âcârya, disciple de Paravâdimalla.

E. Hultzsch, *South-Indian ins.*, vol. I, n° 73 (p. 104-105), t. et tr.
F. Kielhorn, *ISI*, n° 1047.

832. — Kalugumalai (provenance non indiquée). – Tamoul.

Dédicace d'une statue à la requête de Nâganandin, disciple de Simhanandin.

V. Venkayya, *EI*, IV, p. 136, n. 6, t. et tr.

833. — Bastipura; sur pierre. – C. – Mutilée.

Mention d'Akalaṅka.

L. Rice, *EC*, III, Seringapatam tl., n° 145, t. et tr.

834. — Chidaravalli; sur roc. – C.

Épitaphe d'une adepte laïque du Deçi gaṇa.

L. Rice, *EC*, III, Tirumakudlu-Narasipur tl., n° 133, t. et tr.

835. — Berambadi; sur pierre. – Sk. – Mutilée.

Hommage à Pârçvanâtha.

L. Rice, *EC*, IV, Gundlupet tl., n° 96, t. et tr.

836. — Javagallu; sur pierre. – C. – Mutilée.

Mort d'une adepte laïque d'Amaracara, collègue de Guṇacandra, du Deçi gaṇa, Kundakunda anvaya.

L. Rice, *EC*, V, Arsikere tl., n° 3, t. et tr.

La présence du nom de Guṇacandra, la ressemblance des écoles et le voisinage des localités permettraient peut-être de rapprocher cette inscription du n° 150, *supra*.

837. — Année Virodhakṛt. – Kolur; sur pierre. – Sk. et C.

Mort d'un adepte laïque de Sumati-paṇḍita, du Sarasvatî gaccha.

L. Rice, *EC*, VIII, Sagar tl., n° 106, t.

838. — Hale-Sorab; sur pierre. – Sk. et C.

Épitaphe d'un adepte laïque de Hemacandradeva.

L. Rice, *EC*, VIII, Sorab tl., n° 53, t.

839. — Girnar; sur un pilier. – Sk. – Mutilée.

Construction d'un temple par Mâṃsidasûri (Maṇisiddhasûri), du Nedaya gaccha, et Râmakasiṃha.

J. Burgess and H. Cousens, *Revised Lists ant. rem. Bombay* (*ASI*, XVI), p. 356, n° 15, t. et tr.

840. — Girnar; sur pierre. – Sk. – Mutilée.

Jayasiṃhadeva fait consacrer des empreintes des pieds de Nemi-nâtha.

J. Burgess and H. Cousens, *Revised Lists ant. rem. Bombay* (*ASI.* XVI), p. 356, n° 17, t. et tr.

841. — Girnar; sur pierre. – Sk.

Mention de Çubhakîrtideva et de Tejaḥkîrti (ce dernier adepte laïque?).

J. Burgess and H. Cousens, *Revised Lists ant. rem. Bombay* (*ASI*, XVI), p. 356-357. n° 18, t. et tr.

842. — Bhilri; sur pierre. – Sk. et Guzerati.

Cette inscription indique le jour (mais dans aucun cas l'année) de la conception, de la naissance, de la consécration, de l'illumination et de la délivrance finale d'un personnage (probablement un Tîrthakara) non désigné.

J. Kirste, *EI*, II, n° v, n° 3 (p. 25-26), t. et tr.

843. — Ramnagar; sur un pilier. – Sk.

Dédicaces de statues par Mahâdari, disciple d'Indranandin.

A. Führer, *Ant. and Ins. North-Western Provinces and Oudh* (*ASI*, II), p. 28, t. et tr.

844. — Khajuraho; dans un temple. – Sk.

Mention de Kumudacandra, disciple de Devacandra.

D. R. Bhandarkar, *Arch. Survey Western India, Progress Report 1903-1904*, 48, t.

SUPPLÉMENT.

Dans les Appendices I et II de son *Report of a Second Tour in search of Sanskrit manuscripts made in Rajputana and Central India in 1904-1905 and 1905-1906* (Bombay, 1907), M. Sh. R. Bhandarkar a donné l'analyse d'un certain nombre d'inscriptions, parmi lesquelles six sont jainas. Ce sont les suivantes :

845. — **S.** 1473 = 1416 ap. J.-C. – Jesalmer; dans un temple. – Sk.

Fondation du temple de Cintâmani-Pârçvanâtha. Ce temple fut construit sur l'avis de Jinarâja du Kharatara gaccha; la statue du Tîrthakara fut installée en Samvat 1459 (= 1402 ap. J.-C.) à la requête de Sâgaracandra, et les travaux furent achevés en Samvat 1473 sous la direction de Jinavardhana. Une paṭṭâvalî de la secte Kharatara, que ne reproduit pas l'analyse, rappelle les noms des pontifes depuis Jinakuçala jusqu'à Jinarâja. L'inscription fut composée par Sâdhu Kîrtirâya.

Sh. R. Bʜᴀɴᴅᴀʀᴋᴀʀ, *Op. cit.*, p. 65, n° ɪɪ, a.; p. 93-94, n° 49, t. partiel.

846. — **S.** 1473 = 1416 ap. J.-C. – Jesalmer; dans le même temple que la précédente. – Sk.

Consécration du temple de Cintâmani-Pârçvanâtha par Jinavardhana, du Kharatara gaccha. Les pontifes de cette secte sont cités depuis Jinakuçala, mais ils ne sont pas rappelés dans l'analyse. L'inscription est due à Jayasâgara-gani.

Sh. R. Bʜᴀɴᴅᴀʀᴋᴀʀ, *Op. cit.*, p. 65, n° ɪ, a.; p. 93, n° 48, t. partiel.

847. — **S.** 1493 = 1436 ap. J.-C. – Jesalmer; dans le même temple que les deux précédentes. – Sk.

Dédicace d'une statue de Pârçvanâtha.

Sh. R. Bhandarkar, *Op. cit.*, p. 65, n° iii, a.; p. 95, n° 5o, t. partiel.

848. — S. 1497 = 144o ap. J.-C. – Jesalmer; dans un autre temple. – Sk.

Consécration par Jinabhadra, du Kharatara gaccha, d'un temple en l'honneur de Çambhavanâtha dont les travaux avaient commencé en Samvat 1494 (= 1437 ap. J.-C.). Une longue paṭṭâvali (non reproduite) de la secte Kharatara est donnée depuis Mahâvîra, jusqu'à Jinabhadra, dont l'éloge est rappelé. L'inscription fut composée par Somakuñjara, disciple de Jayasâgara.

Sh. R. Bhandarkar, *Op. cit.*, p. 66-67, n° v, a.; p. 96-97, n° 52, t. partiel.

849. — S. 1505 = 1448 ap. J.-C. – Jesalmer; dans le même temple que la précédente. – Sk.

Dédicace d'une tablette dévotionnelle, à la requête de Ratnamûrti-gaṇi et sous le pontificat de Jinabhadra, du Kharatara gaccha. Une paṭṭâvali contenue dans l'inscription n'est pas reproduite.

Sh. R. Bhandarkar, *Op. cit.*, p. 67, n° vi, a.; p. 97, n° 53, t. partiel.

850. — S. 1536 = 1479 ap. J.-C. – Jesalmer; dans un troisième temple. – Sk. et Guzerati.

Consécration d'un temple en l'honneur de Çântinâtha. D'autres fondations de temples et des pèlerinages sont rappelés.

Sh. R. Bhandarkar, *Op. cit.*, p. 67, n° vii, a.; p. 97-98, n° 54, t. partiel.

LISTE DES LOCALITÉS

D'OÙ PROVIENNENT LES INSCRIPTIONS.

INDEX.

Les petits chiffres indiquent les *pages* de l'introduction. — Les grands chiffres rappellent les *numéros* des inscriptions. — Les noms de maîtres jainas ne sont accompagnés d'aucune indication. — Les titres d'ouvrages sont en *italiques*. — Pour les noms de villes, voir en outre, ci-dessus, la liste des localités d'où proviennent les inscriptions.

Abhayaçaçin, 552.

Abhayacandra, 31, 47, 50, 51, 60; — 126, 438, 439, 514, 524, 548, 584, 596, 610, 667.

Abhayacandrîkâ, *l.*, 256.

Abhayadeva (le commentateur), 63; — 684.

Abhayadeva (dit Rudrapallîya), 485.

Abhayanandin, 95, 255, 323, 819.

Abhayasûri, 15; — 596 (*voir* Siṃhanârya).

Abhimânidâni (= Pallapaṇḍita, Pâlyakîrti), 52; — 269.

Abhinandana, 213.

Abhinandin, 49; — 150.

Abhinava-Cârukîrti, 591, 673.

Abhinava-Çrutamuni, 596.

Abhinavapaṇḍita, 596.

Abhinava-Samantabhadra, 674.

Abû (mont), 17, 24-25.

Acala, 37; — 596.

Acalâ, *l.*, 73.

Âcaladevî (épouse de Candramauli), 15, 28; — 403, 404, 409, 428 (*voir* Âciyakkâ).

Âciyakkâ (= Âcaladevî), 403.

Açoka (empereur), 2, 23; — 1.

Açvarâja (père de Tejaḥpâla), 17; — 471.

Acyuta-Vîrendra-Çikyapa, *l.*, 401.

Adaṭarâditya (Koṅgâḷva), 11; — 220, 244 (*voir* Tribhuvanamalla).

Aḍḍakali gaccha, 57; — 144.

Adhichatrâ, *v.*, 2; — 6 (*voir* Râmnagar).

Âdiçvara (= Vṛsabha), 2; temples d', 259-261, 682.

Âdidâsa, 58: — 663.

Âdideva (= Vṛsabha), temples d', 527, 528, 533.

Âdideva, 560, 563, 584.

Âdinâtha (= Vṛsabha), statues d', 225, 553, 633, 644, 648, 650, 660, 666, 672, 692, 701, 717, 740; temples d', 554, 634, 638, 676, 744.

Âdinâtha-paṇḍitadeva, 55; — 724.

Aditakîrti, 29, 51; — 750.

Agnibhûti, 36; — 596.

Agrajina (Âdiçvara?), 2.

Aharisṭi (secte), 5, 58; — 104.

Âhavamalladeva (Kalacurya), 18; — 408.

Ahmadâbâd, *v.*, 692, 695, 702, 735, 748, 767, 774, 775 (*voir* Râjanagara).

Ajamera, *v.*, 765, 787.

Betûr, *v.*, 19.

Bhadrabâhu, 27, 36, 43, 45 : – 117, 138, 209, 213, 214, 229, 289, 326, 347, 363, 373, 596, 625, 667, 816.

Bhadrâcârya, 59 : – 91.

Bhadranadi (= Bhadranandin), *l.*, 73.

Bhadranandin, *l.*, 73 (*voir* Bhadranadi).

Bhadrasena, 692.

Bhadrasûri, 464.

Bhaganandin (?), 39 ; – 45 (*voir* Haginamdi).

Bhairavendra (roi de Kârkala), 20 ; – 624, 627.

Bhandâra (nom d'un temple), 14, 28, 29 ; – 348, 355, 520.

Bhânucandra, 393, 596.

Bhânukîrti, 12, 14, 15, 18, 53, 55 ; – 297, 304, 313, 318, 349, 355, 363, 377, 381, 388, 389, 395, 403, 406, 408, 428, 495, 498.

Bhânuvarman (ancien Kadamba), 5 ; – 102.

Bharata, *m.*, 13, 28 ; – 307-309, 363.

Bharatimayya, *m.*, 15 ; – 411.

Bhâravi, 108.

Bhartṛpurîya gaccha, 62 ; – 642.

Bhaṭṭâkalaṅkamuni, 32 ; – 753.

Bhaṭṭimitra, *l.*, 25.

Bhâvadeva, 173.

Bhâvanagara, *v.*, 736.

Bhâvanandin, 136.

Bhâvasâgara, 67 ; – 694.

Bhâyideva, *c.*, 414.

Bhîmale (épouse de Gûḷibâchi), 333.

Bhoja (roi de Dhârâ), 15 ; – 256.

Bhojadeva (roi de Mâlava), 60 ; – 228.

Bhṛgupura, *v.*, 476.

Bhujabâla (prince Gaṅga), 4 ; – 267, 277, 299.

Bhujabâla-Çântara, 8, 31 ; – 203, 212.

Bhûtabali, 43 ; – 351, 373, 596.

Bhuvanaikamalla (= Someçvara II, Câlukya de l'Ouest), 10 ; – 207.

Bhuvanakîrti, 48 ; – 645, 702.

Bhuvanarâja, 692.

Biṭṭideva (= Viṣṇuvardhana), 11 ; – 315.

Biṭṭiga (= Viṣṇuvardhana), 11 ; – 264.

Biṭṭigavuṇḍa, *c.*, 425.

Biṭṭiyaṇa, *m.*, 13 ; – 305.

Bodhinadi (= Bodhinandin), *l.*, 37.

Bodhinandin, *l.*, 37 (*voir* Bodhinadi).

Bogâra-râja (surnom d'un Çubhacandra), 552.

Boppa (fils de Gaṅgarâja), 12, 13, 15, 28, 30, 31 ; – 301, 303, 304, 499, 710 (*voir* Ecaṇa).

Boppa (poète), 28 ; – 396 (*voir* Sujanottaṃsa).

Bouddhistes, 9, 667.

Brahmâ (dieu), 627.

Brahma…, *n.*, 41 ; – 36 (*voir* Bahma…).

Brahmadâsika kula, 41 ; – 20, 23, 35, 50 (*voir* Bamhadâsia, Bahmadâsika, Brahmadâsiya *et* Brahmaliptaka kula).

Brahmadâsiya kula (= Brahmadâsika), 41 ; – 31.

Brahmaliptaka kula (= Brahmadâsika ?), 41.

Brahmasena, 53 ; – 186.

Bṛhad gaṇa, 61-62 ; – 445, 493, 507, 519.

Bûcaṇa (fils de Gaṅgarâja), 13 ; – 254 (*voir* Bûcirâja).

Bûcaṇa, *l.*, 290.

Bûchave, *l.*, 440.

Bûcimayya, *c.*, 15 ; – 363, 379.

Bûcirâja (= Bûcaṇa, fils de Gaṅgarâja), 12, 13, 27 ; – 254, 271.

Buddhacandra, 4, 54 ; – 277.

Buddhaçiri (= Buddhaçrî), 38 ; – 24.

Buddhaçrî, 38 ; – 24 (*voir* Buddhaçiri).

Buddhamitra (père de Gaṅgarâja), 12 ; – 261, 268 (*voir* Eca *et* Ecirâja).

Buddheça-bhavana-vyâkhyâna, 47 ; – 667.

Buddhi, *l.*, 41, 46.

Buddhila (= Buddhiliṅgâcârya), 36 ; – 117, 596.

Buddhiliṅgâcârya, 117 (*voir* Buddhila).

Bukkana, *l.*, 19; – 616.
Bukkarâya Ier (de Vijayanagara), 19, 29; – 561, 562, 565, 566.
Bûtuga II (Gaṅga), 3; – 142, 150.

Çabdânuçâsana, 213.
Çabdâvatâra-nyâsa, 45; – 667.
Câcigadeva (Câhamâna), 18; – 507.
Caddikabbe, *l.*, 290.
Câgaladevî (épouse de Vîra-Çântara), 8; – 198.
Câhamâna (dynastie):
   d'Ajmer, 18.
   de Naḍole, 18.
Çaka (tribu), 9.
Çâkaṭâyana, 45; – 667.
Cakreçvara, *l.*, 481.
Çâlibhadrasûri, 62; – 636.
Çâlisûri, 60; – 672.
Calukya (ancienne dynastie occidentale) de Bâdâmi, 6.
Câlukya (dynastie occidentale) de Kalyâṇi, 6, 10.
Câlukya (dynastie) de l'Est, 9.
Çâmâ, *n.*, 41; – 23.
Çâmâḍhyâ, *l.*, 92.
Câmarâja (roi de Mysore), 22; – 709.
Çambhavanâtha (Tîrthakara). statue de, 343; temple de, 848.
Câmekâmbâ, *l.*, 144.
Çaṃkara, 59; – 91.
Câmuṇḍarajâ, *m.*, 3, 27; – 156, 165, 168, 396, 689.
Câmuṇḍaseṭṭi (gendre de Gaṅgarâja), 12, 13; – 271.
Çâṇa, *l.*, 576.
Caṇḍapa (ancêtre de Tejaḥpâla), 17; – 471.
Caṇḍaprasâda (ancêtre de Tejaḥpâla), 17; – 471.
Candra, 61; – 682.
Câṇḍra gaccha, 61; – 462, 488, 506, 532, 682.
Candradeva, 453.
Candradharma, 596.
Candragupta (empereur Maurya), 2.

Candragupta (= Guptigupta?), 43; 289, 363, 625, 816.
Candrakapâṭa gaccha, 44.
Candrakîrti, 46, 49, 51; – 212, 227, 239, 241, 280, 285, 289, 305, 388, 515, 545, 571, 600, 607, 744.
Candrakṣânta, 58; – 103.
Candramauli, *m.*, 15; – 403, 409.
Candranandin, 46; – 94, 121, 256.
Candraprabha (Tîrthakara), 228: statues de, 600, 729, 758, 767, 769; temples de, 317, 590, 690, 698, 759, 763.
Candraprabha, 47, 53; – 286, 351, 410, 456, 501, 505, 512, 520, 555, 667.
Candrârya, *l.*, 137.
Candrasena, 53; – 588.
Candrasiddhânta, 403.
Candrasûri, 63; – 464, 630.
Candrâyaṇa, 49; – 150, 356, 384.
Candrâyaṇideva (= Jayakîrti), 241.
Gaṅgâlva (dynastie), 16.
Câṅkirâja, *c.*, 10; – 186.
Çânta, *m.*, 15; – 495.
Çântaladevî (épouse de Viṣṇuvardhana), 11, 14, 28, 49; – 281-283, 298, 323.
Çântara (dynastie), 8-9.
Çântayya, 301.
Çântideva, 11; – 200, 213, 289, 301, 393, 410.
Çântikîrti, 51; – 673, 750.
Çântinâtha (Tîrthakara), 228, 374: statues de, 29, 176, 283, 306, 415, 549, 630, 644, 702, 737, 745, 800: temples de, 128, 177, 186, 204, 207, 210, 256, 281, 282, 338, 389, 408, 426, 431, 448, 449, 452, 453, 456, 457, 460, 495, 519, 673, 690, 793, 850.
Çântinâtha, 49; – 204, 289 (*voir* Sarasvatî-mukha-mukura).
Çântiprabhasûri, 11; – 462.
Çântisâgara, 68; – 760, 763, 768, 772, 784.
Çântisayana, 288.

Çântiṣeṇa, 15, 60: - 228, 287, 816.'
Çântisûri, 17, 60, 61; - 471, 672.
Çântivarman (ancien Kadamba), 5; - 97.
Çântivarman (Raṭṭa), 8: - 160.
Çântiyabbe, l., 166.
Çântiyakkâ, l., 423.
Çârana gaṇa (= Vâraṇa), 38.
Caritaçrî, 805.
Çârukîrti, 15, 29, 50, 51: - 298, 438,
  524, 552, 561, 596, 625, 673, 689,
  690, 709, 712, 719, 750. 766 (voir
  Traividya-cakreçvara).
Çârukîrti-Dharmacandra, 713.
Çatruñjaya (mont), 6, 21, 24, 25-27,
  35, 48: - 476, 682, 683.
Caṭṭaladevi (princesse Gaṅga), 4, 9, 31,
  46: - 213-216, 226, 248, 326.
Caturmukha-basti (nom d'un temple),
  20, 25, 32: - 680, 692.
Caturmukhadeva. 393.
Caturmukhadeva (= Vṛṣabhanandin),
  256.
Caundiyakkâ, l., 439.
Caulukya-Vâghelâ (dynastie), 17-18.
Câvadâ (dynastie) d'Aṇhilvâd. 7.
Câvimayya, m., 14; - 339, 385.
Câvuṇḍarâya, c., 10; - 181.
Cera (rois de), 18.
Ceṭaka kula (= Ceṭika), 39.
Ceṭika kula, 39: - 45 (voir Ceṭaka et
  Ceṭiya kula).
Ceṭiya kula (= Ceṭika), 39: - 45.
Chitor, v., 48 (voir Citrakûṭa et Cittûra).
Cîkârya, l., 137.
Cikkatayî, l., 401.
Çîlabhadrasûri, 95, 464.
Çîlâhâra (dynastie) de Kolhâpur, 16.
Cintâmaṇi, 45: - 289, 410.
Cintâmaṇi, 45: - 289, 410.
Cîri, l., 78.
Çirigriha sambhoga (= Çrîgṛha), 39,
  40: - 22, 52.
Çirika sambhoga, 40: - 23, 30, 42,
  85 (voir Cirikiya et Ciriya sambhoga).
Cirikiya sambhoga (= Cirika), 80.
Ciriya sambhoga (= Cirika), 39; - 44.

Citakâcârya, 56: - 106.
Citrakûṭa (= Chitor), v., 21, 25; - 332,
  665, 666.
Citrakûṭa (princes de), 21.
Cittûra (= Citrakûṭa), v., 804, 808.
Çivadâsa, l., 43.
Çivaghoṣaka, l., 72.
Çivaïtes, 522, 710.
Çivakoṭi, 43: - 213, 596.
Çivamâra Ier (Gaṅga), 3; - 112.
Çivamâra II (Gaṅga), 3, 4; - 182.
Çivamitrâ, l., 9.
Çivanandin, 131.
Çivayaçâ, l., 15.
Çloka-vârtikâlamkâra, 45; - 667.
Çodâsa (satrape de Mathurâ), 5.
Çola (dynastie), 9.
Çoḷḷata..., 213.
Conjeeveram, v., 19.
Çravaṇa-Belgoḷa, v., 3, 4, 7, 11-16, 19,
  22, 24, 27-30, 36, 48: - 117, 138,
  154, 304, 354, 355, 398, 409, 428,
  498, 527, 596, 618, 625, 671, 689,
  709, 719, 723.
Çreyâṃsa, 52: - 213-215, 248, 326,
  526.
Çrîdhara, 285.
Çrîdharâcârya, 51: - 239.
Çrîdharadeva, 46, 49: - 227, 241, 388,
  470.
Çrîdharârya, 46; - 227.
Çrîgṛha sambhoga, 39-41: - 20, 29, 31,
  54, 55 (voir Çirigriha sambhoga).
Çrîkîrti, 59; - 124.
Çrîloṭa; 65: - 742.
Çrîmâli (tribu), 368, 472, 510, 523,
  662, 675, 695, 696, 700, 701, 703,
  727, 729, 740, 745, 749, 774, 775,
  779, 786.
Çrînandin, 210, 287.
Çrîpâla, 11, 13, 46; - 213, 264, 287-
  289, 305, 316, 319, 326, 327, 347,
  351, 373, 379, 380, 437, 667 (voir
  Paravâdimalla et Vâdîbhasimha).
Çrîpura, v., 3; - 121.
Çrîpuruṣa (Gaṅga), 3: - 119-121.

Çrirâṅganagara (= Seringapatam), *v.*, 667.

Çrisamudaya (école). 514, 548.

Çrivallabha (Gaṅga), 27: – 110.

Çrivarddhadeva, 45; – 289.

Çrivijaya, 46; – 213-216. 248. 287. 289, 305, 319, 326, 351, 373 (*voir* Paṇḍitapârijâta).

Çrivijaya, *c.*, 3; – 122, 123.

Çruta, 596.

Çruta gaṇa, 584.

Çrutakîrti, 5, 51, 54; – 277, 280, 299. 302, 363, 571, 584, 596, 625.

Çrutakîrti, *m.*, 96.

Çrutamuni, 20, 29, 51; – 563, 571. 584, 596, 600, 610, 616, 625, 646 (*voir* Paṇḍitârya).

Çubhacandra, 11-13, 28, 29, 48-51. 55, 57; – 160, 180, 232, 245, 251. 253, 254, 259-261, 268-271, 279. 284, 285, 301, 304, 363, 433, 446. 448, 449, 454, 459, 465, 470, 548, 552, 592, 600, 617, 621, 702 (*voir* Bogâra-râja).

Çubhakîrti, 47, 50, 57; – 182. 256. 267, 323, 489, 572, 667, 841.

Çubhânandin, 524.

Çubhendu, 590.

Çucila, *l.*, 29.

Cûḍâsamâ (dynastie), 19.

Cûḷâmaṇi, 410.

Cûḷâmaṇi, 45; – 289, 410.

Çûra, *l.*, 54.

Çvetâmbaras, 59-68; – 9, 596, 629 (*voir* Çvetapaṭas).

Çvetapaṭas (= Çvetâmbaras), 5; – 98.

Dadhikarṇa (dieu), 49.

Dâmakîrti, 97, 99-101.

Dâmanandin, 49, 51, 54; – 223, 239. 241, 256, 277, 285, 388, 394, 406. 428.

Daṃdâ (= Daṇḍâ), *l.*, 8.

Daṇḍâ, *l.*, 8 (*voir* Daṃdâ).

Dantin, 39; – 44 (*voir* Dati).

Darbhavatî, *v.*, 476.

Dâsa. *l.*, 78.

Dâsimarasu, *m.*, 10: – 314.

Data (= Datta). 39: – 37.

Datâ (= Dattâ). *n.*, 61.

Dati (= Dantin). 39: – 44.

Datilâcârya, 42: – 92.

Datta. 39, 41: – 31, 32, 37 (*voir* Data).

Dattâ, *n.*, 61 (*voir* Dattâ).

Dattâ, *l.*, 30, 56, 59, 84 (*voir* Dinâ).

Dayâpâla, 46: – 213-215, 248, 289. 326, 351.

Dâyavilâsa, 64: – 787.

Deçi gaṇa. 3, 11-16, 27-29, 31, 32, 44. 48-52: – 95, 127, 150, 158. 175, 180, 204, 218, 223, 232, 233, 239-241. 253-256, 259, 260, 268-271, 275, 279-281, 284, 285, 293, 294, 297, 300, 304, 307, 320, 323, 324, 339, 352, 356, 363, 364, 381, 388, 393, 394, 403, 409, 411, 426, 428. 439, 443, 465-467, 478, 495, 500. 514, 521, 524, 526, 528, 544, 545. 547, 548, 551, 552, 560, 561, 563. 571, 572, 575, 580, 584, 590, 591, 596, 600, 605, 621, 624, 625, 646. 673, 680, 689, 750, 753, 834, 836.

Dehikiya gaṇa (= Uddehikiya). 38: – 69.

Dekkave, *l.*, 321.

Dematî (fille de Gaṅgarâja). 12, 13, 27: – 271 (*voir* Demiyakkâ).

Demikabbheseṭṭi, *m.* (?). 284.

Demiyakkâ (= Dematî). 13; – 271.

Deva, 41, 43: – 55, 128 (*voir* Devoṭa et Divita).

Deva gaṇa, 3, 43, 44: – 111, 113, 114, 149, 193, 596, 625.

Devabhadra. 356, 485.

Devacandra, 15, 32, 50, 64: – 363, 411, 563, 646, 727, 731, 765, 767. 770, 771, 778, 795, 844.

Devacandraiya, *l.*, 764.

Devâcârya, 62: – 507.

Devaçri, *n.*, 393.

Devadatta. 38: – 69.

Devâgama-stotra, 45: – 667.

Devakìrti, 28. 5o, 57; – 182, 362, 363, 411.
Devânanda. 371.
Devanandin. 541.
Devanandin (= Pûjyapâda), 43. 45: – 363, 596.
Devarâja (roi de Mysore), 22. 29: – 719, 723.
Devarâja, m., 14; – 324.
Devarasa, l., 705.
Devarâya I⁰ʳ (de Vijayanagara), 20; – 606, 609, 615.
Devarâya II (de Vijayanagara), 20, 29; – 619, 620, 635.
Devarâya (Sâluva), 21; – 674.
Devasâgara, 67; – 694, 698.
Devasena, 53, 60; – 136, 228, 235, 345, 828.
Devasundara, 60, 65: – 632, 672.
Devavarman (ancien Kadamba), 5, 58: – 105.
Devendra, 49. 67; – 127. 149. 150, 233, 254, 256, 270, 285, 321, 323, 388, 694.
Devendrakìrti, 47: – 667. 691.
Devendrakuçala, 66; – 785.
Devendrasûri. 65: – 632.
Devila, 49.
Devota (= Divita), 41 : – 54 (voir Deva).
Dhâmathâ, n., 41: – 68.
Dhanañjaya, 47; – 667.
Dhanapâla, 37: – 327. 596.
Dhaneçvara, 62; – 445, 464.
Dharkala (tribu), 472.
Dharmabhûṣaṇa, 47, 5o; – 572, 585, 667.
Dharmacandra, 617.
Dharmaghoṣa, 67: – 694.
Dharmaghoṣâ, l., 12.
Dharmakìrti, 158. 215.
Dharmakûla (mont), 2.
Dharmamûrti, 67; – 694, 695.
Dharmanandin, 58; – 104.
Dharmanâtha (Tîrthakara), statues de, 768, 776, 798.
Dharmanidhâna, 692.

Dharmaprabha, 67; – 694.
Dharmasena, 808.
Dharmasomâ, l., 33.
Dhîravijaya, 66: – 791.
Dhṛtiṣeṇa, 36. 37: – 117. 596.
Digambaras, 7. 37, 42-59: – 9, 332.
Diḷḷi, v., 667, 766.
Dinâ (= Dattâ), l., 30.
Dîpacandra, 64; – 727, 728. 731.
Divâkara, 59: – 143.
Divâkara, l., 317.
Divâkaranandin, 49: – 197, 212, 223, 239, 241, 270, 285.
Divaḷâmbâ (épouse du Gaṅga Bûtuga II), 3; – 142.
Divita, 41: – 54 (voir Deva et Devota).
Dolhaṇa, l., 485.
Dorasamudra, v., 305.
Draviḷa saṅgha, 42; – 166, 178, 188, 192. 202, 214-216, 226, 248, 264, 265, 274, 287, 288, 305, 319, 326, 347, 351, 373, 375, 379, 380, 410, 425, 496.
Dubkund, v., 9.
Durgaçakti (Sendra), 6; – 109.
Durgarâja, c., 143.
Durlabhasena, 60: – 228.

Eca (= Buddhamitra, père de Gaṅgarâja), 12; – 278.
Eca (= Ecirâja, fils de Bamma), 12, 13: – 304.
Ecaladevi (épouse du Hoysaḷa Ereyaṅga), 11: – 192.
Ecaṇa (= Boppa, fils de Gaṅgarâja), 13: – 303.
Ecaṇa, m., 18: – 451, 455, 456.
Eci, n., 811.
Ecikabbe (épouse d'Ecirâja, fils de Bamma), 12: – 304.
Ecirâja (= Buddhamitra, père de Gaṅgarâja), 12: – 268.
Ecirâja (fils de Bamma), 12, 28; – 304 (voir Eca).
Eciyakkâ (fille du ministre Nâgadeva), 14: – 311.

Ekadeva, 49; – 149.
Ekântada-Râmayya (fondateur des Liṅ-
    gâyats), 435, 436.
Ekasandhisumati, 213. 287. 373.
Ekavîra, 52; – 269.
Ekkala II (Gaṅga), 5: – 431.
Elâcârya, 241.
Elâcàrya (= Kundakunda), 45; – 585.
Eḷiṇi (roi de Cera), 18; – 434.
Ereganga II (Gaṅga), 3: – 138 (voir
    Ereyappa).
Eregittûr gaccha, 121.
Ereyaṅga (Hoysaḷa), 11, 46; – 192,
    201, 230, 233 (voir Hoysaḷa-Deva).
Ereyappa (= Ereganga II ?), 3: –
    138.

Formule d'hommage. 2.

Gâḍhaka, 41; – 23.
Gahabarya (= Grahabala), 57.
Gahaprakiva (?), 39; – 37.
Gaṇacandra, 46; – 227.
Gaṇḍarâditya (Çilâhâra), 250.
Gaṇḍavimukta, 50: – 220, 293, 307,
    352, 363, 411, 524.
Gaṇḍavimukta (= Gauladeva), 256 (voir
    Râmacandra).
Gaṇḍavimukta-Maladhâri (= Maladhâri-
    deva), 285.
Gaṇḍavimukta-Râmacandra, 363.
Gaṅga (dynastie) de l'Ouest. 2-5.
Gaṅgadâsi, l., 242.
Gaṅgamahâdevî (= Bàcaladevî), 4: –
    267.
Gaṅgarâja, m., 11-13, 27-28, 30, 49;
    – 254, 255, 257, 259-261, 263,
    266, 268, 269, 271, 278, 279,
    285, 301, 303, 304, 405, 499,
    710.
Gaṅgarasa (Gaṅga), 4; – 182 (voir
    Kambharasa et Kañcarasa).
Gaṅgeyana-Mâreya, m., 478.
Gaṇiçekhara, 171.
Gauladeva, 256 (voir Hemacandra-Mala-
    dhâri).

Gauraçrî, n., 393.
Gautama. 36, 43, 45, 49: – 117, 209,
    213, 214, 228, 248, 255, 285,
    287, 289, 301, 323, 326, 347,
    363, 373, 388, 410, 571, 596,
    625, 667, 704 (voir Indrabhûti).
Ge...ganti, l., 273.
Gerasoppe, v., 667, 671.
Ghastuhasti (= Hastabastin), 41: – 54.
Ghoṣaka, 41: – 83.
Girnâr (mont). 17-19, 23, 24, 30, 62;
    – 700.
Goçarman, 59: – 91.
Godâsa, 40: – 40.
Gogga, v., 18.
Gollâcârya, 255, 323, 363.
Gomaṭasetti, l., 475.
Gomaṭeçvara, 3, 12, 16, 20, 27-30,
    32, 34; – 296, 395, 396, 398,
    400, 405, 475, 501, 505, 512,
    515-517, 607, 616, 618, 757, 766;
    statues colossales de, 156, 157, 257,
    258, 393, 461, 463, 492, 565,
    624, 661, 689, 690, 718, 819
    (voir Bàhubali).
Gommaṭaṇṇa, l., 669.
Gommaṭarâya, c., 552.
Goṅka, c., 8, 10: – 280, 402, 414.
Gopanandin, 11, 49: – 233, 256.
Goṣṭha, 38: – 24.
Gotiputra, l., 9, 10.
Goṭṭika, l., 54.
Gova, l., 55.
Govardhana, 36: – 117, 134, 596.
Govapayya, 3; – 119.
Govideva, m., 356.
Govindarâja III (Râṣṭrakûṭa), 7; – 123,
    124.
Grahabala, 40: – 57, 58 (voir Gaha-
    barya).
Grahaçiri (= Grahaçrî), l., 40.
Grahaçrî, l., 40 (voir Grahaçiri).
Grahahastin, l., 37 (voir Grahahathi).
Grahahathi (= Grahahastin), l., 37.
Graha...i, n., 41: – 35.
Grahamitrapâlita, l., 92.

Jesalmer, *v.*, 64 (*voir* Jesalamer).
Jeṣṭahasti (Jyeṣṭhahastin), 41: – 22, 23.
Jina, 596.
Jinabhadra, 63: – 684, 848, 849.
Jinabhakti, 64.
Jinacandra, 21. 27, 43, 47, 57, 63, 64: – 182, 229, 256, 376, 452. 571, 639, 667, 684, 692, 727, 731, 777.
Jinadàsì, *n.*, 39: – 52 (*voir* Jinadasi).
Jinadasi (– Jinadàsì, *n.*). 39: – 52.
Jinadàsì, *l.*, 62.
Jinadatta, 63: – 684.
Jinadeva, 173, 777.
Jinahaṃsa, 63: – 662, 684.
Jinaharṣa. 64: – 759, 765, 767, 770, 771, 773, 787.
Jinakuçala, 63: – 684, 845, 846.
Jinalabdhi, 63: – 684.
Jinamahendra, 64: – 773, 777, 781.
Jinamàṇikya, 63: – 684.
Jinamukti, 64; – 795.
Jinanandin, 56, 59; – 106, 143.
Jinapadma, 63: – 684.
Jinapati, 63; – 684.
Jinaprabodha, 63; – 518, 684.
Jinaràja, 62, 63: – 684, 692, 693, 697, 704, 845.
Jinasàgara, 692.
Jinasamudra, 63; – 653, 684.
Jinasaubhàgya, 64: – 787.
Jinasena, 43, 53; – 511, 588, 596. 668.
Jinasiṃha, 21, 63; – 692.
Jinavallabha, 63; – 485, 684.
Jinavardhana, 62, 63; – 845, 846.
Jinavarman, *c.*, 186.
Jineçvara, 63; – 684.
Jinendrabuddhi (– Pùjyapàda), 45: – 363.
Jinendrabhùṣaṇa, 48: – 755.
Jinodaya, 63; – 684.
Jiràpallìya gaccha. 62: – 636.
Jitàmitrà, *l.*, 41.
Jìvà, *n.*, 61.

Jñānabhùṣaṇa, 48; – 702.
Jñānadharma, 64; – 727, 731.
Jñānanandin, 95.
Jvàlini-kalpa, 45; – 410.
Jyeṣṭhahastin, 41; – 22, 23 (*voir* Jeṣṭa-hasti).

Kacchapaghàta (famille royale). 9.
Kàçì, *v.*, 795.
Kadamba (ancienne dynastie) de Bana-vàsì, 5-6.
Kàdamba (dynastie) de Hàṅgal, 16.
Kakasaghasta (= Karkaçagharṣita), 40; – 57.
Kàkopala àmnàya, 56; – 106.
Kàkusthavarman (ancien Kadamba), 5; – 96.
Kàlacandra, 224.
Kalacurya (dynastie) de Kalyàṇi, 18.
Kaladhautanandin, 49; – 255, 285, 323, 388.
Kàḷaḷadevì (de Kàrkaḷa), 20; – 664.
Kaḷbappu (mont), 27; – 138, 805, 820, 830 (*voir* Kaṭavapra).
Kàlidàsa, 108.
Kaliṅga (royaume de), 2; – 2, 3.
Kàḷiyakkà (épouse d'un ministre), 10; – 288.
Kallurgudda, *v.*, 4.
Kalneledeva, 52; – 269.
Kàloci, 813.
Kàlogra gaṇa, 32, 58; – 663.
Kalpasùtra, 37-41.
Kalyàṇakìrti, 256, 295.
Kalyàṇasàgara, 67, 68; – 694, 695, 698, 699, 784.
Kamalabhadra, 213, 214, 216, 289, 326.
Kamaladeva, 128.
Kamalakìrti, 53, 54; – 586, 640, 643.
Kambharasa (= Gaṅgarasa), 4; – 182.
Kammaṭa-Màcayya, *m.*, 15; – 437, 448.
Kaṃsàcàrya, 36; – 596.
Kàmyaka gaccha, 60; – 179.
Kanaka (mont), 32, 56; – 139, 560, 615, 657, 753.

Kanakacandra-Maladhâri, 393.

Kanakaçekhara, 64; – 771, 787.

Kanakaçrî, *n.*, 393.

Kanakanandin, 8, 12, 54: – 203, 251, 277, 278, 280, 299, 363 (*voir* Vâdirâja).

Kanakaprabha, 8; – 237.

Kanakasena, 3, 46, 52; – 137, 139, 213, 214, 216, 286, 305, 319, 326, 327, 347, 351, 373, 815 (*voir* Vâdirâja).

Kañcaladevî (épouse de Nanniya-Gaṅga II), 4; – 277.

Kañcarasa (= Gaṅgarasa), 4: – 182.

Kâñcî bali, 633, 640.

Kandâradeva (= Kanhara, Yâdava), 502.

Kaṇḍûra gaccha, 57; – 160, 205.

Kanhara (Yâdava), 502 (*voir* Kandâradeva).

Kaniṣka (Kuṣaṇa), 12, 19, 24, 25.

Kaniyasika kula, 40; – 76 (*voir* Kṛṣṇasakha kula).

Kaṇṇa, *c.*, 397.

Kannakaira II (Ratta), 8: – 227.

Kantarasena, 538.

Ka...pasaka, *l.*, 56.

Kâreya gaṇa, 8, 56-57: – 130, 182.

Karkaçagharṣita, 40; – 57, 58 (*voir* Kakasaghasta *et* Karkuhastha).

Kârkaḷa (princes de), 20.

Kârkaḷa, *v.*, 20, 24, 32.

Karkarâja (Râṣṭrakûṭa de Guzerate), 7: – 125.

Karkuhastha (= Karkaçagharṣita), 40; – 58.

Karmaprakṛti, 289, 305.

Karmarâja, *m.*, 21, 25; – 665 (*voir* Karmasiṃha).

Karmasiṃha (= Karmarâja, *m.*), 21; – 665.

Kârtavîrya II (Ratta), 8; – 205, 280.

Kârtavîrya IV (Ratta), 8; – 446, 449, 454.

Kâṣṭha saṅgha, 199, 235, 586, 643, 756.

Kastûri, 183.

Kaṭavapra (mont) [= Kaḷbappu], 27; – 138.

Kautika gaṇa (= Koṭika), 40.

Kaviparameṣṭhin, 213.

Keçavanandin, 46: – 181.

Keçavanâtha, *m.*, 16: – 661.

Keḷatûr gaccha, 829.

Kellaṅgere, *v.*, 355, 363.

Ketaladevî (épouse de Someçvara Ier), 10: – 186.

Khalla, *l.*, 539 (*voir* Khela).

Khandârvâl (tribu), 639.

Kharatara gaccha, 21, 59, 62-64: – 630, 631, 653, 662, 684, 692, 693, 697, 704, 727, 728, 731, 759, 762, 765, 767, 770, 771, 773, 777, 781, 787, 795, 845, 846, 848, 849.

Khâravela (roi de Kaliṅga), 2, 23; – 2, 3.

Kharuṇa, 41; – 56.

Khela (= Khalla), *l.*, 539.

Khemâvijaya, 66; – 791.

Khuḍâ (= Kṣudrâ), *l.*, 19.

Kîrtideva (= Kîrtivarman II, Kâdamba), 16; – 209.

Kîrtideva, 53; – 633.

Kîrtikaumudî, 476.

Kîrtinandin, 46; – 121.

Kîrtipâla (fils d'Âlhaṇadeva), 18, 60; – 358.

Kîrtirâya, 63; – 845.

Kîrtisâgara, 67; – 749, 794.

Kîrtivarman Ier (ancien Calukya), 6; – 107.

Kîrtivarman II (Kâdamba), 16; – 209 (*voir* Kîrtideva).

Kîrtivijaya, 35, 65; – 715.

Kolaçvara, *l.*, 317.

Kolhâpur, *v.*, 280, 355, 363, 411 (*voir* Kollagira).

Kollagira (= Kolhâpur), *v.*, 280.

Koṅgâḷva (dynastie), 10-11.

Koṅgaṇivarman (= Avinîta, Gaṅga), 3; – 94.

Konnûr, *v.*, 127.

Kopana, *v.*, 355.

Laghuposâla gaccha. 68: – 736.
Lâkhu (= Laksa), *l.*, 531.
Lakkalâ (= Laksmî, épouse de Gaṅga-
râja), 12: – 271.'
Laksa, *l.*, 531 (*voir* Lâkhu).
Laksmana, *c.*, 10; – 204.
Laksmî (épouse de Gaṅgarâja), 12, 13,
27-28: – 254, 255, 259, 261, 271,
279, 285 (*voir* Lakkalâ).
Laksmîdeva II (Ratta), 8: – 470.
Laksmîdhara, *l.*, 329.
Laksmîsâgara, 68; – 784.
Laksmîsena, 31, 32, 53, 54: – 238,
588, 720, 723, 799.
Lalitâdevî (épouse de Vastupâla), 17: –
471, 477, 479.
Lalitakîrti, 51, 52, 54, 55; – 448, 449,
459, 560, 624, 680, 756.
Lâpû, *l.*, 639.
Lâtavâgata gaṇa, 15, 60; – 228.
Lavanaprasâda (Caulukya), 17; – 471.
Lâvanyasimha (fils de Tejahpâla); 17; –
471.
Lekhanandin, 363.
Liṅgâyat (secte), 435.
Lohâcârya, 36, 37; – 117, 596, 756.
Lokagavuṇḍa, *c.*, 377.
Lokajita, *l.*, 194.
Lokânanda, 371.
Loka-Vidyâdhara, *l.*, 151.
Lumpâka gaccha, 66-67; – 682.
Lûṇiga (frère de Tejahpâla), 17; – 471.

Mâcikabbe (mère de Çântaladevî), 14: –
298.
Mâciyakkâ, *l.*, 352.
Madanaçaṅkara, 255, 323.
Mâdhava (roi de Gwalior), 9; – 148.
Mâdhava II (Gaṅga), 3, 24: – 90, 94
(*voir* Mâdhavavarman).
Mâdhava, 363.
Mâdhavacandra, 47, 49, 54, 55; – 145,
277, 299, 304, 534, 540, 552,
667.
Mâdhavacandra-Maladhâri, 568, 595.
Mâdhavasena, 53; – 286.

Mâdhavavarman (= Mâdhava II, Gaṅga),
3: – 90.
Madhucandra, 11; – 307.
Madhyamâ çâkhâ, 42: – 66 (*voir* Ma-
jhamâ çâkhâ).
Madra, *l.*, 93.
Mâghacandra, 47; – 667.
Mâghahastin, 41; – 55 (*voir* Mâguhasti).
Mâghanandin, 4, 13, 15, 42, 43, 47,
49, 50, 54; – 204, 256, 267, 277,
280, 293, 299, 300, 307, 308, 320,
334, 363, 388, 403, 411, 428, 465,
495, 498, 514, 524, 528, 548, 552,
571, 596, 667.
Mâgharaksita, 4 (*voir* Mâharakhita).
Mâguhasti (= Mâghahastin), 41: – 54,
55.
Mahâdari, 843.
Mahâdeva, 193.
Mahâdeva, *m.*, 5, 10; – 312, 431.
Mahala (= Mahila), 41; – 23.
Mahâmati (= Kundakunda), 45: – 585.
Mahamuda (sultan de Diḷḷi] (= Muham-
mad IV ?), 47; – 667.
Mahanandi (= Mahânandin), 39; – 44.
Mahânandin, 39; – 44 (*voir* Maha-
nandi).
Mâharakhita (= Mâgharaksita), 4.
Mahâsena, 53; – 186, 217.
Mahâvîra (Tîrthakara), 36, 37, 45,
49; – 16, 67, 69, 117, 209, 213,
214, 228, 248, 255, 285, 287, 289,
323, 326, 347, 363, 373, 374, 388,
410, 571, 596, 667, 694, 794, 848;
date de son nirvâṇa, 766, 778; sta-
tues de, 88, 340, 462, 485; temples
de, 350, 357, 358, 650, 707 (*voir*
Vardhamâna).
Mahâvîra, 596.
Maheçvara, 60; – 179, 289, 410.
Mahendrabhûsaṇa, 48: – 755.
Mahendracandra, 256.
Mahendracandra (roi de Gwalior), 9; –
148.
Mahendraprabha, 67; – 694.
Mahendrasimha, 67; – 694.

Meghanandin, 46: – 181.

Meghaprabha, 596.

Meguti (nom d'un temple), 108.

Mehika kula, 38: – 26, 63 (voir Maighika kula).

Merudhîra, 37; – 596.

Merunandin, 47; – 667.

Merutunga, 67; – 694.

Meṣapâṣâṇa gaccha, 219, 267, 277, 353.

Mihila (= Mahila), 41; – 22.

Mikhavîrasena, 137.

Mitaçiri (= Mitraçrî), l., 28.

Mitraçrî, l., 28 (voir Mitaçiri).

Mittra, l., 64.

Mittrâ, l., 31.

Mogole (dynastie), 21.

Mosaḷe, v., 28; – 429, 430.

Mṛgeçavarman (ancien Kadamba), 5, 58; – 97-100, 103.

Muhammad [IV?] (sultan de Delhi), 47; – 667 (voir Mahamuda).

Muktisâgara, 67; – 783, 794.

Mûla saṅgha, 42, 43: – 106, 111, 113, 114, 127, 178, 186, 209, 218, 220, 232, 238, 246, 250, 254-256, 259, 260, 263, 267, 268, 271, 275, 279, 281, 285, 286, 297, 300, 304, 307, 313, 322, 323, 339, 349, 355, 363, 377, 381, 389, 403, 409, 426, 428, 431, 439, 457, 465-467, 490, 495, 500, 508, 511, 514, 525, 526, 528, 538, 541, 543, 544, 547, 548, 552, 561, 564, 571, 572, 575, 582, 583, 585, 591, 592, 637, 645, 646, 702, 724, 755.

Mulgunda, v., 588.

Mullabhaṭṭâraka, 57; – 130.

Mumbâl, v., 776, 779, 793.

Munibhadra, 53; – 588, 589, 599, 604, 611, 614.

Municandra, 4, 8, 14, 32, 54, 55, 58; – 204, 208, 251, 267, 277, 299, 313, 324, 377, 389, 408, 431, 448, 467, 470, 520, 571, 663.

Munideva, 57; – 160.

Munisiddhânta. 132.

Munisiṃha, 141.

Munisuvrata (Tîrthakara). 546.

Mysore (rois de), 22.

Nâdâ (= Nandâ), l., 8.

Nâḍika kula, 40: – 82.

Naḍole, v., 18, 60.

Nâga (= Nâgendra), 682.

Nâgabhûta kula (= Nâgabhûtikîya), 38.

Nâgabhûtikîya kula, 38: – 24 (voir Nâgabhûta kula).

Nâgacandra, 57: – 145, 182, 218.

Nagadata (= Nâgadatta). 38.

Nâgadatta, 38 (voir Nagadata).

Nâgadeva, 56; – 106, 142, 596.

Nâgadeva, m., 14; – 311, 388.

Nâgadeva (fils du ministre Bammadeva), 395, 428.

Nâgaladevî (épouse de Gaṅgarâja), 12.

Nâgamati, n., 804.

Nâganandin, 40; – 25, 115, 832.

Nagara (Jinâlaya, à Çravaṇa-Belgoḷa), 29; – 527, 533 (voir Nakhara).

Nagari (princes de), 667.

Nâgasena, 36, 39; – 45, 596, 814.

Nâgendra, 682 (voir Nâga).

Nâgendra gaccha, 17, 61: – 471, 476, 482.

Nâgiyakkâ (épouse du ministre Nâgadeva), 14: – 311.

Nakhara (= Nagara Jinâlaya, à Çravaṇa-Belgoḷa), 527, 528.

Nakṣatra, 36: – 596.

Nandâ, n., 39; – 44.

Nandâ, l., 32: – 8 (voir Nâdâ).

Nandana, 617.

Nandi gaṇa, 2, 9, 11, 15, 16, 20, 28, 31, 42-48, 58; – 121, 124, 143, 188, 192, 202, 213-216, 265, 285, 288, 326, 347, 363, 373, 375, 379, 380, 388, 410, 425, 503, 585, 596, 625, 646, 667.

Nandideva, 490, 491, 508.

Nandighoṣa, l., 81.

Nandika, 41.

- 260, 261, 278 (*voir* Pocâmbikâ, Pocave *et* Pocikabbe).

Pocâmbikâ (= Pocaladevî), 12; - 261, 268.

Pocave (= Pocaladevî), 12; - 268.

Pocikabbe (= Pocaladevî), 12; - 268, 278.

Pogari gaccha, 186, 217, 286, 322, 511.

Pomburcha (= Humcha), *v.*, 667.

Ponapatrika çâkhâ (Pûrṇapatrikâ), 38: - 69.

Poravâl (tribu), 17; - 357, 415, 416, 471, 472, 506, 529, 532, 537, 546, 651, 675, 692, 693, 735, 748 (*voir* Prâgvâṭa).

Poṭhaya (tribu), 9 (*voir* Prosṭha).

Prabhâcandra, 4, 6, 11-15, 27, 28, 45, 47, 49, 52, 54, 56; 57: - 107, 117, 122, 123, 160, 180, 219, 220, 255, 256, 267, 269, 275, 277, 278, 280-283, 285, 294, 298, 299, 301, 310, 311, 323, 363, 388, 395, 402, 403, 428, 452, 470, 498, 516, 617, 667.

Prabhâsaka, 36; - 596.

Prabhendu, 51; - 584.

Prabhûtavarṣa (= Govinda III, Râṣṭra-kûṭa), 7; - 123, 124.

Praçnavâhanaka kula, 42; - 66.

Praçnottara-ratna-mâlikâ, 7.

Pradyumnasûri, 62; - 493.

Prâgvâṭa (tribu) [= Poravâl], 471.

Prameya-kamala-mârtaṇḍa, 45; - 117, 667.

Pratâpa - Devarâya (de Vijayanagara), 20, 29: - 635.

Pratihâra (dynastie) de Kanauj, 6.

Pratiṣṭhâ-kalpa, 45; - 410.

Prîtidharmika kula (= Petivâmika), 39.

Prîya, *l.*, 63.

Prosṭha (tribu) [= Poṭhaya], 9.

Prosṭhila, 36; - 117, 596.

Pṛthvîrâja II (Câhamâna), 18; - 374.

Pṛthvîrâma (Raṭṭa), 8; - 130.

Puçyamitra, 38: - 17.

Puçyamitrîya kula (= Puṣyamitrika), 39: - 37.

Pûjyapâda, 43, 45; - 113, 207, 213, 264, 313, 363, 596, 625, 667 (*voir* Devanandin *et* Jinendrabuddhi).

Pulikal gaccha, 121.

Pulikeçin Iᵉʳ (ancien Calukya), 6: - 106.

Pulikeçin II (ancien Calukya), 6: - 109 (*voir* Satyâçraya).

Pulikere, *v.*, 6; - 113, 114.

Puṇḍarîka (dieu), 25; - 665, 666, 697, 760.

Puṇiṣarâja, *m.*, 13; - 264.

Punnâga-vṛkṣa-mûla saṅgha, 58-59; - 124, 250.

Puṇyasâgara, 67, 68; - 747, 749, 784, 794.

Purandara gaccha, 65; - 632.

Pûrṇacandra, 51: - 239.

Pûrṇapatrikâ çâkhâ, 38; - 69 (*voir* Po-napatrika çâkhâ).

Purupaṇḍita, 29, 51; - 596, 625.

Puṣkara gaccha, 44; - 633, 756.

Puṣpadanta, 43; - 351, 373, 596.

Puṣpaka, *l.*, 86.

Puṣpanandin, 56; - 122, 123.

Puṣpasena, 31, 46; - 177, 202, 213-215, 265, 287, 289, 373, 410, 503, 587.

Pustaka gaccha, 31, 44; - 127, 166, 175, 180, 195, 218, 223, 232, 238, 239-241, 254, 255, 259, 268-271, 275, 279-281, 284, 285, 293, 294, 297, 304, 307, 320, 323, 324, 339, 352, 355, 356, 363, 364, 381, 388, 393, 394, 403, 409, 428, 439, 465, 466, 478, 495, 514, 521, 524, 526, 548, 551, 552, 560, 561, 575, 580, 584, 590, 591, 596, 600, 621, 625, 646, 673, 753.

Puṣyamitrika kula, 39; - 37 (*voir* Pu-çyamitrîya *et* Puṣyamitrîya kula).

Puṣyamitrîya kula (= Puṣyamitrika), 39.

Putra, 36; - 596.

Temple de la Couronne. 4 (*voir* Paṭṭaḍa basti).
Teridâḷa (= Terḍâl), *v.*, 280.
Terḍâl. *v.*, 8, 10; – 280 (*voir* Teridâḷa).
Thâṇiya kula (= Sthânîya). 4o: – 25, 29, 30, 4o, 68, 79.
Tîjayakîrti, 744.
Timmarâja, *c.*, 3, 34; – 689.
Tintriṇi gaccha, 209, 263, 313, 349, 377, 389, 4o8, 431, 459, 582, 724.
Tippeyûr, *v.*, 139.
Tolâpuruṣa-Vikramâditya (Cântara), 8; – 132.
Toraṇâcârya, 56; – 122, 123.
Traikâlya, 255, 323, 363.
Traividya-cakreçvara (= Cârukîrti), 712.
Traividyadeva, 213, 575.
Traividya-vidyâpati, 4io.
Tribhuvana-cûḷâmaṇi (nom d'un temple), 591.
Tribhuvanadeva, 363.
Tribhuvanakîrti, 521, 545.
Tribhuvanamalla (= Adaṭarâditya, Koṅgâlva), 244.
Tribhuvanamalla ·(= Vikramâditya VI, Câlukya de l'Ouest), 1o; – 217, 221, 243, 288.
Trikâlayogîça, 4g; – 127.
Trilokacandra, 158.
Triloka-sâra, 47; – 667.
Trimuṣṭideva, 256.
Triratna, 2; – 2.
Trivikrama, *l.*, 329.

Ucanagarî çâkhâ (= Uccanâgarî), 41; – 70.
Uccanâgarî çâkhâ, 41; – 23, 50 (*voir* Ucanagarî, Uccenagara, Uccenâgarî, Ucenâgarî, Ucenakari çâkhâ).
Uccenagara çâkhâ (= Uccanâgarî), 41; – 64.
Uccenâgarî çâkhâ (= Uccanâgarî), 41; – 31, 36.
Ucenâgarî çâkhâ (= Uccanâgarî), 41; – 19. 21, 22. 35.

Ucenakari çâkhâ (= Uccanâgarî). 41; – 20.
Udâra gaṇa, 56; – 123.
Udayacandra, 6a; – 388, 520, 636.
Udayadeva, 113 (*voir* Niravadya).
Udayâditya (Gaṅga), 4; – 219, 222, 253 (*voir* Permâḍideva, Gaṅga).
Udayagiri (Orissa), *v.*, 23.
Udayâmbikâ, *l.*, 243.
Udayaprabhasûri, 17. 61; – 471, 476.
Udayaravi, 596.
Udayasâgara, 67, 68; – 659, 749, 784, 794.
Udayasûri, 735.
Uddeha gaṇa (= Uddehikîya), 38.
Uddehikîya gaṇa, 38; – 24, 69 (*voir* Aryyodehikiya, Dehikiya, Uddeha, Udehikiya gaṇa).
Uddyotakeçarin (roi d'Orissa), 245.
Uddyotana, 63; – 684.
Udehikiya gaṇa (= Uddehikîya), 38.
Uggahini (?), 41; – 83.
Ugrasena, 809.
Ujjayinî, *v.*, 117.
Umâmaheçvara, 116.
Umâsvâti, 43, 45, 4g; – 255, 285, 323, 363, 388, 596, 625, 667 (*voir* Âryadeva *et* Gṛdhrapiccha).
Urvî-tiḷaka (nom d'un temple), 4, 9, 31; – 213, 214.
Uttama-çikhara-purâṇa, 386.
Uttaradâsaka, *l.*, 4.

Vacchaliya kula (= Vâtsalîya), 4a; – 27.
Vâdîbhasiṃha (= Ajitasena), 46; – 226, 326.
Vâdîbhasiṃha (= Çrîpâla), 305.
Vâdibhûṣaṇa, 48; – 702.
Vâdirâja, 46, 47; – 213-215, 248, 264, 274, 287-289, 305, 319, 326, 327, 347, 351, 373, 437, 503, 610, 667.
Vâdirâja (= Kanakanandin), 54; – 277, 299.
Vâdirâja (= Kanakasena), 214, 216, 287, 305, 326, 347, 351, 373.

Vidyânandasvâmin, 16, 20, 21, 31, 47 : 667 (*voir* Vâdi-Vidyânanda).
Vidyâsûri. 67 ; – 794.
Vijaya çâkhâ, 66 (*voir* Saṃvijña-pakṣa *et* Saṃvijñaya-mârgiya çâkhâ).
Vijayaçiri (= Vijayaçrî), *l.*, 52.
Vijayaçrî, *l.*, 52 (*voir* Vijayaçiri).
Vijayadâna, 65 ; – 675, 682.
Vijayadâya, 65 ; – 729, 730.
Vijayadeva, 35, 36, 65, 66 ; – 114, 596, 696, 706-708, 711, 715.
Vijayadevacandra, 66 ; – 746.
Vijayadevendra, 66 ; – 779, 782, 788, 792, 796.
Vijayadhaneçvara, 66 ; – 776, 791.
Vijayâditya (ancien Calukya), 6 ; – 113, 210.
Vijayâditya (Çilâhâra), 16 : – 320, 334.
Vijayâditya VI (= Ammarâja II, Câlukya de l'Est), 9 ; – 143, 144.
Vijayajinendra, 65 ; – 740, 741, 746, 747.
Vijayakîrti, 3, 48, 59, 60 ; – 94, 124, 288. 590, 598, 702.
Vijayakṣama, 65 : – 730.
Vijayanagara (rois de), 19-20.
Vijayânanda, 66 ; – 746, 748, 776, 791.
Vijayappaiya, 720.
Vijayaprabha, 35, 65 ; – 715.
Vijayasena, 17, 21, 25, 35, 61, 65 ; – 471, 476, 482, 679, 682, 685, 686, 696, 711, 715.
Vijayasiṃha, 65, 66 ; – 173, 706. 711, 714, 774, 775.
Vijayavidyânanda, 66 : – 791.
Vikânera, *v.*, 785.
Vikaṭâ, *l.*, 25.
Vikrama-Çântara, 9, 31 ; – 226, 326.
Vikramâditya II (ancien Calukya), 6 : – 114.
Vikramâditya VI (Câlukya de l'Ouest), 8, 10 : – 187. 217, 221, 236, 242, 248, 276, 280, 288 (*voir* Permâḍideva *et* Tribhuvanamalla).
Vikramasiṃha (Kacchapaghâta), 9 : – 228.

Vimalaçaḥ, *l.*, 24 : – 554.
Vimalacandra, 7. 46 : – 121, 166, 213, 289, 305, 410.
Vimalaharṣa, 25, 65 ; – 683.
Vimalanâtha (Tîrthakara), 696, 723.
Vinayacandra, 67 ; – 694.
Vinayâditya (ancien Calukya), 6 : – 111.
Vinayâditya (Hoysaḷa), 11, 13 ; – 289, 307.
Vinayanandin, 52, 56 ; – 107. 269.
Vinayavijaya, 35, 65 ; – 715.
Vinîta, 37 ; – 596 (*voir* Avinîta).
Vipula (mont, à Rajgir), 743.
Vîra, 37 ; – 596.
Vîra-Ballâḷa Ier (Hoysaḷa), 13 ; – 307.
Vîra-Ballâḷa II (Hoysaḷa), 15, 28 ; – 379, 381, 385, 387, 394, 403-405, 409, 411, 412, 420, 424, 427, 437, 448, 450, 452, 458, 465.
Vîra-Ballâḷa III (Hoysaḷa), 15 ; – 495, 498.
Vîrabaṇañju gaccha, 57 ; – 402.
Vîra-Bhairava Ier (de Kârkaḷa), 20 ; – 664, 667.
Vîra-Bhairava II (de Kârkaḷa), 20, 32 ; – 680, 688.
Vîracand, *l.*, 748.
Vîra-Çântara, 4, 8, 9, 31 ; – 197, 198, 212, 213, 226.
Vîra-Coḷa, *c.*, 167.
Vîradeva, 3 ; – 90.
Vîradhavala (Caulukya), 17 ; – 471, 476.
Vîrâmbikâ, *l.*, 243.
Vîranandin, 47 ; – 255, 323, 335, 478, 552, 667.
Vîrapâṇḍya (de Kârkaḷa), 20, 32 ; – 624, 627.
Vîrarâjendra (Cangâlva), 16, 31 ; – 195, 196 (*voir* Nanni-Cangâḷva-Deva).
Vîrasena, 53 : – 154, 322, 511, 564, 583, 588.
Vîra-Someçvara (Hoysaḷa), 15 ; – 495, 498.
Vîravijaya, 66 ; – 791.
Vîravijaya (de Vijayanagara), 20 ; – 615 (*voir* Harihararâya).

Virûpâkṣa [II ?] (de Vijayanagara), 20,
47; - 667.
Viṣṇubhaṭṭa, 256.
Viṣṇudeva (= Viṣṇunandin), 36; - 117.
Viṣṇumuni (= Viṣṇunandin), 209.
Viṣṇunandin, 117, 209, 596 (voir Viṣṇu-
deva et Viṣṇumuni).
Viṣṇusûri, 60; - 179.
Viṣṇuvardhana (Hoysaḷa), 11-15, 28; -
263, 264, 266, 269, 275, 281, 284,
287, 298, 301, 305, 307, 310, 315,
318, 319, 405 (voir Biṭṭideva et Biṭ-
ṭiga).
Vivekasâgara, 67; - 801.
Voḍva stûpa (à Mathurâ), 23, 33; - 59.
Vogeyakeṛe (= Hogekeṛe), v., 655.
Vṛddhahastin, 41; - 56, 59.
Vṛddhisâgara, 68; - 784.
Vṛṣabha (Tîrthakara), 2, 228, 642;
statues de, 23, 56, 82, 647, 653,
665, 768, 770 (voir Âdiçvara, Âdi-
deva, Âdinâtha et Agrajina).

Vṛṣabhadâsa, 58; - 663.
Vṛṣabhanandin, 256, 827 (voir Catur-
mukhadeva).
Vṛṣabhapaṇḍita, 373.
Vṛṣabhasena, 637, 814.
Vusu (?), l., 35.
Vyâmukta-çravaṇojjvala (= Viḍugâḍaḷa-
giya-Perumâl), 18; - 434.

Yaçaḥkîrti, 256.
Yaçobâhu, 37; - 596.
Yaçobhadrasûri, 60, 61; - 488, 506,
672.
Yâdava (dynastie) :
de Devagiri, 19.
de Seuṇadeça, 16.
Yajñakîrti, 744.
Yakṣa (statues de), 397, 434.
Yakṣiṇî (statues de), 115, 399, 434,
831.
Yâpanîya gaccha, 5, 7, 58-59; - 99,
100, 105, 124, 143.

TABLE DES MATIÈRES.

PUBLICATIONS

DE

L'ÉCOLE FRANÇAISE D'EXTRÊME-ORIENT.

SÉRIE GRAND IN-8°.

I. **Numismatique annamite**, par le capitaine Désiré Lacroix. Un volume in-8° et un atlas de monnaies. . . . . **25 fr.**

II. **Nouvelles recherches sur les Chams**, par Antoine Cabaton. Un volume in-8°, figures et planches. . . . . **10 fr.**

III. **Phonétique annamite (dialecte du Haut-Annam)**, par L. Cadière, des Missions étrangères. Un volume in-8°. . . . . **7 fr. 50.**

IV. **Inventaire descriptif des monuments historiques du Cambodge**, par le commandant E. Lunet de Lajonquière. Tome I. Un volume in-8°, illustré. . . . . **15 fr.**

V. **L'art gréco-bouddhique du Gandhara.** Étude sur les origines de l'influence classique dans l'art bouddhique de l'Inde et de l'Extrême-Orient, par A. Foucher. Tome I. Un beau volume, in-8°, illustré de 200 gravures, une planche et une carte. . . **15 fr.**

VI. **Le même.** Tome II, in-8° (sous presse).

VII. **Dictionnaire Cham-Français**, comprenant les dialectes de l'Annam et du Cambodge, par MM. Étienne Aymonier et Antoine Cabaton. Un volume in-8°. . . . . **40 fr.**

VIII. **Inventaire descriptif des monuments du Cambodge**, par le commandant E. Lunet de Lajonquière. Tome II. Un volume in-8°, illustré. . . . . **15 fr.**

IX. **Le même.** Tome III (*en préparation*).

X. **Répertoire d'épigraphie jaina**, précédé d'une esquisse de l'histoire du jainisme d'après les inscriptions, par A. Guérinot. Un volume in-8°.

XI. **Inventaire descriptif des monuments chams de l'Indochine**, par H. Parmentier. In-8° (sous presse).

SÉRIE IN-FOLIO.

Atlas archéologique de l'Indochine (Monuments du Champa et du Cambodge), par le commandant E. Lunet de Lajonquière. Un volume in-folio, avec cartes, cartonné. . . . . **12 fr.**

BIBLIOTHÈQUE

DE L'ÉCOLE FRANÇAISE D'EXTRÊME-ORIENT.

SÉRIE IN-8°.

I. **Éléments de sanscrit classique**, par Victor Henry, professeur à l'Université de Paris. Un volume in-8°. . . . . **10 fr.**

II. **Précis de grammaire pâlie**, accompagné d'un choix de textes gradués, par Victor Henry, professeur à l'Université de Paris. Un volume in-8°. . . . . **10 fr.**

Bulletin de l'École française d'Extrême-Orient. Revue philologique trimestrielle Tomes I, II, III, IV, V, VI, VII. In-8°. Abonnement annuel. . . . . **20 fr.**